"A oração é uma busca por ajuda ~~~~ ~~~ na-
ção poderia ser mais importante para o nosso tempo? Algum ato
poderia ser mais essencial para a vida espiritual no atual momento
cultural? Este é um livro para quando estivermos desesperados.
Meu amigo Tyler Staton é um líder mundial, um pastor talentoso,
um escritor extraordinário e, acima de tudo, um homem de oração.
Ao ler este livro, você aprenderá com um mestre.

JOHN MARK COMER
Fundador de Practicing the Way e autor
de *The Ruthless Elimination of Rush*

Nenhum livro jamais me deixou com vontade de orar mais. Em
Orando como monges, vivendo como tolos, Tyler Staton abre nossos
olhos e coração para a beleza, o mistério e o valor da oração na vida
de todo cristão e cético.

CHRISTINE CAINE
Fundadora da A21 e Propel Women

Conhecer Tyler Staton é encontrar um homem consumido pelo
que significa viver como Jesus. E é claro que é inconcebível viver
como Jesus sem fazer aquilo que ele passou tanto tempo fazendo,
orar. Tyler se entregou a essa prática vivificante e nos proporcio-
nou uma visão convincente para a oração na vida do seguidor de
Cristo. Terminei este livro com o coração agitado para falar mais
com Deus.

DR. BRYAN LORITTS
Autor de *Saving the Saved*

Tyler Staton é um dos líderes de oração mais inspiradores e talentosos
dos Estados Unidos atualmente, e seu novo e brilhante livro flui do
lugar mais profundo de sua vida. Às vezes parece um solo sagrado.
Apreciei particularmente os exercícios práticos no final de cada
capítulo, bem como a seção final sobre a arte esquecida de orar pelos
perdidos. Tyler oferece um menu completo de oração — desde práticas
contemplativas profundas até ensinamentos sobre o poder e a necessidade da oração intercessora. Há algo aqui para todos. É tanto uma

rampa de acesso para aqueles que são novos na fé e buscam crescer em um relacionamento de conversação com o Senhor quanto uma aula magistral para cristãos que buscam ser inspiradores e ampliar sua experiência. É um convite vital para a vocação mais elevada de cada pessoa no Planeta, que flui diretamente do coração de um guerreiro de oração contemporâneo, de um pastor respeitado e de um amigo querido.

PETE GREIG
Fundador da 24/7 Prayer International e
pastor sênior da Emmaus Road Church

ORANDO COMO MONGES, VIVENDO COMO TOLOS

ORANDO COMO MONGES, VIVENDO COMO TOLOS

um convite às maravilhas e aos mistérios da oração

TYLER STATON

Título original: Praying Like Monks, Living Like Fools:
An Invitation to the Wonder and Mystery of Prayer
Copyright © 2022 by Tyler Staton
Copyright da tradução © Vida Melhor Editora Ltda., 2024.

Todos os direitos desta publicação são reservados à Vida Melhor Editora Ltda.
Nenhuma parte desta obra pode ser apropriada e estocada em sistema de banco
de dados ou processo similar, em qualquer forma ou meio, seja eletrônico, de
fotocópia, gravação etc., sem a permissão dos detentores do copyright.

As citações bíblicas são da *Nova Versão Internacional* (NVI), da Bíblica, Inc.,
a menos que seja especificada uma outra versão da Bíblia Sagrada.

PRODUÇÃO EDITORIAL	Gisele Romão da Cruz
TRADUÇÃO	Magno Paganelli
COPIDESQUE	Emanuelle Malecka
REVISÃO DE PROVAS	Josemar de Souza Pinto
DIAGRAMAÇÃO	Neriel Lopez
ADAPTAÇÃO DE CAPA	FP Silva

Dados Internacionais de Catalogação na Publicação (CIP)
(BENITEZ Catalogação Ass. Editorial, MS, Brasil)

S799o
1.ed.   Staton, Tyler
        Orando como monges, vivendo como tolos / Tyler Staton ;
tradução Magno Paganelli. – 1.ed. – Rio de Janeiro : Thomas Nelson
Brasil, 2024.
        240 p.; 13,5 x 20,8 cm.

        Título original: *Praying like monks, living like fools.*
        ISBN 978-65-5217-095-8

        1. Crescimento espiritual. 2. Oração – Meditação –
Cristianismo. 3. Vida cristã. I. Título.

7-2024/82   CDD 248.32

Índice para catálogo sistemático:
1. Crescimento espiritual : Oração : Vida cristã. 248.32
Aline Graziele Benitez – Bibliotecária - CRB-1/3129

Os pontos de vista desta obra são de responsabilidade de seus autores e colaboradores diretos, não refletindo necessariamente a posição da Thomas Nelson
Brasil, da HarperCollins Christian Publishing ou de suas equipes editoriais.

Todos os destaques em citações bíblicas foram adicionados pelo autor.

Thomas Nelson Brasil é uma marca licenciada à Vida Melhor Editora LTDA.
Todos os direitos reservados à Vida Melhor Editora LTDA.

Rua da Quitanda, 86, sala 601A - Centro,
Rio de Janeiro/RJ - CEP 20091-005
Tel.: (21) 3175-1030
www.thomasnelson.com.br

Para Kirsten.
Você tem meu coração.
Você sempre teve.
Você sempre terá.

SUMÁRIO

Prefácio por Tim Mackie... 11
Nota do autor 14
Introdução 15

1. Solo sagrado (ore como puder) 21
2. Fique quieto e saiba (postura de oração) 46
3. Pai nosso (adoração).. 65
4. Sonda-me e conhece-me (confissão)................................... 80
5. Na terra como no céu (intercessão) 101
6. Pão diário (petição) 124
7. A voz média (oração como participação)............................ 139
8. A oração laboriosa (orando pelos perdidos)....................... 152
9. Pergunte, procure, bata (silêncio e persistência) 169
10. Fidelidade rebelde (oração incessante) 192
Epílogo: Levantar o tabernáculo de Davi............................... 213

Agradecimentos... 221
Apêndice 1: A intercessão de Cristo.. 222
Apêndice 2: Uma grade para pesquisa e nomeação................. 235

PREFÁCIO

Quando conheci Tyler Staton, eu estava saindo de uma temporada de vários anos de seca espiritual e emocional. Sou um *nerd* da Bíblia por profissão, por isso nunca perdi meu amor e fascínio pelas Escrituras, seu brilho literário ou sua vibrante tapeçaria de temas teológicos. Jesus de Nazaré permaneceu tão atraente e belo para mim como sempre. No entanto, devido a muitos fatores que ainda estou resolvendo, todas essas coisas, e até o próprio Jesus, tornaram-se para mim mais um conjunto de ideias e menos uma pessoa dinâmica com quem me relaciono no dia a dia. Senti-me intelectualmente compelido pela história de Jesus, até mesmo pessoalmente comovido, mas eu havia perdido contato com um modo de vida marcado pela ligação pessoal ou intimidade com aquele a quem Jesus chamava de "Pai" e, portanto, com o próprio Jesus.

O que eu precisava não era apenas de um novo conjunto de "técnicas" para revitalizar a minha vida de oração. Eu realmente não sabia do que precisava. Tudo o que sabia era que Jesus parecia um artefato e que a presença de Deus era *uma ideia*, mas não *uma experiência*. Eu não sabia o que fazer, exceto torcer para que um dia algo mudasse.

E, pela misericórdia de Deus, algo mudou. Não sei por que ou como exatamente isso aconteceu. Eu tinha o hábito de começar cada dia com um período de silêncio, pedindo a Deus que falasse comigo ou interagisse comigo de uma forma que eu pudesse ouvir e entender. Eu apenas precisava saber que havia *alguém* do outro lado da conversa. Para ser sincero, fiz isso por muito tempo sem sentir absolutamente nada. Então, em razão de uma série de eventos,

ORANDO COMO MONGES, VIVENDO COMO TOLOS

aconteceram algumas coisas muito surpreendentes na minha família. Se eu pudesse baixar minha guarda cética e intelectual por um momento, realmente sentiria que *alguém* não apenas tivesse ouvido minhas orações, como também respondido a elas. Eu estava tendo uma experiência da presença de Deus em minha vida que parecia real, dinâmica e imprevisível. E foi maravilhosa.

Conheci Tyler apenas alguns meses após o início dessa experiência e vi muitos motivos pelos quais seria fácil formar uma amizade. Ambos compartilhamos um chamado como pastores. Nós dois *realmente amamos* as Escrituras. E nós dois estamos criando meninos. Todavia, não foi sobre essas coisas que nossa amizade inicial foi construída. Encontrei em Tyler alguém que não apenas entendia essas novas experiências da presença de Deus pelas quais eu estava passando, como também compartilhava desse tipo de experiência com Deus desde criança. Tornou-se cada vez mais claro que a oração era apenas uma forma de descrever o mistério e a maravilha de um ser humano que vive em comunhão dinâmica com Deus. Encontrei em Tyler um amigo com quem pude processar, questionar e celebrar a redescoberta da presença de Deus na minha vida.

Tyler compartilhou comigo uma série de hábitos que aprendeu com outras pessoas; práticas que mantêm nossa mente, coração e corpo abertos à presença e ao poder do Espírito de Deus. Acontece que eles são bastante antigos e profundamente intuitivos. Embora eu conhecesse a maioria deles, nunca os havia experimentado, pelo menos não de modo consistente. Então, um dia, Tyler me disse que estava reunindo todas essas experiências, os aprendizados e as práticas de oração em um livro. Ele me convidou para dar *feedback* sobre a versão inicial e, ao fazê-lo, foi como reviver todas aquelas conversas.

Neste livro, Tyler oferece uma série de meditações sobre as principais práticas de oração interligadas com a profunda sabedoria bíblica. Entretanto, este não é um livro cheio de *ideias* sobre oração. Cada capítulo é emoldurado por uma história da vida de Tyler: ele *vivenciou* o que relata. E, para que você não seja simplesmente informado por novos fatos ou entretido por uma história, ele termina cada capítulo com um convite para ação — experimentar alguns novos hábitos, práticas que possam criar espaço na sua vida para a sua própria experiência da

PREFÁCIO

presença de Deus. Saiba, porém, que, porque a comunhão com Deus é verdadeiramente relacional, não é previsível ou estereotipada. Portanto, você pode ter uma experiência diferente da minha com este livro, e sua própria (re)descoberta da presença de Deus precisará acontecer de outra maneira. Contudo, estou convencido de que você se beneficiará com a história de Tyler, suas reflexões bíblicas e suas descobertas em sua jornada de relacionamento com Deus.

Minha esperança é que você experimente a oração e a presença de Deus da maneira que Thomas Keating as descreve:

> Essa Presença é tão imensa, mas tão humilde; inspiradora, mas tão gentil; ilimitada, mas tão íntima, terna e pessoal. Eu *sei* que *sou* conhecido. Tudo na minha vida é transparente nessa Presença. Ele sabe tudo sobre mim — todas as minhas fraquezas, quebrantamento, pecaminosidade — e ainda me ama infinitamente. Essa Presença é curadora, fortalecedora e refrescante — apenas pela sua Presença [...] É como voltar para casa, para um lugar do qual eu nunca deveria ter saído, para uma consciência que de algum modo sempre esteve lá, mas que eu não reconhecia.[1]

Conhecer esse tipo de presença amorosa, pairando em todos os momentos de nossa vida, é uma categoria própria de experiência. Na verdade, não é "uma experiência" de forma alguma. É uma maneira de existir, de viver cada momento na consciência de que toda a vida está permeada pela presença de Deus. Estou muito longe de estar ativamente consciente dessa presença durante todo o dia e de permitir que ela transforme todo o meu pensamento e comportamento. Estou, todavia, na jornada, e Tyler também. E esperamos que este livro também possa ajudá-lo na sua jornada.

TIM MACKIE

Cofundador do BibleProject, Portland, Oregon

---

1. Thomas Keating, *Open Mind, Open Heart: The Contemplative Dimension of the Gospel* (Nova York: Continuum, 1992), p. 137, grifo no original.

NOTA DO AUTOR

Os nomes das pessoas citadas neste livro foram alterados. Embora todas as histórias sejam reais, mudei os nomes e outros detalhes de identificação para proteger a privacidade dos envolvidos.

A história é o dom precioso que empurra a espiritualidade do teórico para a coragem e honestidade do mundo cotidiano. Ser-lhe confiada a história ainda em desenvolvimento de tantas pessoas é o maior e mais sagrado dos privilégios pastorais.

Para aqueles que dançaram, choraram, lutaram, sussurraram, gritaram, riram e ouviram orações ao meu lado — suas histórias são o verdadeiro presente deste livro. Estou profundamente grato a cada um de vocês e espero tê-los honrado nas páginas que se seguem.

INTRODUÇÃO

Está estranhamente silenciosa esta noite na cidade que nunca dorme. As sirenes e as buzinas dos carros, o barulho das pessoas na rua, os restaurantes lotados e os bares barulhentos — a trilha sonora que vibra sob a vida que conheço, bem, já dura doze anos —, tudo ficou em silêncio. Você pode ouvir um alfinete cair na cidade de Nova York.

Estou escrevendo para você da modesta mesa da cozinha do meu aconchegante apartamento no Brooklyn. O ano é 2020, e a pandemia da covid-19 causou um sofrimento sem precedentes, uma interrupção surpreendente da "vida normal" e uma profunda perda de segurança e controle. A perda de controle ocorre em uma variedade infinita de formas — um acidente de carro, um telefonema, um problema financeiro do qual não conseguimos sair, um relacionamento que não conseguimos consertar ou uma pandemia. Seja qual for a sua origem, tudo leva ao mesmo lugar: uma busca por ajuda externa.

"Como vou superar isto? Por que isto está acontecendo? O que poderia mudar a situação?" Para muitos, esses tipos de pergunta, provocadas por acontecimentos externos, produziram uma resposta interna: a *oração*.

É claro que, para cada pessoa que recorreu desesperadamente à oração em 2020, havia alguém olhando para a mesma crise generalizada e dizendo a Deus: "Já vai tarde." Por um lado, a pandemia do coronavírus foi um evento que fez que muitos agnósticos confortáveis se voltassem para a oração. Por outro lado, porém, as vozes de oração de muitos fiéis silenciaram.

ORANDO COMO MONGES, VIVENDO COMO TOLOS

O mesmo conjunto de circunstâncias que fez que o mundo se voltasse *para* Deus fez que a igreja se afastasse *de* Deus. O mundo bate às portas da igreja, mas os que estão sentados em seus bancos lutam para sair dela. Para cada um que sussurrou desesperadamente "Socorro" para Deus no ano passado, houve outro sussurrando desanimado para o mesmo Deus: "O Senhor não me ajuda em nada."

Ambas as pessoas viviam as mesmas circunstâncias e conversavam com o mesmo Deus. Ambas são formas de oração. Ambas, na verdade, são orações bíblicas.

O fenômeno da oração

Hoje cedo, antes de você ler estas palavras, muitas pessoas oraram. Os católicos recitaram as orações poéticas dos santos históricos. Os muçulmanos estenderam os seus tapetes, inclinaram-se até tocarem a testa no chão e começaram a recitar o Alcorão em uníssono. Os judeus escreveram apelos a Yahweh em pequenos pedaços de papel, enrolaram-nos e prenderam-nos no Muro das Lamentações, em Jerusalém. Os budistas se esvaziaram meditativamente, em busca de um estado iluminado de esquecimento de si mesmos. Os monges tibetanos giraram uma roda que segura as páginas amassadas dos diários de oração, como um jogo de roleta da divina adivinhação. E, em algum lugar, um ateu convicto e convencido na sala de espera de um hospital apoiou a cabeça nas mãos e murmurou algumas palavras desesperadas para um Deus que ele nem acredita que esteja lá para ouvir. Tudo isso aconteceu hoje, antes de você ler estas palavras.

Se você é um cristão que frequenta uma igreja no Ocidente, tornou-se uma anomalia sociológica. A igreja ocidental está em declínio essencialmente em todos os parâmetros estatísticos mensuráveis. Ainda assim, em uma sociedade que está perdendo o interesse e suspeitando cada vez mais da igreja, a oração não vai a lugar nenhum. De acordo com uma pesquisa confiável do Instituto Gallup, mais americanos oram em uma determinada semana do que fazem exercícios, dirigem um carro, fazem sexo ou trabalham.[1] Nos Estados Unidos

---

1. Veja George H. Gallup Jr., *Religion in America 1996* (Princeton: Princeton Religion Research Center, 1996), p. 4, 12, 19.

INTRODUÇÃO

pós-cristão em crescimento, quase metade da população ainda admite orar diariamente, um número que supera o número de frequentadores da igreja no país.[2] Independentemente de como você avalie, a oração é maior do que a igreja (e muito maior).

Todo mundo ora. Todo mundo sempre fez isso. E não há fim à vista para essa tarefa.

A oração parece ser instintiva, uma parte da natureza humana. Povos primitivos e ocidentais esclarecidos, proprietários rurais e profissionais que vivem em cidades, mães que ficam em casa, músicos itinerantes, artistas inseguros e investidores implacáveis, ateus duvidosos e criacionistas devotos — todos estão orando. Nas palavras do rabino Abraham Joshua Heschel: "A oração é *a nossa* humilde *resposta* à surpresa inconcebível de viver."[3] Oramos. Não podemos evitar.

A oração convida você a aprender a ouvir a Deus antes de falar, a pedir como criança mesmo na velhice, a gritar suas perguntas em um discurso irado, a despir-se em uma confissão vulnerável e a ser amado — completa e totalmente amado, apesar de tudo.

No entanto, a maioria das pessoas, mesmo a maioria dos cristãos que creem na Bíblia, encontra pouca vida na oração. A oração é entediante, obrigatória ou confusa ou, na maioria das vezes, todas essas opções.

O mistério no meio

Muitas vezes são contadas histórias de respostas dramáticas à oração — histórias que começam com uma necessidade desesperada e terminam com uma intervenção milagrosa. Nao estou, porém, muito interessado no início ou mesmo no fim da história quando se trata de oração. O que me interessa é o meio. O meio é onde reside o mistério. O meio é onde estão espalhadas todas as nossas perguntas sobre oração.

---

2. Veja Leonardo Blair, "Fewer Than Half of American Adults Pray Daily; Religiously Unaffiliated Grows: Study", *Christian Post*, 17 de dezembro, 2021, www.christianpost.com/news/fewer-than-half-of-american-adults-pray-daily-study.html.

3. Abraham Joshua Heschel, *Man's Quest for God: Studies in Prayer and Symbolism* (Nova York: Scribner, 1954), p. 5, destaque no original.

A oração é realmente necessária? Se Deus é todo-poderoso, isso significa que ele realiza o que quer, quando quer, certo? Então, por que ele precisa que eu pergunte ou peça?

Por que às vezes Deus parece responder às orações somente depois de um longo e demorado período de perguntas e petições? Se a resposta dele era sim, por que ele me fez suar?

Por que Deus não responde às minhas orações pelos amigos e familiares perdidos? Quero dizer, ele quer redimir o mundo, certo? Ele quer um relacionamento com cada pessoa. Ele quer responder à oração. Então, se todas as cartas estiverem marcadas, por que isso não está acontecendo?

Eu sei que temos um inimigo espiritual. Mas, se Jesus foi vitorioso sobre Satanás, então ainda resta alguma oposição real que interfira em minhas orações?

O que realmente acontece enquanto eu oro? Tem alguma coisa acontecendo porque eu orei que, caso não tivesse orado, não aconteceria? Ou tem alguma coisa não acontecendo porque eu orei, mas que deveria acontecer de outra maneira?

Minhas orações realmente importam? Elas são importantes para Deus e são importantes na vida real, no mundo real? No final das contas, o que está acontecendo no meio?

Este livro trata exatamente disto: o mistério no meio de nossas orações.

Santos, sonâmbulos e céticos

Escrevo sobre oração porque a oração é a peregrinação perigosa em que estou. E, como uma caminhada pelo Caminho de Santiago, é tão árdua quanto anunciada e vale ainda mais a pena do que o previsto.

Escrevo sobre oração porque amo a igreja. Acredito que a igreja cristã é a esperança do mundo. Também amo as gerações que estão ignorando a igreja, não por causa do desinteresse espiritual, mas porque estão levando a sinceridade da sua busca espiritual a outro patamar.

Escrevo sobre oração porque confio que Deus é Deus. Eu acredito — realmente acredito — que aqueles que o procuram

INTRODUÇÃO

certamente o encontrarão.[4] Acredito que Deus é amoroso o suficiente para que um começo de conversa seja tudo de que ele precisa para atrair alguém até a sua casa.

Escrevo para santos, sonâmbulos e céticos.

Para os santos, este livro é um convite ao fundo do poço. Estas páginas contêm uma coleção de tesouros de várias épocas e expressões da tradição cristã — desde a grande nuvem de testemunhas bíblicas, a mães e pais do deserto, monges beneditinos, ortodoxos orientais, filósofos católicos, até reformadores ardentes e evangélicos modernos. A maioria de nós mergulha até os joelhos na vida cristã, descobre que a água está boa e para aí. Nunca nadamos nas profundezas da intimidade divina que Jesus conquistou para nós. Este livro é um convite à natação.

Para os sonâmbulos, este livro é um balde de água fria encharcado na cabeça sonolenta. Muitos de nós achamos Deus admirável, embora chato. A vida espiritual é o caminho "certo", o caminho "bom", mas a excitação é encontrada em nossos calendários sociais, times esportivos favoritos, conquistas sexuais ou trajetórias profissionais. Há uma desconexão trágica entre o sagrado e o secular no cristianismo de hoje que levou a um divórcio antibíblico entre uma "vida espiritual" (composta de atividades como leitura das Escrituras, oração e — se você quiser crédito extra — dízimo) e uma "vida normal" (composta basicamente de todo o resto).

Para os céticos, este livro é um convite ao que não pode ser ensinado, apenas descoberto. Foi escrito como um convite aberto para sair da cerca confortável da incerteza final e descobrir se Deus realmente é cognoscível ou não. Um convite para ser encontrado por Deus no lugar onde ele foi encontrado mais fielmente ao longo da história: não em uma megaigreja com luzes da Broadway e aparelhos de gelo seco em uma arena de rock ou no *podcast* eloquente de um pensador crítico, mas no seu silêncio e na extensão infinita além de você. "Existe um autor infinitamente amoroso e totalmente bom por trás desta grande história ou não? E, se houver, quais são as chances

---

4. Veja Deuteronômio 4:29; Provérbios 8:17; Jeremias 29:13; Mateus 7:7; Lucas 11:9; Atos 17:24-28.

19

ORANDO COMO MONGES, VIVENDO COMO TOLOS

de ele estar gentilmente tentando chamar minha atenção?" As respostas a essas perguntas apenas podem ser descobertas. Este livro é um convite à descoberta por meio da oração.

A oração é a intersecção entre uma igreja ocidental distante e um mundo ocidental espiritualmente curioso. Em um mundo cada vez mais pós-cristão — em um país como os Estados Unidos, espiritualmente interessado, mas religiosamente desconfiado, sedento de experiências místicas, mas "me poupe do conselho de qualquer pessoa considerada 'profissional', muito obrigado" —, a oração é o único aspecto da fé cristã histórica e ortodoxa que não ameaça o clima sociocultural emergente em torno da igreja. Na verdade, é um aspecto convidativo.

A oração também é o tema da minha vida. Tem sido assim até este ponto, e assim será por quantos dias eu viver neste mundo ocasionalmente belo e muitas vezes sombrio. A oração foi como descobri Deus. A oração é a razão pela qual me tornei pastor. A oração é a fonte das maiores celebrações da minha vida, das decepções mais dolorosas e das perguntas mais confusas (e ainda sem resposta). A oração não é um lugar tranquilo para descansar a cabeça ou uma rotina de exercícios para queimar gordura espiritual. É uma aventura selvagem e imprevisível que apenas aqueles corajosos o suficiente para se despojar de identidades artificiais, perder completamente o fôlego uma ou duas vezes e ver a beleza no mistério enfrentarão. Prossiga com cuidado. A oração não é para os fracos de coração.

Orando como monges, vivendo como tolos é um catálogo de orações, cada capítulo terminando com um convite à prática — um ponto de partida simples para passar da consideração à descoberta. Não leia este livro pelo seu conteúdo; leia seu conteúdo para conhecer suas práticas. Os verdadeiros tesouros são encontrados depois que você fecha o livro e inicia a conversa.

É para lá que estamos indo, mas esta história começa de uma forma e em um local muito comuns: o estacionamento de uma escola pública de ensino médio.

Capítulo 1

SOLO SAGRADO

Ore como puder

Nenhuma outra alma à vista. Ninguém mais estaria aqui ao nascer do sol em um feriado. Fiquei imóvel atrás do volante de um carro emprestado, parado no estacionamento, soluçando — dominado por lágrimas de gratidão.

Eu não via esse prédio havia quase duas décadas, mas lá estava eu — olhando para a escola pública que de alguma forma se tornou um templo para mim, uma catedral, um ponto de encontro, o ponto crucial de toda a minha vida.

São sempre os lugares comuns que acabam por ser sagrados, não é? Uma sarça ardente naquele mesmo campo familiar onde Moisés bateu o ponto todos os dias durante quarenta anos. A sala onde Ester apresentou seu pedido ao rei. O parapeito da janela do andar de cima, onde Daniel apoiava os cotovelos enquanto orava desafiadoramente contra a lei real. O velho celeiro deprimente de um pobre fazendeiro nos arredores de Belém. A praia onde Pedro atracava seu barco desde menino. O duplex em uma rua decadente de Jerusalém onde o vento começou a soprar em seu interior.

Leva apenas um breve momento para transformar um lugar cotidiano em solo sagrado. Foi o que aconteceu comigo aqui.

Uma experiência em transcendência

Aos 13 anos de idade, eu não tinha certeza se estava comprando todas as histórias sobre Jesus. Eu era um garoto curioso, mas não era uma venda fácil. "Olha, se essa história for real, eu quero participar. Mas, se for um conto de fadas, prefiro descobrir mais cedo ou mais tarde para não perder tanto tempo cantando músicas medíocres e assistindo a todas essas reuniões." Essa foi a minha lógica.

Naturalmente, quando um mentor me abordou com uma espécie de experimento, isso chamou minha atenção.

"O que você acha que Deus faria na vida de seus amigos incrédulos se você passasse todos os dias deste verão andando em círculos pela escola em oração por eles?"

"Eu não faço ideia."

"Por que você não descobre?"

Eu gostei da ideia.

Meu irmão mais velho tinha acabado de fazer 16 anos de idade, o que significava que qualquer motivo para dirigir para qualquer lugar era plausível. Todos os dias daquele verão ele me levou ao único lugar que eu planejava evitar: a escola. Eu percorria um caminho de terra até a grama espessa de verão, andando pelo terreno da escola com uma relação com nomes de alunos na mão direita. Isso foi na época em que davam a todos na escola o número de telefone de todos os outros. O que eles estavam pensando? Nunca usei a agenda de telefones escolar até aquele verão, quando ela se tornou meu "livro de oração" pessoal, guiando as palavras sussurradas por minha voz incerta e adolescente enquanto eu andava pelo lado de fora daquele prédio familiar e me lembrava de todos os sobrenomes da minha futura turma da oitava série. Dirigia minha voz ao Deus em quem eu acreditava apenas parcialmente.

Algo aconteceu comigo naquele verão.

Apaixonei-me pelo Deus que eu não tinha certeza se estava me ouvindo. Descobri que não apenas "precisava" de Deus em algum sentido último, eu gostava de Deus. Gostava da presença dele. Eu ansiava por sua companhia. Isso era tudo que eu sabia com certeza.

No primeiro dia de volta às aulas, pedi para falar com o diretor. Entrei no escritório que havia evitado nos dois anos anteriores e fui direto ao ponto. Eu apenas perguntei a ele: "Posso começar um novo programa escolar extracurricular — um programa sobre Jesus?" "Bem, você precisará de um professor que se responsabilize por isso. Todo clube escolar precisa ter um professor responsável. Encontre um professor e você poderá seguir em frente."

Foi assim que acabei liderando uma reunião de evangelização cristã em uma sala de aula de matemática com iluminação fluorescente e azulejos brancos na Brentwood Middle School. Nós nos encontrávamos às 6h30 da manhã às quartas-feiras, um horário obviamente conveniente. Que criança de 12 ou 13 anos de idade não quer explorar questões existenciais de origem e propósito antes do nascer do sol?

Toda a minha estratégia para organizar essas reuniões foi simples. Eu me sentava no meu quarto nas noites de terça-feira, abria a Bíblia aleatoriamente em uma página em algum lugar no meio, escolhia um parágrafo daquela página, lia-o sem absolutamente nenhum outro contexto ou indício de conhecimento bíblico, anotava alguns pensamentos de minha própria experiência de vida e minha própria interpretação em uma folha de papel avulsa e depois lia e explicava essa passagem para quem aparecesse na manhã da quarta-feira seguinte. Foi uma receita para o desastre, não para o avivamento.

No entanto, eu tinha uma coisa a meu favor. Eu orava. Eu ia para a escola uma hora mais cedo às quartas-feiras para liderar aquele grupo, então ia para a escola uma hora mais cedo às terças e quintas-feiras para continuar folheando aquela relação escolar com nomes de alunos, agora amassada, muito desgastada e usada, orando nome por nome por meus colegas de classe. Minha mãe, a cristã que me levou à fé, na verdade me pôs sentado e pediu que eu relaxasse com a oração, porque ela estava perdendo muito sono ao me levar para a escola tão cedo — história baseada em fatos.

Alguns meses depois do início dessas reuniões, tantos alunos compareciam que tivemos de passar da sala de aula de matemática para o teatro da escola. No final daquele ano letivo, aproximadamente um terço da minha turma da oitava série havia entrado em

ORANDO COMO MONGES, VIVENDO COMO TOLOS

relacionamento com Jesus na escuridão da madrugada, com toda a atmosfera da iluminação hospitalar, por meio dos sermões potencialmente heréticos de um aluno cético de 13 anos de idade.

É completamente ridículo ou absolutamente de tirar o fôlego pensar que, no meio de toda a insegurança de um garoto de 13 anos — o nervosismo de ir para o time de basquete, a chegada estranha (e um pouco atrasada) da puberdade, as palmas das mãos suadas dos bailes escolares —, havia também o Espírito do Deus vivo moldando a história em resposta amorosa aos murmúrios da oração de uma criança. E não porque ele achasse aquele garoto particularmente brilhante ou suas sugestões sobre como administrar o mundo inovadoras, mas simplesmente porque ele achava esse garoto, com toda a sua insegurança, estranheza e nervosismo adolescentes, irresistivelmente adorável.

Isso é absurdo. Ou de tirar o fôlego.

Tire suas sandálias

Tudo isso foi há vinte anos, enquanto eu estava sentado em um carro emprestado naquele estacionamento antigo e familiar, abrindo lentamente a porta do lado do motorista. Quando meu pé bateu na calçada, o sol estava apenas começando a iluminar o céu cinzento e sonolento. Havia uma fila espalhada de ônibus escolares amarelos estacionados descansando para as férias. Todas as portas do prédio estavam trancadas com correntes e ferrolhos, não que eu tivesse qualquer intenção de entrar. Foi andar pelo lado de fora que me atraiu até aqui àquela hora. Eu queria caminhar pelo chão onde meus sapatos foram desgastados durante as voltas de oração — o pequeno ciclo que passou a definir minha vida espiritual.

Eu tinha agora 31 anos e era pastor no Brooklyn, em Nova York.

Minha família se mudou desta cidade logo após aquele ano decisivo da oitava série, e eu não voltei para Brentwood desde então. Eu não tinha voltado para este lugar, mas este lugar, aquilo que aconteceu aqui, nunca me abandonou.

Meus sogros moram a cerca de meia hora de distância da escola, e eu estive na casa deles no Natal. Comecei a pensar: "Não vejo aquela escola há vinte anos."

SOLO SAGRADO

Então, voltei para lá. Programei minha chegada para 6h30 da manhã, apenas pelo bem dos velhos tempos.

"Tire as sandálias dos pés, pois o lugar em que você está é terra santa."[1]

Tirei os sapatos e senti o pavimento gelado atravessar minhas meias.

Fiquei naquela fenda aberta para servir de mastro de bandeira na colina que descia pelo gramado da frente da escola — o lugar escondido onde eu costumava me sentar, quando tinha 13 anos de idade, orando pelo nome de cada um dos meus amigos na maioria das terças-feiras. Caminhei até aquele trecho da calçada onde me sentava às quintas-feiras, sozinho no início, com um grupo de adolescentes reavivalistas crescendo gradualmente ao meu redor à medida que o ano passava. Percorri o caminho exato pela grama enquanto circulava aquele prédio em oração e, ao fazê-lo, o espaço entre o céu e a terra parecia fino como papel.

Para todos os outros, esta é uma velha e sombria escola pública secundária que precisa de financiamento governamental e pequenas reformas. Para mim, este é um terreno sagrado. Este é o lugar onde Deus começou algo em mim que nunca parou. Este é o lugar onde descobri o que Jesus queria dizer quando falou: "Se vocês permanecerem em mim, e as minhas palavras permanecerem em vocês, pedirão o que quiserem, e será concedido."[2] Eu orei, com lágrimas escorrendo pelo meu rosto e com uma voz trêmula que mal conseguia pronunciar uma palavra com firmeza.

Ore sobre todas as coisas

Existem muitas passagens bíblicas sobre oração, por isso não faltam lugares para começar a lidar com esse mistério sagrado. No entanto, provavelmente nunca encontraremos uma orientação mais concisa e direta do que as instruções de Paulo à igreja em Filipos, perto do final da sua carta:

---

1. Cf. Êxodo 3:5.
2. João 15:7.

Que a amabilidade de vocês seja conhecida por todas as pessoas. Perto está o Senhor. Não andem ansiosos por coisa alguma, mas em tudo, por meio da oração e da súplica, com ação de graças, apresentem os seus pedidos a Deus. Então, a paz de Deus, que excede todo o entendimento, guardará o coração e os pensamentos de vocês em Cristo Jesus.[3]

Um dos aspectos mais frustrantes das Escrituras é que raramente são lidas como os manuais de instruções.[4] Se Deus apenas explicasse isto, passo a passo, então eu o faria. Contudo, por alguma razão, ele está determinado a falar por meio de histórias, analogias e enigmas.

Essa passagem é a prova de que as coisas não são tão simples assim. Bem, aqui está descrito passo a passo, mas de modo geral não seguimos os passos. *Não fique ansioso com nada. Ore sobre todas as coisas.* Mas a maioria dos seguidores de Cristo passa muito mais tempo remoendo pensamentos ansiosos do que entregando-os em oração. Se a instrução de Deus está bem à nossa frente, tão simples e clara, por que não aceitar o que Deus propõe em uma troca tão favorável para nós?

Resposta curta: Não acreditamos que basta apresentar os nossos pedidos a ele.

Nós pensamos: "Vamos lá, não é tão simples assim."

Como pastor de uma igreja repleta principalmente de jovens adultos na primeira metade da vida, recebo muito mais perguntas sobre como lidar com a ansiedade do que sobre oração. A ansiedade é a trilha sonora da vida moderna, por isso tenho muitas conversas com pessoas ansiosas.

No entanto, não é apenas um diagnóstico de outras pessoas. A verdade é que *eu* estou mais familiarizado com a ansiedade do que com a paz. Estou mais familiarizado com um impulso subconsciente para controlar as circunstâncias que me oprimem do que com a

---

3. Filipenses 4:5-7.
4. Instruções Ikea são o conjunto de informações formado por imagens numeradas, que têm o intuito de auxiliar o comprador a montar o produto. [N. do E.]

SOLO SAGRADO

aceitação da liberdade aliviadora prometida na oração. Não sou um mestre conselheiro do outro lado da divisão que está oferecendo a você o mantra milagroso. Eu me importo com você.

Deus promete paz — um tipo de paz sobrenatural que não conseguimos sequer raciocinar logicamente — em lugar de ansiedade paralisante. O meio para ocorrer essa troca é a oração. Todavia, a maioria das pessoas, independentemente da maturidade espiritual, estágio de vida, consciência psicológica ou tipo de personalidade, não experimenta a troca de "ansiedade pela paz" prometida por meio da oração.

Então, por que não?

Por que não oramos?

Os obstáculos óbvios à oração vivem na superfície. Você está ocupado. Você é sociável. Você é (ou, pelo menos, tenta ser) bem-sucedido, desejável e socialmente consciente. Todas essas coisas levam tempo, então a competição pela sua atenção total é acirrada.

E, claro, há o fato de que você carrega a internet no bolso: 97% dos americanos têm um telefone celular e, para 85% deles, é algum tipo de *smartphone*.[5] Cada momento de inatividade agora é gasto em tópicos do Reddit, em um *feed* do Instagram ou em discussões políticas no Twitter. Então, você está ocupado e distraído.

Ainda assim, você provavelmente encontrará tempo para comer, dormir e talvez até fazer exercícios com alguma consistência e frequência. Mesmo em um mundo muito ocupado e distraído, as pessoas ainda reservam tempo para o que realmente importa para elas. Portanto, há algo mais profundo, abaixo da superfície, que nos impede de orar.

Acho que é o seguinte: para a maioria de nós, a oração não resolve ansiedade. As Escrituras ensinam: "Não fique ansioso. Apenas ore." Talvez não o façamos porque a oração traz muitos motivos para ficarmos ansiosos. A própria oração nos deixa ansiosos porque revela medos

---

5. Consulte "Mobile Fact Sheet", Pew Research Center, 7 de abril de 2021, www.pewresearch. org/internet/fact-sheet/mobile.

27

ORANDO COMO MONGES, VIVENDO COMO TOLOS

que podemos ignorar desde que não nos envolvamos profunda, ponderada e vulneravelmente com Deus.

Primeiro, devemos nomear os medos.

1. Não oramos por medo de ser ingênuos

As cenas da minha vida se desenrolam tendo como pano de fundo uma cidade intelectual ferozmente lógica. Nesse ambiente, não há pecado maior do que a ingenuidade. Em uma cidade como Nova York ou Portland (passei toda a minha vida adulta entre as duas), não há nada menos na moda do que um graduado da escola estadual de um subúrbio do centro-oeste de olhos arregalados por ser recém-chegado à cidade grande. A inocência está terrivelmente fora de moda.

Temos o potencial de dominar tudo com o que interagimos neste mundo pequeno, restrito e secular criado por nós mesmos. Na verdade, devemos dominá-lo rapidamente para sobreviver — o caminho mais eficiente entre a casa e o escritório, como subir na hierarquia no trabalho, como comer sushi sem parecer estúpido, como atravessar as pistas de bicicleta e viver para contar a história. E, se não conseguimos dominá-lo, sempre podemos evitá-lo. Vou apenas mudar de setor, evitar o *hashi* e pegar um Uber.

A oração não pode ser dominada. A oração sempre significa submissão. Orar é colocar-nos voluntariamente em uma posição desprotegida e exposta. Não há escalada. Não há controle. Não há domínio. Existe apenas humildade e esperança.

Orar é arriscar ser ingênuo, arriscar acreditar, arriscar fazer papel de bobo. Orar é arriscar confiar em alguém que pode decepcioná-lo. Orar é aumentar nossas esperanças. E aprendemos a evitar isso. Então, evitamos a oração.

2. Não oramos por medo do silêncio

Muitas pessoas estão bastante confortáveis com a própria espiritualidade, e a oração — do mesmo modo que viver como se tudo o que Jesus disse sobre a oração fosse verdade — arrisca a possibilidade do silêncio.

"O silêncio é assustador porque nos desnuda como nada mais o faz, lançando-nos sobre a dura realidade da nossa vida", escreveu Dallas Willard. "E, nesse silêncio, e se houver muito pouco para 'só nós e Deus'?"[6]

E se eu realmente tirar a música, a comunidade e o sermão, tirar todo o ruído da minha familiar expressão de fé? Se deixar apenas eu e Deus, e se eu descobrir que na verdade não há muito entre nós dois?

A oração significa o risco de enfrentar o silêncio ainda que estejamos viciados em barulho. É o risco de enfrentar um Deus sobre o qual dominamos falar, cantar, ler e aprender. Significa arriscar uma interação real com esse Deus, e, quanto mais nos acostumarmos a nos contentar com o barulho ao redor de Deus, maiores serão os riscos. E se for estranho, decepcionante ou chato? E se Deus me apoiar completamente?

Quando temos tanto a perder, a oração pode ser mais assustadora do que evitar nunca estar a sós com Deus.

3. Não oramos por medo de motivos egoístas

Ficamos paralisados pela autoavaliação. A oração falha quando avaliamos e questionamos as palavras que falamos a Deus à medida que saem de nossa boca.

Por que eu realmente quero isso? O que está por trás desse pedido? Será que realmente passei tempo suficiente com Deus para pedir algo assim ou estou apenas enviando uma mensagem para ele quando preciso de algo? Esse desejo é realmente puro o suficiente para ser apresentado a Deus?

Digamos, hipoteticamente, que seu colega de quarto não conhece Jesus. Antes de proferir uma palavra de oração por ele, você depara com uma pergunta que gira em torno de você. Por que *realmente* quero que meu colega de quarto encontre a Deus? É por causa de um desejo sincero de que ele seja atendido pelo amor divino que o torne completo? Ou encontro conforto em outra pessoa chegar à mesma conclusão que eu, como se tudo isso fosse apenas uma forma

---

6. Dallas Willard, *The Spirit of the Disciplines: Understanding How God Changes Lives* (São Francisco: HarperSanFrancisco, 1988), p. 163.

supersticiosa de tornar a vida suportável, pois, pelo menos os outros vão rir de *nós* um dia, não apenas de *mim*?

Ou acho que tenho todas as respostas e que o mundo seria melhor se todos pensassem como eu, acreditassem como eu e se comportassem como eu? Estou apenas disfarçando o narcisismo com falsa compaixão? Ou será que carrego comigo algum tipo de culpa religiosa que minha avó conservadora me inculcou quando criança, então, agora oro por meu colega de quarto, mas na verdade apenas para me sentir bem comigo mesmo?

Conhecemos muito bem a cacofonia de motivos que sempre giram dentro de nós. Quando oramos, ficamos cada vez mais conscientes desses motivos. E alguns ficam paralisados pela autoavaliação subsequente.

4. Não oramos por medo de fazer algo errado

Alguns de nós somos impedidos de orar porque ouvimos as orações de todos os outros, e isso nos faz sentir como se fôssemos nos apresentar depois de Winston Churchill nas aulas de oratória do ensino médio.

Não sou eloquente. Não estou confiante. Não estou confortável. Ouço outras pessoas orarem em voz alta, e isso só aumenta a insegurança.

Muitos cristãos passam anos limitando a sua experiência de oração a sentar-se em um banco enquanto um cristão profissional fala com Deus em palavras que nunca usariam em uma conversa normal, levando ao equívoco: "Devo estar orando errado."

Alguns de nós não oramos com frequência, pelo menos ainda não. Talvez um dia dominemos a linguagem e aprendamos a mecânica.

Por que orar?

Aí temos os medos. Mas, se tudo isso for verdade, então *por que* oraríamos?

SOLO SAGRADO

1. Ore porque você está sobrecarregado

O grande pecado social do mundo moderno é a ingenuidade. A crença está fora; o cinismo está na moda. De onde veio esse fenômeno moderno?

Historicamente, o Iluminismo apresentou o grande mito do progresso humano, que pressupõe que, com o passar do tempo, tudo está melhorando, as pessoas estão se tornando mais íntegras e o mundo está melhorando cada vez mais. Essa suposição, que serviu de espinha dorsal do mundo em desenvolvimento, foi esvaziada por duas guerras mundiais e pelo século mais sangrento e bárbaro de que há registro na história. O balão estourou com o otimismo do progresso humano, levando a uma onda de desilusão igualmente generalizada.

Você e eu fomos preparados por uma história de desconstrução pós-iluminista que não confia mais em Deus, mas também tem muitos motivos para não confiar nas pessoas. O resultado são múltiplas gerações de pessoas que encontram segurança em fingir que não precisam de nenhum dos dois — posso confiar em mim mesmo, orientar-me, ser suficiente para mim mesmo.

Certa vez, Jesus disse sabiamente que conhecemos uma árvore pelos seus frutos.[7] Então, qual é o fruto dessa história de autossuficiência na vida da pessoa moderna? Estamos sobrecarregados. Todo mundo que conheço está se afogando nas "coisas deles". Não importa se "a sua coisa" é um empreendimento artístico, margens de lucro, ganhar e jantar com clientes ou criar filhos. Não podemos ver além da "nossa coisa" porque "nossa coisa" (seja lá o que for) consome tudo.

Evitamos nos tornar ingênuos, mas fizemos isso ao custo de ficar sobrecarregados. A história que deveria nos libertar é apenas uma troca de celas. Se a história que pensávamos que nos libertaria está nos prendendo, a coisa lógica a fazer é olhar além do que vemos. Em vez disso, mesmo na igreja, as nossas orações não trocam a vida sobrecarregada por uma paz transcendente. Elas simplesmente arrastam Deus para nossa vida sobrecarregada, e a única maneira de torná-lo adequado é reduzi-lo a um tamanho customizado. Continuamos orando, mas baixamos o nível de expectativa e poder na oração.

---

7. Cf. Mateus 7:16-20.

Nós chutamos como loucos para manter nossa cabeça acima da água, enquanto conversamos passivamente com um Deus imaginando que ele é impotente para fazer quase qualquer coisa, exceto nos dar a perspectiva certa para passar o dia. Reduzimos Deus a um ser divino tão oprimido e impotente quanto nós, e nossas orações a esse Deus são compreensivelmente vagas e pouco frequentes.

Vidas constantemente sobrecarregadas deveriam nos levar à oração da forma mais pura e crua. Entretanto, a tendência para muitos de nós é fazer orações seguras e calculadas que nos isolam tanto da decepção quanto da liberdade.

2. Ore porque a confiança vem antes da fé

Tememos o silêncio. Mas o que acalma esse medo não é a fé; é confiança. A fé é a certeza daquilo que esperamos.[8] Confiança é convicção do caráter de Deus.

Antes de poder ter fé de que Deus responderá a um determinado pedido, simplesmente temos de aprender a confiar no caráter do Deus com quem estamos falando. Na minha experiência, tentar incluir a fé na equação não torna a possibilidade do silêncio menos aterrorizante, porém confiar no caráter do ouvinte certamente o faz. A confiança nos permite dizer: "Não entendo o que Deus está fazendo agora, mas confio que Deus é bom."

E se eu orar e o câncer não desaparecer? Ou se eu não conseguir o emprego? Ou se ela não voltar? Ou se ele não se curar da dependência?

Sem confiança, suprimimos a desilusão que o silêncio de Deus nos deixa. Construímos um muro para nos proteger do verdadeiro Deus a quem oramos. Nós cuidadosamente matizamos nossas orações, protegendo-nos contra a possibilidade de permitir que Deus nos decepcione assim pela segunda vez (vamos aprofundar nas ervas daninhas das orações não respondidas no capítulo 9).

Com confiança, podemos chegar ao Deus cujo caráter não parece corresponder ao seu silêncio, dizendo com brutal honestidade: "Onde você estava? Como você pode? O que você estava pensando?"

---

8. Cf. Hebreus 11:1.

SOLO SAGRADO

Jesus não revelou um Deus que possamos compreender perfeitamente, mas revelou um Deus em quem podemos confiar perfeitamente. A confiança é a certeza de que o Senhor ouve e se importa. Confio no Deus que, mesmo quando não faz o sofrimento passar, carrega o sofrimento ao meu lado. Confiar no Deus revelado em Jesus significa que o silêncio é real, mas não é para sempre.

3. Ore, porque reclamações são bem-vindas

Deus não está tão preocupado com nossos motivos confusos quanto nós. Eu posso provar. Aqui estão algumas orações que foram incluídas nas Escrituras inspiradas, inerrantes e canônicas:

> Caiam brasas sobre eles,
>   e sejam lançados ao fogo,
>   em covas das quais jamais possam sair
>   (Salmos 140:10).

> Cansei-me de pedir socorro;
>   a minha garganta se abrasa.
> Os meus olhos fraquejam
>   de tanto esperar pelo meu Deus
>   (Salmos 69:3).

> Derramo diante dele o meu lamento;
>   a ele apresento a minha angústia
>   (Salmos 142:2).

Raiva, depressão, reclamação. Quem escreveu isso precisa consultar um profissional.

Davi foi quem escreveu aquelas orações. Você provavelmente já ouviu falar de Davi — a figura mais famosa do antigo Israel, o rei que estabeleceu uma barreira inalcançável para todos os reis subsequentes, o homem segundo o coração de Deus, aquele cuja linhagem foi prometida e que levaria ao Messias. Ele é o pesadelo psicótico que escreveu essas orações. Elas foram reunidas em Salmos, que enquadrou a adoração e a oração cristãs desde antes do início da igreja.[9] Essas orações acompanham algumas das poesias mais reverenciadas de Davi.

> O Senhor é o meu pastor;
> de nada terei falta.
> Ele me faz repousar em pastagens verdejantes
> e me conduz a águas tranquilas;
> restaura-me o vigor.
> Guia-me pelas veredas da justiça
> por amor do seu nome (Salmos 23:1-3).

Bem, aparentemente Davi nem sempre foi tão sereno e equilibrado, porque ele também orou: "Caiam brasas sobre eles."[10]

> Bendiga ao Senhor, ó minha alma,
> e não se esqueça de nenhuma das suas
> bênçãos! [...]
> [É ele] quem satisfaz de bens a sua existência,
> de modo que a sua juventude se renova como a
> águia (Salmos 103:2,5).

Ele nem sempre deve ter sentido como se Deus estivesse abrindo suas asas, porque também orou: "Cansei-me de pedir socorro."[11]

> Todos os dias te bendirei
> e louvarei o teu nome para todo o sempre!
> (Salmos 145:2)

Acho que "todos os dias" era hiperbólico, porque alguns dias não havia elogios em seus lábios: "Derramo diante dele o meu lamento."[12]

---

9. Davi não escreveu todos os salmos; no entanto, ele escreveu cerca de metade deles e é o autor dos salmos selecionados neste exemplo.
10. Salmos 140:10a.
11. Salmos 69:3a.
12. Salmos 142:2a.

SOLO SAGRADO

Os salmos revelam uma grande variedade de temas. Algumas das palavras nessas orações vão frontalmente contra os ensinamentos de Jesus e o caráter de Deus (por exemplo, o que aconteceu com o amor aos inimigos e com um Deus que é rico em amor e em fidelidade?),[13] o que significa que alguns dos salmos são tecnicamente heréticos. Então, por que essas orações seriam incluídas na Bíblia?

Porque elas são honestas. É isso que torna esses salmos exemplares. Deus está à procura de relacionamentos, não de discursos bem preparados, proferidos com temas e argumentos perfeitos. Deus ouviu a raiva exagerada, transbordante, o desespero dramático e a alegria inocente, e, ainda assim, considerou Davi como um homem segundo o seu coração.[14] Quando se trata de oração, o Senhor não está avaliando redações; ele está conversando com crianças. Portanto, se Deus pode se deleitar com orações tão disfuncionais como aquelas que encontramos no meio da Bíblia, ele também pode cuidar das suas sem que você as ajeite primeiro.

Se a Bíblia nos diz alguma coisa sobre como orar, ela diz que Deus prefere o rascunho cheio de reclamações e erros de digitação à versão polida e editada. C. S. Lewis disse sobre a oração: "Devemos colocar diante dele o que está em nós, não o que deveria estar em nós."[15]

A maneira pela qual seus motivos mudam não é ao resolvê-los em silêncio; é por causa de uma honestidade tão brutal com Deus que ele, por meio da oração, pode refinar os seus motivos. Reclamações são bem-vindas.

4. Ore, porque a única maneira de errar é tentando acertar

Acho isso tão útil que, ao ensinar seus discípulos a orar, Jesus incluiu esta frase bem no meio: "Dá-nos hoje o pão nosso de cada dia."[16]

---

13. Veja Mateus 5:43-44; Êxodo 34:6.
14. Veja 1Samuel 13:14; Atos 13:22.
15. C. S. Lewis, *Cartas a Malcolm, sobretudo a respeito da oração*. Rio de Janeiro: Thomas Nelson Brasil, 2019, p. 39.
16. Mateus 6:11.

Que pedido simples! Leve a Deus as suas necessidades sentidas — as necessidades deste dia — e fale com ele sobre elas. Como devemos orar? A resposta mais direta é conversar com Deus sobre o que está em sua mente. É isso! Você fala com Deus como a um amigo. Você desabafa. Você pergunta. Você ri. Você escuta. Você descarrega. Você apenas fala. Você não tenta parecer mais santo, puro ou espiritual do que é. A oração não é um monólogo nobre; é uma conversa que flui livremente, e a única maneira de errar na oração é tentar acertar.

Nas sábias palavras da professora emérita da Escola de Teologia Candler, Roberta Bondi: "Se você está orando, já está 'fazendo certo'."[17]

O Senhor está próximo

> Que a amabilidade de vocês seja conhecida por todas as pessoas. Perto está o Senhor. Não andem ansiosos por coisa alguma, mas em tudo, por meio da oração e da súplica, com ação de graças, apresentem os seus pedidos a Deus. Então, a paz de Deus, que excede todo o entendimento, guardará o coração e os pensamentos de vocês em Cristo Jesus
>
> Filipenses 4:5-7.

Para os nossos ouvidos modernos, isso parece que foi escrito por alguém que nunca esteve realmente ansioso, alguém que nunca passou pelo que eu passei. Soa como boa vontade religiosa. Simplesmente não é tão simples. Se é tão simples, por que não está funcionando?

Na maioria das vezes, quando essa famosa passagem é referenciada, ela começa com a ordem para nos livrarmos da ansiedade: "Não andem ansiosos por coisa alguma." Mas a passagem não começa aí. Antes do imperativo está uma declaração de fato: "Perto está o Senhor."

O medo profundo que rouba o poder de nossas orações é a mentira de que o Senhor não está próximo. A mentira de que Deus se esqueceu de mim, de que não estou em boas mãos, de que meu

---

17. Roberta C. Bondi, *To Pray and to Love: Conversations on Prayer with the Early Church* (Mineápolis: Fortress, 1991), p. 49.

SOLO SAGRADO

futuro não está seguro. É a preocupação de que, no final das contas, esse Deus, próximo ou distante, não seja confiável, de que ele seja algo menos do que promete ser, de que — na verdade, quando se trata disso — eu esteja sozinho.

Todos os quatro autores dos Evangelhos lembram-se de Jesus virando as mesas dos cambistas no templo em um acesso de "ira santa". Ele profeticamente limpou o templo sagrado da corrupção que manchava a casa de oração. E, no meio desse tumulto, com todos os olhos voltados para o rabino enlouquecido, Jesus gritou em meio a respirações ofegantes: "Parem de fazer da casa do meu Pai um mercado!"[18] Não foi em um momento de serenidade composta e bem pensada, ensino elaborado, mas um acesso de raiva justificada — falando com as entranhas, não com a cabeça — que Jesus instintivamente chamou o templo de "casa do meu Pai."

Isso é significativo, porque, no Israel do primeiro século, o templo era o edifício mais venerado do mundo judaico. O povo judeu acreditava que era literalmente a casa de Yahweh — o lugar onde habitava a presença de Deus. A casa em que Deus morava. Havia rituais de limpeza necessários apenas para se cruzar a soleira, e o acesso era restrito à medida que se aproximava do centro do edifício. Mesmo a maioria dos sacerdotes não conseguia entrar na sala mais interna porque, na antiga espiritualidade hebraica, o templo era a presença de Deus. E Jesus está chamando esse mesmo lugar de "lar". Na presença de um Deus que deixava até os sacerdotes tensos, Jesus estava em casa.

Nancy Mairs observou profundamente: "A visão de quem é Deus para alguém é revelada com maior precisão, não por qualquer credo, mas na maneira pela qual este fala com Deus quando ninguém mais está ouvindo."[19]

Quando você pronuncia as palavras "Querido Deus", qual é a expressão da face divina com a qual você está trocando olhares? O que está passando pela mente de Deus? Qual é o humor de Deus?

"Querido Deus, perdoa-me por te incomodar..."

---

18. João 2:16.
19. Nancy Mairs, *Ordinary Time: Cycles in Marriage, Faith, and Renewal* (Boston: Farol, 1993), p. 54.

ORANDO COMO MONGES, VIVENDO COMO TOLOS

"Querido Deus, sei que tu estás muito ocupado, mas..."

"Querido Deus, sei que não passo por aqui há algum tempo..."

"A casa do meu Pai." Esse é um ponto de partida profundamente diferente de onde emergem as orações de Jesus. A única garantia simples que enche nossas orações de poder é "Perto está o Senhor."

"A descoberta mais importante que você fará é o amor que o Pai tem por você", escreveu Pete Greig, fundador do Movimento de Oração 24-7. "Seu poder na oração fluirá da certeza de que Aquele que o criou gosta de você, não está olhando para você de cara feia, está do seu lado... A menos que nossa missão e nossos atos de misericórdia, nossa intercessão, petição, confissão e guerra espiritual comecem e terminem no conhecimento do amor do Pai, agiremos e oraremos por desespero, determinação e dever, em vez de revelação, expectativa e alegria."[20]

A descoberta mais importante que você fará é o amor do Pai, e é apenas isto: uma descoberta. Não pode ser ensinado. Tem de ser descoberto, e todo o resto flui dessa descoberta.

Sei que a Lua está a mais de 300 mil quilômetros de distância da Terra e que é mais do que uma luz no céu noturno; é uma massa sólida que você pode tocar e sobre a qual pode caminhar.[21] Eu sei disso, mas Neil Armstrong descobriu isso. Ele viajou todos esses quilômetros e caminhou naquela luz noturna brilhante. Essa é uma experiência totalmente diferente. Conhecimento é boato. É memorizar os fatos. A descoberta requer experiência pessoal.

Você pode ler a descrição de cada entrada do cardápio, ouvir a explicação eloquente do garçom sobre as poucas que chamam sua atenção e observar atentamente os pratos saindo, assistindo às reações dos clientes do restaurante ao darem a primeira mordida. Contudo, nada disso satisfará sua fome. Até você pegar um garfo e uma faca e provar, por si mesmo, tudo não passa de boato.

Você pode assistir a todas as comédias românticas já produzidas. Ler todos os romances clássicos. Escutar o primeiro encontro na mesa do café ao seu lado. Você pode chorar nas cerimônias de

---

20. Pete Greig, *Dirty Glory: Go Where Your Best Prayers Take You* (Colorado Springs: NavPress, 2016), p. 53.

21. "Earth's Moon: Quick Facts", NASA Science, https://moon.nasa.gov/about/in-depth.

SOLO SAGRADO

casamento e admirar o casal de idosos comemorando seu quinquagésimo aniversário, mas tudo isso é apenas para saber coisas sobre o amor. Para descobrir o amor, você deverá sentir o frio na barriga que acontece no primeiro encontro, dizer à outra pessoa como você se sente sem garantia de reciprocidade, fazer votos na frente de amigos e familiares, e segurar a mão enrugada de seu cônjuge idoso depois de décadas vivendo esses votos em dias normais e em meio a mudanças inesperadas de humor. O amor verdadeiro requer experiência pessoal.

Quando se trata de oração, você pode ler todos os clássicos, estudar as histórias de avivamento e valorizar cada visão bíblica. Você pode memorizar os fatos. Ou você pode viver diariamente em relacionamento com Deus por meio da oração, insistir em processar o extraordinário, o devastador e toda a mundanidade no meio com o Pai que escuta ansiosamente. Adivinhe qual método será mais eficaz? A oração é aprendida pela descoberta.

Mais prática do que teoria

Os discípulos de Jesus lhe pediram: "Ensina-nos a orar."[22] E ele começou a orar. Essa foi a sua resposta.

O moderno pai da disciplina espiritual, Richard Foster, aconselha: "Ao orar, aprendemos a orar."[23] O contemplativo Thomas Merton escreveu: "Se você deseja uma vida de oração, a maneira de consegui-la é orando."[24] A gigante espiritual Madre Teresa instruiu: "Se realmente pretendemos orar e queremos orar, devemos estar prontos para fazê-lo agora."[25]

A oração é mais prática do que teoria, por isso deixe-me oferecer um ponto de partida, com uma frase emprestada de Dom John Chapman:

---

22. Lucas 11:1.

23. Richard Foster, *Prayer: Finding the Heart's True Home* [Oração: o refúgio da alma] (Nova York: HarperCollins, 1992), p. 13.

24. Citado por David Steindl-Rast, "Man of Prayer", in: *Thomas Merton/Monk: A Monastic Tribute*, ed. Patrick Hart (Nova York: Sheed & Ward, 1974), p. 79.

25. Madre Teresa, *No Greater Love*, ed. Becky Benenate e Joseph Durepos (Novato: New World Library, 1997), p. 6.

"Ore como puder e não tente orar como não pode."[26] Se não conseguir orar por uma hora, tudo bem. Não tente. Vai parecer uma eternidade. Ore por um minuto. "Ore como puder e não tente orar como não pode."

Se você se distrai toda vez que tenta orar em casa, ore enquanto estiver fazendo tarefas, se exercitando ou andando pela calçada.

Se você não consegue se concentrar o suficiente para orar em voz alta, tome uma caneta e registre as orações em uma folha de papel.

Se você não consegue orar com esperança e fé, Deus não se incomodará com isso. Ele quer que você conte a ele sobre suas dúvidas e decepções.

Se você não consegue orar com frases de louvor e adoração, não finja que vai adorar. Ore por suas reclamações, sua raiva ou sua confusão.

Se você se sente mais confortável com o cinismo do que com a inocência, inseguro sobre seus motivos, com medo do silêncio, com medo de uma resposta ou bastante confiante de que não está fazendo a coisa certa, está no ponto de partida perfeito.

Ore como *puder* e, em algum momento ao longo do caminho, você fará a descoberta mais importante da sua vida: o amor que o Pai tem por você. Essa descoberta é o fim do acordo de Deus. Sua parte é apenas mostrar-se honestamente. Apareça e continue aparecendo. Isso é inegociável quando se trata de oração.

Esse convite é para todos.

Se você nunca pronunciou uma palavra de oração, saiba que um humilde pedido foi suficiente para que um ladrão profissional crucificado ao lado de Jesus descobrisse o amor do Pai.[27]

Se a oração é fonte de uma ferida profunda ou de uma decepção para você, lembre-se de que, quando a confiança é quebrada em um relacionamento, ela não é curada pelo silêncio e pela distância; a cura requer a coragem de se reengajar. Não vou fingir que é fácil. Mas ela é o lugar da cura.

---

26. Dom John Chapman, *The Spiritual Letters of Dom John Chapman* (Londres: Sheed & Ward, 1935), p. 25.

27. Cf. Lucas 23:32-43.

SOLO SAGRADO

Se você está há anos em uma vida ativa de oração madura e começa a se perguntar o que resta para descobrir, lembre-se de que você passará a eternidade na presença de Deus e nunca chegará ao fim dessa descoberta. Você nunca perderá o sentimento de admiração por sua bondade, nunca ficará entediado em sua presença e nunca terá tudo planejado. Há descobertas *ad infinitum* no relacionamento com Deus.

Ore como *puder*.

Esse é um convite para todos — os novatos, os cansados, os fiéis e os demais.

Véspera do ano-novo em 2018

Apenas uma visita à antiga escola secundária não foi suficiente para mim. Eu tive de voltar. Na véspera de ano-novo, saí para jantar com a minha esposa e, depois da sobremesa, fui em frente. "Você sabe onde seria um lugar romântico para celebrar o ano-novo?"

Dirigi o mais rápido que pude por algumas cidades, de volta à antiga escola secundária, porque o meu desejo era circular por ela em oração enquanto o relógio trabalhava.

Voltei, não porque pensasse que, se o fizesse, Deus faria o que eu queria que ele fizesse. Não voltei porque há algum tipo de poder místico em alinhar Deus com os números do nosso calendário. Voltei porque era onde eu queria estar. Eu queria estar com o Pai.

Naquela noite, novamente descobrindo que meu carro era o único no estacionamento, novamente andando pelo meu solo sagrado em oração, não me tornei mais seu filho. Deus não me amou mais naquela noite do que em qualquer outra noite, e eu não pertencia a ele mais inteiramente do que qualquer outra pessoa dançando e fazendo brindes com champanhe.

No entanto, em um mundo que a maior parte o rejeita, o ignora e escolhe qualquer distração em vez dele, imagine quanto deve abençoar o coração do Pai ouvir: "Eu quero estar com o Senhor. Eu te escolho, Deus, acima de qualquer outra opção."

A oração tem a ver com a presença antes de qualquer outra coisa. A oração não começa com resultados. A oração é a livre escolha de

ORANDO COMO MONGES, VIVENDO COMO TOLOS

estar com o Pai, de preferir a companhia dele. Em nosso desejo por certos resultados ou em nossa confusão por não alcançar esses resultados, somos tentados a começar por aí. Entretanto, não podemos deixar de simplesmente estar com o Pai e chegar a algo próximo do tipo de oração que Jesus conquistou para nós. A oração começa com a presença.

Então, lá estou eu, andando por aquela escola, o familiar círculo de oração que definiu minha vida, enquanto Kirsten, mãe de dois filhos pequenos na época, operava pacientemente uma bomba de tirar leite dentro de um carro estacionado. O que Deus começou em mim quando eu era um garoto de 13 anos nunca parou. Tudo o mais na minha vida mudou, mas isto é constante: passo as horas da manhã preferindo a presença do Pai. Aos 13 anos de idade, era às 6h30 da manhã, na escola, antes mesmo de os professores nem sequer se darem ao trabalho de aparecer. Aos 31 anos, era no telhado do meu prédio no Brooklyn, tendo escalado acrobaticamente uma escada de incêndio com uma xícara de café na mão para ter acesso àquele lugar. Agora, aos 34 anos, estou caminhando pelo Laurelhurst Park, no coração de Portland, no escuro da manhã, com uma caneca de café esfriando rapidamente na mão direita. Por quê? Porque, apesar de tudo, ainda prefiro a presença de Deus a qualquer outra coisa. Não é o tipo de oração em que se cerra os dentes e diz: "Vamos lá, Deus, você me deve isto." É estar presente para aquele que me escolheu primeiro e hoje me escolhe novamente. É a alegria da minha vida.

Naquela noite de ano-novo, em particular, enquanto o relógio girava e o calendário avançava, eu trilhava um caminho de oração que simbolizava tanto para mim e só consegui fazer uma oração com lágrimas de paixão e uma voz trêmula.

"Faz de novo, Senhor."

"O que eu vi o Senhor fazer aqui, neste lugar comum, entre pessoas comuns, faz de novo. Faz de novo, desta vez no Brooklyn."

"O Senhor não mudou, então continuarei pedindo: 'Faz de novo, Senhor.'"

42

SOLO SAGRADO

PRÁTICA
Ore como puder

Comece onde você está. Largue este livro e fale com Deus. Converse com ele sobre os detalhes da sua vida, aqueles que você tem certeza de que ele não se importará. Converse e fale sobre como ele o decepcionou ou frustrou. Fale com ele sobre as bênçãos que você recebeu e que jamais mereceria. Fale com ele sobre a ansiedade que carrega. Basta falar com ele! A oração não é memorizar fatos ou destacar frases-chave; é uma descoberta relacional.

Fui guiado à oração, repetidas vezes, pela poesia de Ted Loder:

> Santo Deus,
> há algo que eu queria te contar, mas há tarefas a serem feitas,
>   contas a pagar,
>   arranjos para fazer,
>   reuniões das quais participar,
>   amigos para entreter,
>   coisas para lavar...
> e eu esqueci o que queria dizer para ti,
>   e, principalmente, eu esqueço o que estou fazendo
>   ou por quê.
>
> Ó Deus,
> não te esqueças de mim, por favor,
> pelo amor de Jesus Cristo.
>
> Eterno Deus,
> há algo que eu queria te contar,
> mas minha mente dispara com preocupação e observação,
>   com pesagem e planejamento,
>   com defeitos na estrada e queixas de buracos,
>   com sonhos rompidos e encanamentos furados
>   e relacionamentos com vazamentos que continuo
> tentando consertar;

ORANDO COMO MONGES, VIVENDO COMO TOLOS

e minha atenção está preocupada
   com solidão,
      com dúvida,
         e com as coisas que cobiço;
e eu esqueço o que quero dizer para ti,
e como dizer isso honestamente
ou como fazer muita coisa.
Ó Deus,
não te esqueças de mim, por favor,
pelo amor de Jesus Cristo.

Todo-Poderoso,
há algo que eu queria te perguntar,
mas tropeço em uma raiva sem nome,
assombrado por uma centena de medos flutuantes
   de terrores de todos os tipos,
      de perder meu emprego,
         de falhar,
   de ficar doente e velho,
      de ver entes queridos morrer,
      de morrer...
Esqueci qual é a verdadeira pergunta que eu queria fazer,
   e eu esqueço de ouvir de qualquer maneira
      porque tu pareces irreal e distante,
        e esqueço o que esqueci.

Ó Deus,
não te esqueças de mim, por favor,
pelo amor de Jesus Cristo...

Ó Pai... celestial,
talvez você já tenha ouvido o que eu queria te dizer.
O que eu queria pedir é
   que me perdoes,
      que me cures,
         aumenta minha coragem, por favor.

SOLO SAGRADO

Renova em mim um pouco de amor e fé,
 e uma sensação de confiança,
  e uma visão do que isso pode significar
   viver como se fosses real,
    e eu fosse importante,
     e todos fossem irmãs e irmãos.
O que eu queria pedir do meu jeito desajeitado é
 não desistas de mim,
  não fiques muito triste comigo,
   mas ri de mim,
    e tenta novamente comigo,
     e eu tentarei contigo também.

O que eu queria pedir é
 por paz suficiente para querer e trabalhar por mais,
  por alegria suficiente para compartilhar,
   e por uma consciência suficientemente aguçada
    para sentir tua presença
     aqui,
      agora,
       lá,
        então,
         sempre.[28]

---

28. Ted Loder, "There Is Something I Wanted to Tell You" [Há algo que eu queria te contar] In: *Guerrillas of Grace: Prayers for the Battle*, edição do 20º aniversário (Mineápolis: Augburg Fortress, 2004), p. 67-68. Usado com permissão.

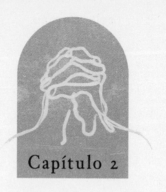

Capítulo 2

FIQUE QUIETO E SAIBA

Postura de oração

"Parem de lutar e saibam que eu sou Deus!
Serei exaltado entre as nações,
serei exaltado na terra."
Salmos 46:10

"Então, chegamos ao segundo passo," anunciou CJ, "que consiste em acreditar e em depender de um poder maior do que você."

CJ devia seus poucos meses de sobriedade principalmente a um grupo de Alcoólicos Anônimos (AA) do qual havia participado. Ele estava me contando sobre uma conversa recente com Owen, seu padrinho.

Se você não está familiarizado com o *Grande Livro* da fundação Alcoólicos Anônimos, ele contém muita linguagem de "Deus". A maioria dos grupos de doze passos, por uma questão de inclusão, adotou a linguagem do "poder superior".

"Ei, cara, o negócio é o seguinte", explicou CJ a Owen. "Eu quero ficar sóbrio. Estou comprometido com o programa, porém estou longe de Deus. Não me entenda mal. Estou disposto a fazer todo o resto, mas, por favor, não tente me convencer a procurar algum terapeuta cósmico para me ajudar a dizer 'Não, obrigado' a um gin tônica."

FIQUE QUIETO E SAIBA

Esse é um resumo honesto de como muitas pessoas se sentem em relação à oração. Ultimamente tem havido um renascimento da espiritualidade oriental no Ocidente, particularmente nas áreas urbanas entre a classe letrada das gerações emergentes. Práticas como a atenção plena budista, o esvaziamento meditativo, a ioga (até mesmo a ioga acompanhada de canto em uma língua desconhecida para um deus desconhecido) — qualquer coisa que leve alguém a algum "estado centrado" indescritível — estão sendo adotadas.

"Então, sim, vou orar", muitos pensam subconscientemente — se, por "oração", estamos falando exclusivamente sobre algo acontecendo em mim, algum tipo de meditação espiritual. "Eu posso concordar com isso." Mas comunicação real com um ser divino? Um ser divino inteligente o suficiente para ter criado a mim, bem como tudo o que sei e tudo o que vivencio? Fala sério. Se tal ser existir, a ideia de que ele (ou ela ou eles) estaria à minha disposição e me chamaria para conversar é bastante absurda.

Então, alguns dias depois, Owen ligou para CJ, quando o dia de trabalho estava chegando ao fim, e disse: "Estou na frente da sua casa, no meu carro. Saia e entre no carro."

"Para onde estamos indo?", CJ perguntou.

"Apenas entre."

Eles se dirigem até o Brooklyn. O carro finalmente para em uma vaga ao longo do calçadão de Coney Island.

Os dois caminham juntos até a praia em um dia frio de novembro. Eles se sentam na areia um ao lado do outro e apenas olham, observando o pôr do sol no horizonte, para a água azul-acinzentada que se estendia muito além do que eles podiam ver. Enquanto o vento frio açoita o rosto dos homens e atravessa a jaqueta deles, eles apenas olham, sem se falar por um ou dois minutos.

Eventualmente, Owen quebra o silêncio com uma pergunta: "Vê algo aqui mais poderoso do que você?"

CJ hesita e depois diz lentamente: "Sim."

"Ótimo", responde Owen. "Comece por aí."

Owen levou CJ aonde ele não iria sozinho para mostrar o que ele não estava vendo por si mesmo.

ORANDO COMO MONGES, VIVENDO COMO TOLOS

"Vê algo mais poderoso que você?" Em outras palavras: "Você consegue se ver — sua minúscula existência — no meio desta vasta extensão além de você? Você consegue se ver da perspectiva de Deus por apenas um momento?" Owen estava apresentando a CJ a quietude e a admiração de onde emerge toda oração.

A oração não começa conosco; começa com Deus. Não começa falando; começa vendo. Como escreveu Philip Yancey: "A oração é o ato de ver a realidade do ponto de vista de Deus."[1] Antes de abrirmos a boca e dizer uma única palavra a Deus, temos de descobrir a postura adequada. Contudo, precisaremos do colaborador certo — um mentor em oração que nos levará para onde não planejávamos ir a fim de nos mostrar o que não vemos atualmente. Para isso, recorremos a Davi, que tem mais orações registradas na Bíblia do que qualquer outra pessoa (de longe). O salmo 46 é atribuído aos filhos de Coré, um título abreviado para a equipe que Davi reuniu para orar noite e dia no tabernáculo. Dessa comunidade vêm estas famosas palavras: "Parem de lutar e saibam que eu sou Deus!"[2] A oração começa aí.

Pare de lutar

Comecemos apenas com estas duas palavras da oração poética dos filhos de Coré: "Parem de lutar." Isso parece bastante simples, não é? Na verdade, é muito mais complicado do que parece, porque o modo de vida ao qual você e eu nos acostumamos como normal é, na verdade, historicamente anormal e torna a quietude quase impossível.

O estilo de vida ocidental moderno, historicamente anormal, mas universalmente aceito, é, em grande parte, o resultado de três invenções inovadoras: o relógio, a lâmpada e o iPhone.[3]

---

1. Philip Yancey, *Prayer: Does It Make Any Difference?* [Oração: ela faz alguma diferença?] (Grand Rapids: Zondervan, 2006), p. 29.

2. Salmos 46:10.

3. Todo o trabalho pesado da pesquisa apresentada é pelo meu amigo John Mark Comer. As ideias nesta seção são usadas com sua generosa permissão. Para um tratamento mais completo deste tema, não há fonte melhor do que seu livro *The Ruthless Elimination of Hurry* (Colorado Springs: WaterBrook, 2019).

FIQUE QUIETO E SAIBA

O relógio

Em 1370, o primeiro relógio público foi instalado na Alemanha. Os historiadores apontam popularmente esse momento como o ponto de virada em que o mundo mudou do tempo natural para o tempo artificial. Anteriormente, as pessoas acordavam com o nascer do sol e iam para a cama com o pôr do sol.[4] Havia um ritmo de vida, com dias mais longos no verão e dias mais curtos no inverno (que, presumo, foi como as pessoas sobreviveram aos invernos alemães, antes do aquecimento central — a maioria deles dormia nesse período).

A partir de 1370, quando as pessoas começaram a gerir o seu tempo artificialmente, o tempo deixou de ser um limite que rege a nossa vida para se tornar um recurso utilizado de acordo com a nossa agenda individual.

A lâmpada

Em 1879, Thomas Edison inventou a lâmpada, que, entre outras coisas, reduziu muito o nosso tempo de sono. Antes da lâmpada, o americano médio dormia dez horas por noite.[5] Com o aumento potencial da produtividade humana, a tecnologia decolou.

Em 1960, ar-condicionado e aquecimento central, micro-ondas, máquinas de lavar louça e máquinas de lavar roupa eram comuns nos lares americanos. Por volta dessa época, os sociólogos começaram a fazer previsões sobre como seria a vida humana no tempo em que você e eu vivemos, e praticamente todos estavam na mesma página — um aumento dramático no lazer e na facilidade de vida.

Um subcomitê do Senado, em 1967, previu conjuntamente que, em 1985, o americano médio trabalharia 22 horas por semana durante 27 semanas por ano devido a todo o tempo de lazer que essa nova tecnologia proporcionaria.[6] Todavia, na

---

4. Veja Carl Honoré, *In Praise of Slowness: Challenging the Cult of Speed* (São Francisco: HarperSanFrancisco, 2004).
5. Citado por dr. James B. Maas, *Power Sleep: The Revolutionary Program that Prepares Your Mind for Peak Performance* (1998; repr., Nova York: Quill, 2001), p. 7.
6. Veja Kerby Anderson, *Technology and Social Trends: A Biblical Point of View* (Cambridge: Christian Publishing House, 2016), p. 102.

realidade, "o tempo médio que as pessoas passam no lazer *diminuiu* desde a década de 1980."[7]

A tecnologia continuou a avançar e nos poupar tempo. Eles acertaram essa parte. O que julgaram mal foi como usaríamos o nosso tempo. Gastamos esse tempo em outras coisas além do descanso profundo.

O iPhone

Como usamos esse tempo? Bem, quando a Apple lançou o primeiro iPhone, em junho de 2007, ela nos deu um dispositivo de rastreamento para esses mesmos dados. Um estudo de 2016 descobriu que o usuário médio do iPhone toca no telefone 2.617 vezes por dia, olhando para a tela do telefone por duas horas e meia em 76 sessões.[8] Um estudo mais recente, de 2019, descobriu que, em apenas três anos, o número se tornou superior ao dobro, para mais de cinco horas por dia.[9]

Em vez de aliviar e aproveitar a tecnologia para liberar mais tempo de lazer, sofremos agora do que os profissionais de saúde mental chamam de "doença da pressa", um padrão comportamental caracterizado por pressa e ansiedade contínuas. Em uma sociedade que valoriza a eficiência e a produtividade acima de tudo, que usa o tempo como uma ferramenta, não como um limite, a pressa não é uma necessidade ocasional; é o novo normal. "Parem de lutar" não é tão simples quanto parece.

Certa vez perguntaram ao filósofo cristão Dallas Willard: "O que preciso fazer para ser espiritualmente saudável?" Após uma longa pausa, ele deu esta (agora famosa) resposta: "Você deve eliminar implacavelmente a pressa de sua vida."[10] De acordo com Willard, a

---

7. Sarah O'Connor, "Commentary: The Mysterious Recent Decline of Our Leisure Time", CNA, 7 de outubro de 2021, https://www.channelnewsasia.com/commentary/leisure-time-decline-less-why-do-i-feel-busy-work-home-2225276, destaque acrescentado.

8. Citado em Julia Naftulin, "Here's How Many Times We Touch Our Phones Every Day", *Business Insider*, 13 de julho de 2016, https://www.businessinsider.com/dscout-research-people-touch-cell-phones-2617-times-a-day-2016-7.

9. Veja Eileen Brown, "Americans Spend Far More Time on Their Smartphones Than They Think", ZDNet, 28 de abril de 2019, https://www.zdnet.com/article/americans-spend-far-more-time-on-their-smartphones-than-they-think/.

10. Dallas Willard, *Living in Christ's Presence: Final Words on Heaven and the Kingdom of God* (Downers Grove: InterVarsity, 2013), p. 144.

pressa é o grande inimigo da vida espiritual em nossos dias. Isso é interessante, não é? Acho interessante porque, se eu perguntasse a um número qualquer de professores de espiritualidade — pastores, padres, rabinos e teólogos — "Qual é o grande inimigo espiritual dos nossos dias?", duvido que muitos deles responderiam instintivamente com "Pressa".

Michael Zigarelli, da Messiah University, fez um estudo de cinco anos com 20 mil cristãos nos Estados Unidos e identificou a "ocupação" como a principal distração da vida com Deus. Ele resumiu sua própria pesquisa com esta grande conclusão:

> Pode ser que (1) os cristãos estejam assimilando uma cultura de ocupação, pressa e sobrecarga, o que leva a (2) Deus se tornar mais marginalizado na vida dos cristãos, o que leva a (3) uma deterioração do relacionamento com Deus, o que leva (4) os cristãos a se tornarem ainda mais vulneráveis à adoção de pressupostos seculares sobre como viver, o que leva a (5) mais conformidade com uma cultura de ocupação, pressa e sobrecarga. E, então, o ciclo recomeça.[11]

Isso soa familiar para você? Quando li essas palavras, senti como se Zigarelli estivesse me observando por uma câmera escondida. Ele conclui que, estatisticamente, os profissionais mais comumente apanhados por esse ciclo vicioso são médicos, advogados e (atenção) *pastores*. Não o pastor que escreveu estas palavras, é claro. Outros pastores menos maduros.

Carl Jung, o psiquiatra suíço cuja pesquisa é a base do teste de personalidade Myers-Briggs, disse sem rodeios: "A pressa não é do Diabo; é o Diabo."[12] O sábio contemporâneo Richard Foster escreveu: "Na sociedade contemporânea, nosso Adversário [um título bíblico para o Diabo] se especializa em três coisas: barulho, pressa e multidões. Se ele conseguir manter-nos envolvidos no 'muito' e

---

11. Michael Zigarelli, "Distracted from God: A Five-Year, Worldwide Study", Cristianismo 9 a 5, 2008, https://christianity9to5.com/wp-content/uploads/2024/01/distracted-from-god.pdf.

12. Citado por Morton T. Kelsey, *The Other Side of Silence: A Guide to Christian Meditation* (Nova York: Paulist, 1976), p. 83.

na 'multidão', ficará satisfeito."[13] Certa vez, um jornalista pediu ao teólogo Thomas Merton que diagnosticasse a principal doença espiritual do nosso tempo. Merton deu uma resposta de uma palavra: "eficiência".[14]

Tendemos a atribuir a complexidade e a ocupação de nossa vida a um falso culpado. Nós culpamos o ambiente em que estamos. O ritmo de atividade na nossa cidade, a nossa carga de trabalho ou cultura de escritório, a nossa fase de vida e as atuais exigências do nosso tempo são as principais causas atribuídas à nossa vida sobrecarregada.

O missionário quacre Thomas Kelly, escrevendo em 1941, fez uma observação diferente depois de passar um ano inteiro "desacelerando" e "simplificando" em um período sabático de doze meses no Havaí. Assim como outros americanos, ele levou consigo para os trópicos a "vida louca e febril" que conheceu no continente.[15] A sua vida interior não é uma imagem espelhada do seu ambiente. Na verdade, o oposto é verdadeiro. Criamos um ambiente que reflete nossa vida interior. Kelly observou:

> Pressionados pelo ritmo muito louco dos nossos fardos exteriores diários, ficamos ainda mais tensos por uma inquietação interior, porque temos indícios de que existe um modo de vida muito mais rico e profundo do que toda essa existência apressada, uma vida de serenidade e paz sem pressa e poder. Se ao menos pudéssemos entrar naquele Centro! Se ao menos pudéssemos encontrar o Silêncio que é a fonte do som![16]

Todos esses professores dão respostas que giram em torno da mesma coisa: a pressa é a grande inimiga da vida espiritual em nossos dias.

Tenho certeza de que os filhos de Corá querem que todos nós sejamos mental e emocionalmente saudáveis, mas o que está em jogo não é apenas a nossa capacidade de permanecer centrados.

---

13. Richard Foster, *Celebration of Discipline: The Path to Spiritual Growth* [Celebração da disciplina] (São Francisco: Harper & Row, 1978), p. 13.

14. Citado por Yancey, *Prayer* [Oração], p. 24.

15. Thomas Kelly, *A Testament of Devotion* (1941; repr., Nova York: Walker, 1987), p. 156.

16. Kelly, *Testament of Devotion*, p. 158.

FIQUE QUIETO E SAIBA

Quando esse salmo nos exorta a parar de lutar, não está nos empurrando para um retiro de autocuidado; está minando uma antiga conspiração. Desde o início da história, Adão e Eva tomaram e comeram o fruto daquela árvore proibida.[17] Eles pecaram. Depois se esconderam, confeccionaram roupas, discutiram e se acusaram. Eles lidaram com seus pecados por meio do que Richard Foster chamou de "quantidade e abundância", do que Michael Zigarelli chamou de "ocupação" e do que Dallas Willard diagnosticou como "pressa". E, desde então, sempre achamos mais fácil ignorar a verdade, contanto que nunca paremos de nos mover. Na queda da humanidade, dominamos a arte da pressa. Ronald Rolheiser afirmou:

> E assim acabamos como pessoas boas, mas como pessoas não muito profundas: não somos más, apenas ocupadas; não imorais, apenas distraídas; não sem afetos, apenas preocupadas; não desdenhando a profundidade, apenas sem fazer as coisas que nos levarão até lá.[18]

Tentamos importar a oração para a nossa vida apressada — tratando os sintomas, mas evitando a desintoxicação completa — e o resultado é um culto a Deus da boca para fora, enquanto a conformidade sem esforço com a cultura continua a ser o único e verdadeiro deus a quem adoramos. Podemos manter a ilusão, ignorar a verdade — desde que nunca paremos de nos mover.

Caro leitor, sei quanto você é importante. Eu sei que tem muita coisa acontecendo no seu trabalho e muitas demandas em sua casa. Sei que há pessoas que dependem de você, uma fila na programação da Netflix que precisa de sua atenção e uma personalidade de mídia social sem a qual a internet não pode viver, mas posso lembra-lo gentilmente que os filhos de Corá praticavam a postura de oração da quietude, como certamente fez Davi como rei de uma nação, em um mundo onde de guerra tribal?

---

17. Veja Gênesis 3.
18. Ronald Rolheiser, *Sacred Fire: A Vision for a Deeper Human and Christian Maturity* (Nova York: Image, 2014), p. 200.

ORANDO COMO MONGES, VIVENDO COMO TOLOS

Vou para a cama preocupado com prazos, contas e listas de tarefas. Davi deitou-se no travesseiro preocupado com o inimigo acampado na região montanhosa e esperando o momento certo para atacar. E, ainda assim, ele priorizou o tempo para a quietude. Ele tinha o hábito da quietude, que lhe permitiu ver a sua própria vida da perspectiva de Deus.

"Parem de lutar." O termo latino é *vacate*, que significa "desocupado", de onde vem a palavra inglesa *férias* [*vacation*]. O convite para orar a qualquer hora e em qualquer lugar é este: Tire férias. Pare de fingir que você é o deus da sua própria vida por um momento. Libere o controle. Retorne à ordem da Criação.

Fique quieto, pare de lutar. A oração começa aí. Mas esse é apenas o começo.

Conheça a Deus

O que você estava fazendo em 21 de agosto de 2017?

Você provavelmente não se lembrará apenas ao pensar nessa data; então, talvez, se você ouvir sobre um evento que ocorreu, isso ajudará a refrescar sua memória: um eclipse solar total visível de nosso ponto de vista aqui na terra, um evento que os Estados Unidos não viam desde 1979. Foi uma grande notícia. As pessoas organizaram festas de exibição. Alguns tiraram folga do trabalho. Outros apenas seguiram sua rotina de segunda-feira, marcando itens em sua agenda, enquanto o resto de nós olhava para o céu.

Pessoalmente, fiquei animado em ver aquilo, mas também desinteressado o suficiente para desconsiderar o alerta "Você precisará comprar óculos especiais ou ficará cego olhando para o alto." Então, quando o eclipse realmente aconteceu, eu estava andando pela Rua 23 — uma via particularmente movimentada no oeste de Manhattan. A Rua 23 atravessa o coração de Chelsea, lar das galerias de arte de luxo de Nova York, dos teatros independentes e dos hotéis mais emblemáticos da cidade. Contudo, também é um centro de transportes, perto o suficiente da Times Square para atrair turistas, redes de lojas e muitos nova-iorquinos hiperocupados e perpetuamente irritados tentando ir do ponto A ao ponto B.

54

FIQUE QUIETO E SAIBA

Foi lá onde eu estava quando a Lua passou entre o Sol e a Terra, como alguém em uma sala lotada passando tranquilamente entre duas pessoas no meio de uma conversa, e ocultou brevemente a luz solar no meio do dia.

Foi um daqueles momentos de Nova York dos quais me lembrarei para sempre. As pessoas ficaram paradas ao longo da calçada, passando óculos de um lado para o outro. No final das contas, não importava quem havia se preparado e quem não. Todos os que queriam olhar estavam olhando, e todo mundo que assistia ao fenômeno conversava entre si como crianças. Nova-iorquinos sofisticados retornaram momentaneamente à sua infância interior, como se tivessem ido a um museu de ciências em uma excursão da quarta série. Essa foi a maneira pela qual a maioria de nós ficou. Mas não foram todos.

Havia outro grupo de pessoas, igualmente unidas em um aborrecimento incômodo com todos os que obstruíam a calçada para olhar o Sol. Elas reclamavam e zombavam no meio da multidão, crianças crescidas disfarçadas em trajes casuais, usando todos os meios de comunicação não verbais imagináveis para dizer: "Sou muito, muito importante e você está no meu caminho."

Essa postura de aborrecimento era particularmente irônica à luz da perspectiva. Se você inverter a perspectiva — da borda do cosmo olhando para baixo, em vez de olhar da Rua 23 para cima —, as coisas parecerão um pouco diferentes. Desse ângulo, as pessoas irritadas, agitadas e altamente importantes que abrem caminho através da pista de obstáculos dos espectadores parecem insignificantes.

O nosso Sol, a nossa Lua e os nossos oito planetas são apenas uma pequena vizinhança entre cerca de 200 mil milhões de vizinhanças que compõem o nosso Universo.[19] Se pensarmos na Via Láctea como do tamanho de todo o continente da América do Norte, o nosso sistema solar caberia em uma xícara de café.[20] Duas espaçonaves Voyager estão navegando em direção à borda do sistema solar

---

19. Veja Jason Dorrier, "How Many Galaxies Are in the Universe? A New Answer from the Darkest Sky Ever Observed", SingularityHub, 15 de janeiro de 2021, https://singularityhub.com/2021/01/15/how-many-galaxies-are-in-the-universe-a-new-answer-emerges-from-the-darkest-sky-ever-observed/.

20. Veja "Milky Way", Western Washington University Physics/Departamento de Astronomia, www.wwu.edu/astro101/a101_milkyway.shtml.

ORANDO COMO MONGES, VIVENDO COMO TOLOS

a uma velocidade de mais de 35.000 milhas por hora. Fazem isso há mais de quarenta anos e viajaram mais de 17 mil milhões de quilômetros, sem um fim à vista.[21] Quando a Nasa envia comunicações a uma das Voyagers que viajam a essa velocidade, demora cerca de dezessete horas até chegar lá.[22] Esses dados levaram os cientistas a estimar que o envio de uma mensagem à "velocidade da luz" até ao limite do Universo demoraria mais de 15 mil milhões de anos para chegar.[23]

"Então, sim, negociante de arte de Chelsea, você é muito importante. Mas, quando pensamos sobre o que estamos olhando enquanto você se agita e resmunga, você é incrivelmente jovem, urgentemente efêmero e inacreditavelmente pequeno."

Você e eu vemos o mundo com nossos próprios olhos e, dessa perspectiva minúscula, tendemos a nos convencer de que estamos (ou pelo menos deveríamos estar) no controle, dirigindo nossa própria vida e definindo nosso futuro. Voltemos novamente à verdade que Philip Yancey nos lembrou no início do capítulo: "A oração é o ato de ver a realidade do ponto de vista de Deus." Deus é quem nos chama a ficar quietos e saber que ele é Deus.

O autor do salmo 8 se admira desta maravilha:

> Quando contemplo os teus céus,
>   obra dos teus dedos,
> a lua e as estrelas que ali firmaste,
>   pergunto: "Que é o homem
> para que com ele te importes?
>   E o filho domem,
> para que com ele te preocupes? (v. 3-4)

Todas as nossas descobertas científicas nos milhares de anos desde que essa simples oração foi escrita apenas confirmaram a sua sabedoria.

---

21. Veja Marina Koren, "When Will Voyager Stop Calling Home?" Atlântico, 5 de setembro de 2017, www.theatlantic.com/science/archive/2017/09/voyager-interstellar-space/538881.

22. Veja Passant Rabie, "After Months of Silence, Voyager 2 Sends a Gleeful Message Back to Earth", Inverso, 3 de novembro de 2020, https://www.inverse.com/science/voyager-2-finally-phones-home.

23. Veja Stacey Leasca, "Here's What Actually Happens When You Travel at the Speed of Light, According to NASA", *Travel + Leisure*, agosto 26, 2020, https://www.travelandleisure.com/trip-ideas/space-astronomy/nasa-near-light-speed-travel.

FIQUE QUIETO E SAIBA

Na vasta extensão, quem é esse Deus que se preocuparia com gente como *eu*? O grande escândalo e a obra mais importante da oração é simplesmente deixar-nos ser amados por Deus.

Existe um tipo bom de pequenez acompanhada de admiração pelo Deus que é grande o suficiente para moldar o cosmo com o seu fôlego, um Deus que ainda assim é pessoal o suficiente para ter interesse real nos acontecimentos do meu dia e nas variações das minhas emoções.

Eu amo cidades. Ruas urbanas arenosas, movimentadas e diversificadas foram o meu lar durante toda a vida adulta. Sinto-me mais em casa em uma plataforma de metrô lotada e malcheirosa do que em uma estrada rural ou em um shopping suburbano. No entanto, como acontece em qualquer outro lugar, existem prós e contras. A meu ver, há uma desvantagem óbvia em morar em uma grande cidade: o céu acima. As luzes brilhantes da cidade abaixo abafam as luzes do céu noturno acima. As estrelas são quase sempre invisíveis nas ruas da cidade.

Não existe um simbolismo profundo no fato de as nossas luzes artificiais abafarem as luzes celestiais? A menos que você tenha uma noite particularmente límpida e escura, descobrimos uma maneira de escurecer as estrelas, uma maneira de fingir que aquilo que vemos aqui na terra é tudo o que existe. As estrelas ainda estão lá, mas, na cidade — as luzes dos nossos escritórios que ficam acesas até tarde, os anúncios luminosos disputando a nossa atenção, o brilho amarelado de tantas lâmpadas em tantas janelas dos apartamentos —, tudo funciona em conjunto para ofuscar as luzes que nos lembram de como somos pequenos. Tudo funciona em conjunto para nos convencer de que o mundo por trás da nossa minúscula perspectiva é tudo o que existe. Os moradores das cidades correm o risco de perder o que Davi viu: a nossa vida tendo como pano de fundo algo maior.

O que começou com Adão e Eva nunca parou. A mesma antiga conspiração se repetiu com a Torre de Babel, com o Rei Saul, com o sacerdócio farisaico, com o CEO da sua empresa e comigo. Temos a tendência de abafar a nossa visão de Deus a continuar em movimento, a viver a nossa vida como se fôssemos o centro.

A quietude é o espaço tranquilo onde Deus migra da periferia de volta ao centro, e a oração brota da vida que tem Deus no centro.

Conheça a você mesmo

No salmo 146, bem no meio de um monte de poesia louvando a grandeza de Deus, o salmista abandona as linhas do disco arranhadas pelo tempo: "Não confiem em príncipes, em meros mortais, incapazes de salvar. Quando o espírito deles se vai, eles retornam à terra; naquele mesmo dia desaparecem os seus planos."[24] À primeira vista, essas palavras parecem terrivelmente deslocadas, como se um verso de elogio fosse acidentalmente adicionado a um hino de louvor, mas, visto da perspectiva correta, isso é oração.

A cultura ocidental é cada vez mais um refúgio para os jovens, que olham incessantemente para um futuro de aventura e descoberta que se estende à sua frente. Celebramos a primeira metade da vida — corpos tonificados, guarda-roupas estilizados, mobilidade profissional ascendente e planos emocionantes para o fim de semana. Os idosos são uma raça esquecida.

Passei doze anos na cidade de Nova York. Lamentei a perda das estrelas, mas apreciei a vista do horizonte. Minha vista favorita do horizonte de Manhattan sempre foi o ângulo do cemitério Green-Wood no Brooklyn. Sempre me sentia estranhamente confortável quando olhava para todas aquelas lápides e para as torres da cidade atrás delas. Cada uma dessas pedras representa alguém que vivia correndo, fazia planos e evitava todos os obstáculos no caminho de seu planejado futuro preferido. Em outras palavras, alguém com vontade que fez o possível para que essa vontade se aplicasse ao momento presente. Agora eles são uma lembrança, e a cidade está cheia de gente nova vivendo ainda mais rápido e fazendo mais planos.

Essa visão tem um jeito de me lembrar que tudo o que me deixa estressado, todo conflito que está se repetindo no fundo da minha mente, toda ansiedade revirando meu estômago e toda preocupação que tenho para amanhã cedo — todo esse barulho um dia irá cessar. "Quando o espírito deles se vai, eles retornam à terra; naquele mesmo dia desaparecem os seus planos." Essas lápides são um lembrete importante de como sou passageiro.

---

24. Salmos 146:3-4.

FIQUE QUIETO E SAIBA

O salmo 39, outra oração de Davi, diz:

> Mostra-me, SENHOR, o fim da minha vida e o número dos meus dias, para que eu saiba quão frágil sou. Deste aos meus dias o comprimento de um palmo; a duração da minha vida é nada diante de ti. De fato, todo ser humano, por mais firme que esteja, não passa de um sopro.[25]

Agora você já sabe o que Davi faz quando ora. Ele mina a conspiração mais antiga. A mentira sussurrada pouco antes de Adão e Eva colherem o fruto proibido foi: "Certamente não morrerão."[26] Essa mentira causou (e ainda causa) estragos na alma humana e na ordem social.

Portanto, uma oração como "Mostra-me, SENHOR [...] o número dos meus dias" não é autodepreciativa ou depressiva; é uma vitória autoconsciente. Transformar nossa vida rápida em quietude e nossa mente ocupada em solidão é um ato de rebelião contra a maldição que corre em nossas veias.

Quando vivemos em constante turbulência, esquecemos a nossa mortalidade, e as consequências são das mais amplas. Viva como se este mundo e esta vida fossem tudo o que você tem, e você se perderá tentando ser tudo para todos. Fingir que você é eterno é uma mentira miserável e desumanizante — a mentira original. Nunca nos cansamos de acreditar e nunca deixamos de nos perder nela.

Pelo contrário, quando, pela quietude, nos lembramos da nossa mortalidade, recuperamos quem somos. "A solidão é a fornalha da transformação", disse Henri Nouwen.

> Sem a solidão, continuamos vítimas da nossa sociedade e continuamos enredados nas ilusões do falso eu [...] A solidão é o lugar da grande luta e do grande encontro — a luta contra as compulsões do falso eu e o encontro com o Deus amoroso que se oferece como a substância do novo eu.[27]

---

25. Salmos 39:4-5.
26. Cf. Gênesis 3:4.
27. Henri Nouwen, *The Way of the Heart: Desert Spirituality and Contemporary Ministry* (São Francisco: Harper & Row, 1981), p. 25-26.

ORANDO COMO MONGES, VIVENDO COMO TOLOS

Davi estava implorando a Deus para lembrá-lo de que ele era temporário, passageiro, não porque estivesse deprimido, mas porque isso lhe mostraria o seu verdadeiro valor!

> pergunto: "Que é o homem,
>> para que com ele te importes?
> E o filho do homem,
>> para que com ele te preocupes?".
> Tu o fizeste um pouco menor do que os anjos
>> e o coroaste com glória e com
> honra. (Salmos 8:4-5)

Quando oro, quando me olho como realmente sou da perspectiva de Deus, vejo não apenas a minha própria pequenez, mas também quão valioso realmente sou para Deus. Davi continua orando coisas como: "Registra, tu mesmo, o meu lamento; recolhe as minhas lágrimas no teu odre; acaso não estão elas anotadas no teu livro?"[28] Onde alguém consegue coragem para orar assim? Davi é livre o suficiente para admitir que não está no controle, não é todo-poderoso, não é autossuficiente e não precisa ser. Ele não está chafurdando em sua falta; ele está comemorando isso.

Quando você vê quão grande Deus é e quão frágil e passageiro você é, também consegue ver quão profundamente é importante. O Criador tem tempo para você. Você e eu somos vasos de barro. Somos pó. Mas Deus ocultou a redenção em nós. Deus escondeu um tipo de vida que nunca cessa de existir em nós. Somente quando você vê quem realmente é, também pode ver quão profundamente é importante.

"A criatura só precisa de certo grau de consciência do que realmente é, e irromperá em oração", escreveu o teólogo suíço do século 19 Hans Urs von Balthasar.[29]

"Parem de lutar e saibam que eu sou Deus!" Desacelerar. Lembre-se de quem Deus realmente é. Lembre-se de quem você realmente é. Isso é oração.

---

28. Veja Salmos 56:8; 139:17-18.

29. Hans Urs von Balthasar, *Prayer*, trad. Graham Harrison (São Francisco: Ignatius, 1986), p. 44.

Jessica Staton

Amor sem pressa

Jesus foi intencional em relação à sua própria prática de quietude. Ele começou seu ministério com quarenta dias de solidão no deserto. Ele recuou para a quietude antes de escolher os doze discípulos de sua crescente multidão de seguidores, depois de ter curado um leproso, e quando enviou seus seguidores para ministrar às aldeias vizinhas. Frequentemente, ele se afastava da multidão tarde da noite e cedo pela manhã. Em geral, ia para o monte das Oliveiras, que parecia ser seu local preferido para encontrar alguma tranquilidade. Ele recuou para a companhia do Pai, longe do barulho do louvor e da crítica — escapando do clamor da multidão diante do sucesso objetivo e do aparente fracasso em ouvir, em vez disso, o sussurro manso e delicado do Espírito.

Jesus foi intencional e, ainda assim, igualmente interrompível.

Claro, ele escapou das multidões, mas também se permitiu ser interrompido — no meio da missão — para curar Bartimeu nos arredores de Jericó, bem como uma mulher com hemorragia no meio de uma multidão, e até mesmo para apreciar a fé de uma mulher siro-fenícia.

ORANDO COMO MONGES, VIVENDO COMO TOLOS

Jesus foi intencional *e* interrompível. Existe uma classificação para essa postura: *sem pressa*. A pressa é a grande inimiga da vida espiritual. Por quê? Porque a pressa mata o amor. A pressa se esconde atrás da raiva, da agitação e do egocentrismo, cegando-nos para a verdade de que somos amados de Deus e ela é irmã, ele é irmão.

Ao longo da história da igreja, certas seitas dedicaram todos os seus esforços à quietude. A igreja russa deu um nome a essa via solitária: *poustinia*. Esses contemplativos radicais se retiraram para o deserto a fim de viver em isolamento e solidão perpétua. Eles se autodenominavam *poustiniki*, termo que significa "estar com todos", o que parece um título estranho para alguém que leva uma vida solitária. Eles abraçaram a vida de quietude intencional como disciplina, mas também a vida de interrompibilidade, recusando-se a trancar a porta, permanecendo constantemente disponíveis e fazendo da necessidade do próximo a mais alta prioridade. Intencional e interrompível. Sem pressa.

A quietude diante de Deus nos transforma em amor sem pressa. É na quietude da oração silenciosa que Deus revira o solo do nosso coração, revelando os nossos desejos e a fonte da sua mais plena satisfação. Quando paramos de nos mover, paramos de falar e chegamos presentes e quietos diante de Deus, ele toma todos os nossos desejos desordenados, apegos distorcidos e codependências e os transforma em amor.

Quando usamos os outros para atender às nossas necessidades, não podemos amá-los. Pessoas codependentes não se amam verdadeiramente. Eles apenas usam um ao outro. Um precisa do outro para se sentir bem. Quando precisamos do mundo, precisamos de algo do mundo ou precisamos de algo das pessoas temíveis e maravilhosamente criadas que povoam o mundo para nos fazer sentir completos, não podemos amar.

Deus tem de romper nossos apegos a coisas do mundo para que possamos amar verdadeiramente o mundo. Deus precisa quebrar nossos apegos às pessoas que alimentam nosso ego, para que possamos verdadeiramente ver, conhecer, acolher e amar os outros. O lugar onde esse trabalho acontece é a oração silenciosa. Dessa forma, a quietude é profundamente missional. A quietude começa no isolamento e termina em "estar com todos".

Postura de oração

Quase todos que recitam o salmo 46 param em: "Parem de lutar e saibam que eu sou Deus!", mas não foi aí que os filhos de Coré pararam. Fique quieto. Deixe de lado sua ansiedade. Deixe seu fardo de lado. Descanse a sua alma. E então: "Serei exaltado entre as nações, serei exaltado na terra."[30] Esse é o destino dessa oração, a promessa da qual nos tornamos conscientes na santa quietude.

"Exaltado na terra" significa que a presença de Deus se torna realidade, claramente visível. Significa que o amor irrompe em todos os lugares onde há ódio. A bondade inunda a competição e a varre. A paz engole o medo. A alegria supera o ciúme. O autocontrole acalma a raiva. Esta é a maneira pela qual Deus promete fazer tudo isso: "Parem de lutar e saibam que eu sou Deus!"

Fique quieto. Lembre-se de quem é Deus. Lembre-se de quem você é. Então, faça o possível para viver sem confundir a ordem. Isso será o suficiente. É aí que você começa a mudar e, como resultado, o mundo ao seu redor também muda.

Imagine-se em uma praia. É um dia animado de novembro. O vento corta suas roupas; as ondas batem melodicamente enquanto a água sobe e desce com a maré; o sol está baixo no final da tarde, e a água se estende por centenas de quilômetros além do que parece ser a borda.

Vê algo mais poderoso do que você?

Ótimo. Comece por aí.

PRÁTICA
Fique quieto

Muitos confundem quietude com espera por revelação. Às vezes a revelação chega e é maravilhosa. Esse, porém, não é o propósito da quietude. O objetivo é o consentimento. É a prática diária de consentir com a obra do Espírito de Deus, que é mais profunda do que a compreensão ou as palavras. É como "um abismo chama outro abismo"[31] da nossa alma para a dele.

---

30. Salmos 46:10.
31. Cf. Salmos 42:7.

ORANDO COMO MONGES, VIVENDO COMO TOLOS

Escolha um horário adequado. Para você, esses podem ser os momentos finais antes de sair correndo para o trabalho pela manhã, o silêncio repentino logo após deixar as crianças na escola ou o intervalo diário para almoço no escritório. Pode ser a primeira coisa que você faz pela manhã ou a última coisa que faz antes de sua cabeça repousar no travesseiro. "Quando" não importa, desde que o "quando" seja consistente, porque não existe hábito ou prioridade que não aconteça consistentemente.

Crie um ritual. Escolha um lugar comum para tornar sagrado — um solo sagrado comum. Pode ser sua cadeira favorita, os degraus para o quintal nos fundos, um banco em uma praça perto de casa ou o assento na janela do ônibus. Sente-se ereto com os dois pés firmemente plantados no chão. Coloque as mãos no colo, com as palmas abertas voltadas para cima. Feche os olhos. Inspire profundamente e expire lentamente três vezes. Ore algo simples e convidativo. Tradicionalmente, isso é chamado de oração respiratória e soa como: "Aqui estou, Senhor", ou "Vem, Espírito Santo", ou "Senhor, tem piedade."

Em seguida, fique quieto. Fique quieto. Espere. Sugiro utilizar um cronômetro — um sinal sonoro em seu celular ou o bom e velho cronômetro bastam. Quando você define um tempo determinado com despertador, evita que precise abrir os olhos para verificar a hora. Comece com dois minutos. Faça isso todos os dias. Apenas dois minutos de silêncio. Depois de um mês, aumente para quatro e, um mês depois, para seis. Continue assim até chegar aos dez minutos.

Resista ao impulso de decidir se essa prática de oração silenciosa está "funcionando". Não avalie se você está "ganhando alguma coisa com isso." Simplesmente confie que a prática de alguns santos há séculos, e a prática do próprio Jesus, também pode ter um lugar em sua vida. Pratique o silêncio como uma oferta de sacrifício a Deus. É simples assim. Trata-se de dar algo de você mesmo a Deus, não de receber algo de Deus. Um dia você olhará para cima e descobrirá que em algum lugar ao longo do caminho — em um ponto que você não consegue nomear com precisão, mas tem certeza de que atravessou — a oração silenciosa se tornou algo de que a sua vida depende, essencial e imprescindível.

Dê a Deus a primeira palavra e deixe a oração falada seguir como resposta.

Capítulo 3

PAI NOSSO

Adoração

— Vocês devem orar assim:
"Pai nosso, que estás nos céus!
Santificado seja o teu nome."
Mateus 6:9

Centenas de pequenas equipes foram enviadas em perigosas missões de abolição para libertar os escravos do trabalho forçado, de práticas e condições de vida desumanas. Agora, em um luxuoso auditório em Washington, D.C., a Missão Internacional de Justiça (IJM) realizava uma conferência para aumentar a sensibilização e a defesa de alguns dos seus mais formidáveis trabalhos de justiça.

Eles chamaram aquilo de conferência, mas, na verdade, foi uma reunião de oração. Não houve discursos de abertura, nem pedidos de doações financeiras, nem apelos à ação. Foi uma reunião de oração de dois dias. "Peçamos a Deus que faça, por meios sobrenaturais, o que parece impossível — ou pelo menos impossivelmente lento — por meios naturais: libertar os cativos na Índia."[1]

---

1. Para obter informações e estatísticas sobre a situação moderna da crise da escravidão, consulte www.globalslaveryindex.org.

ORANDO COMO MONGES, VIVENDO COMO TOLOS

Wayne sentou-se em um daqueles assentos macios orando até o fim, suplicando ao Deus que afirma que cada alma foi feita "de modo assombroso e admirável",[2] uma criação única que carrega sua imagem divina. Wayne implorou a Deus que agisse, que sujasse as mãos santas com as necessidades urgentes e trágicas de seus filhos. E ele não estava orando de uma distância segura. O próprio Wayne sujou as mãos com essas mesmas necessidades. Ele era um funcionário da IJM enviado a essas mesmas missões de abolição. Ele orou com o poder e a compaixão da experiência em primeira mão.

"Mas o problema é o seguinte", explicou ele enquanto tomava uma xícara de chá em sua sala de estar, certa noite, vários anos depois: "a conferência não funcionou. A escravidão ainda é uma crise na Índia. Não consegui perceber nenhuma diferença como resultado de toda aquela oração."

Ele continuou, como se formulasse sua pergunta em voz alta enquanto avançava. "Eu segui Jesus durante toda a minha vida. Desde que me lembro, falei com um Deus que acreditava estar ouvindo. Fiquei comovido até as lágrimas e dancei de alegria. Mas, agora, como adulto motivado pela causa de Cristo para enfrentar alguns dos sofrimentos mais severos do mundo, tenho uma pergunta da qual não consigo me livrar: por que Deus não respondeu àquela oração?"

Lá estava. Ele havia encontrado a pergunta que circulava como um abutre esquelético sobre a presa de um roedor.

"Deus é todo-poderoso, completamente amoroso, conhece cada um desses escravos pelo nome e contou os fios de cabelos da cabeça deles, certo? Ele ama a justiça, odeia a injustiça e promete quebrar o jugo da opressão e libertar os cativos."

Wayne não estava mais olhando para mim. Ele olhou para o velho piso de madeira de seu apartamento sujo no Lower East Side. Ele primeiro se dirigiu a mim, mas, naquele momento, Deus era o objeto de seu interrogatório: "Aqui está um auditório cheio de pessoas implorando a Deus que fizesse algo a respeito do sofrimento de seus próprios filhos e filhas. E Deus estava ignorante ou apático, ou alguma combinação intolerável dos dois. Ou, o mais assustador de tudo, não

---

2. Salmos 139:14.

ouvia, não estava lá. Porque, se ele estivesse, bem, por que Deus não responderia àquela oração?"

Se você já fez essa pergunta, a sua própria versão provavelmente está retornando à mente agora de maneira dolorosa. Se nunca fez essa pergunta ou algo parecido, você fará um dia. É apenas uma questão de tempo.

Ore de maneira diferente

Quando os discípulos de Jesus lhe disseram "Ensina-nos a orar",[3] Jesus não estava respondendo a um grupo de novos convertidos. A oração era a ordem de vida dos discípulos, e assim foi desde o dia em que nasceram de pais judeus no antigo Israel. Se não foi o desconhecimento, o que levou esses discípulos a pedirem: "Ensina-nos a orar"?

Jesus orou de modo diferente. Ele honrou o ritmo comum de oração judaica (falarei mais sobre isso mais tarde), mas orou com um sentimento de familiaridade com Deus que ninguém jamais tinha visto. Ele também orou com uma reverência que era mais do que cultural, mas sincera e honesta. Suas orações eram conversas, não apenas súplicas, envolvendo tanto — provavelmente mais — ouvir do que falar. Foi em oração que Jesus recebeu suas ordens de marcha. A oração era o lugar onde seus olhos eram abertos e seus passos direcionados. "Em verdade lhes digo que o Filho não pode fazer nada de si mesmo; só pode fazer o que vê o Pai fazer."[4] É evidente que suas orações foram eficazes. Elas chamaram a atenção de Deus.

Quando Jesus ensinou seus discípulos a orarem, ele não estava ensinando a orar mais ou melhor, mas a orar de modo diferente. "Ensina-nos a orar" — a implicação é "orar assim, do jeito que você faz, Jesus."

Lembre-se de com quem você está falando

Jesus respondeu à pergunta dos seus discípulos, não com instruções, mas com uma demonstração. Ele lhes mostrou como orar, oferecendo

---

3. Lucas 11:1.
4. Cf. João 5:19.

um modelo a seguir. E aqui está a primeira parte, o primeiro movimento de oração à maneira de Jesus: "Pai nosso, que estás nos céus! Santificado seja o teu nome."[5] Nessa frase, Jesus estabelece um triplo fundamento para a oração:

1. Lembre-se de quem é Deus.
2. Lembre-se de quem você é.
3. Lembre-se de quem somos uns para os outros.

Lembre-se de quem é Deus

Chamar Deus de "Pai" é algo dispensável hoje. Isso sai da boca tão inconscientemente quanto a letra de "Parabéns *pra* você" enquanto carregamos um bolo à luz de velas para a mesa de jantar. Tornou-se cafona o suficiente ir além em busca de alguma visão mais sofisticada de Jesus nas linhas que se seguem. Pior ainda, para alguns, o seu uso está associado a uma história patriarcal de séculos de superioridade masculina e opressão feminina.

No entanto, os discípulos provavelmente ficaram boquiabertos quando Jesus disse isso. O templo que serviu de campo de treinamento para suas orações os ensinou a orar com suprema reverência. O texto fundamental para a compreensão de Deus pelo povo judeu foi o livro de Êxodo — quando o Senhor aparecia ao povo na forma de uma nuvem durante o dia e de fogo à noite.[6] A grande questão nos tempos antigos não era: "Será que Deus existe?" Seria tolice fazer tal pergunta. "Claro que Deus existe! Abra os olhos, *cara*! Ele é a coluna de fogo que se estende do chão do deserto até o céu à noite e serve como nosso guia de trilha!" Em vez disso, a questão existencial nos tempos antigos era: "Deus é *cognoscível*?" Porque uma coluna de fogo não provoca dúvidas, mas também não proporciona intimidade.

Esses discípulos conheciam um Deus de rituais de purificação e sacrifícios de animais, um Deus das dez pragas e do sangue nos umbrais da porta, um Deus que abre os mares e inunda a terra, um Deus com mão pesada de libertação e mão pesada de julgamento

---

5. Mateus 6:9.
6. Veja Êxodo 13:21.

PAI NOSSO

— incrível em poder, porém difícil de conhecer. Jesus não fez nada para diminuir a reverência, nada para minimizar o poder de Deus. Jesus tornou esse Deus poderoso cognoscível.

Jesus não os apresentou a um novo Deus. Ele foi bastante claro sobre isso. "Não pensem que vim aboli-los [a Lei ou os Profetas], mas cumpri-los."[7] Jesus orou ao reverenciado Deus de poder e julgamento com a familiaridade do termo *Pai*.

Foi um escândalo interessante. Escandaloso por todas as razões óbvias. "Como você ousa! Você sabe com quem está falando?" Interessante por todas as razões óbvias. "Deus é cognoscível. E esse homem, Jesus, sabe exatamente quem ele é, sabe exatamente com quem está falando."

A reverência do antigo Israel está extinta no Ocidente moderno. Vivemos sem santidade, bocejando diante das próprias palavras que fizeram os discípulos suspirarem. Nosso mundo está a um milhão de quilômetros do mundo deles. Nosso coração, porém, é o mesmo.

Agora, na minha segunda década de ministério pastoral, posso dizer com confiança que o primeiro obstáculo que a pessoa moderna enfrenta quando se trata de oração é a incapacidade de receber o amor de Deus. Lutamos para acreditar em um Deus tão poderoso, bondoso, cognoscível e amoroso quanto aquele a quem Jesus nos apresenta. "Deus é amor."[8] É quem ele é, o resumo de caráter se restringe a uma única palavra definidora. Acreditamos nisso intelectualmente, mas, em um nível mais profundo, em algum lugar de nossas emoções, em nossos ossos, não confiamos nisso.

Em Gênesis 3, quando a serpente tentou Eva, sua estratégia é reveladora. "Foi isto mesmo que Deus disse: 'Não comam de nenhuma das árvores do jardim'?"[9] É interessante notar que em nenhum momento a tentação da serpente se tornou direta. Ele nunca disse: "Aqui, experimente a fruta", ou qualquer coisa desse tipo. Em vez disso, a serpente visa à crença de Eva no caráter de Deus.

Deus disse a Adão e Eva: "Coma livremente de qualquer árvore do jardim. Mas não coma da árvore do conhecimento do bem e do

---

7. Mateus 5:17.
8. Cf. 1João 4:8.
9. Cf. Gênesis 3:1.

ORANDO COMO MONGES, VIVENDO COMO TOLOS

mal, porque, no dia em que comer dela, certamente você morrerá."[10]
Vire a página e a serpente repete o comando, com alguns ajustes
importantes de tom e ênfase. "Foi isto mesmo que Deus disse: 'Não
comam de nenhuma das árvores do jardim'?" Essa mentira é muito
eficaz, porque contém sementes de verdade. Não é uma falácia total,
mas uma distorção da verdade, um engano. Em Gênesis 2, Deus
demonstrou sua generosidade, oferecendo reinado livre sobre o jardim: "*Qualquer* árvore, exceto esta; ela é venenosa." O inimigo muda
esse comando de amplo e generoso para estreito e restritivo. "Foi isto
mesmo que Deus disse: 'Não comam de nenhuma das árvores do
jardim'?" Ele está invertendo a ordem para fazer uma oferta generosa
parecer mesquinha. Ele não está pedindo a Eva que coma o fruto; ele
está minando a confiança dela em Deus.

Há algo mais acontecendo aqui, algo técnico, mas importante. Em
Gênesis 2, Deus é repetidamente chamado de *Yahweh Elohim* ("Senhor
Deus"). Contudo, todas as vezes em que a serpente se refere a Deus,
ela apenas diz *Elohim* ("Deus"), o nome abstrato da divindade, aban-
donando o nome pessoal. É chamar alguém pelo título em vez de pelo
nome — "Doutora" em vez de Susan, "Professor" em vez de Darrell,
"Senhor" em vez de pai. É respeitoso, mas distante, despersonalizado.
Quanto mais intimidade em um relacionamento, menor será a probabi-
lidade de alguém ser conhecido por um título. A esposa de um médico
não o chama de "Doutor"; ela o chama pelo primeiro nome. Meus
filhos não me chamam de "Pastor"; eles me chamam de pai. A serpente
rebaixa sutilmente Deus de Pai a um ditador distante e mesquinho.
Poderoso no poder, claro, mas incognoscível, não confiável.

Eva morde a isca. Ela recorda, à luz estreita e exigente da serpente, o que Deus disse de maneira íntima e generosa.

Os protestantes normalmente chamam a oração exemplar de
Jesus de "A Oração do Senhor", enquanto os católicos simplesmente a chamam de "Pai-nosso". Eu me pergunto se os católicos
estão no caminho certo. Porque cada linha da oração flui daqui:
"Pai nosso." Tudo começa e termina com um lembrete de com
quem estamos falando.

---

10. Gênesis 2:16-17.

Lembre-se de quem você é

Eva não apenas esqueceu quem é Deus; ela também perdeu sua própria identidade. Quando imaginou Deus como algo menos que Pai, ela, por sua vez, imaginou-se como algo menos que filha.

A adoração dada a Deus é sempre devolvida a nós. Ao levantarmos os olhos, recuperando uma visão verdadeira da identidade de Deus, também recuperamos a visão que ele tem de nós. As cartas bíblicas não chamam os primeiros seguidores de Cristo de "cristãos"; eles tinham outro título: "santos". Hoje, tendemos a reservar esse título à elite espiritual mais piedosa. Entretanto, na igreja primitiva era comum, era o nome cotidiano para o seguidor comum de Jesus. Isso porque o uso bíblico da palavra *santo* não tem nada a ver com competência humana e tudo a ver com a graça divina.

Chamar alguém de santo não é necessariamente chamá-lo de bom; basta nomeá-lo como alguém que experimentou a bondade de Deus.[11] Recuperamos a nossa santidade simplesmente por meio da adoração. Quando nos lembramos de quem é Deus, quando experimentamos a sua bondade, recuperamos também a nossa própria identidade.

Considero útil a definição do romancista inglês Reynolds Price: "Um santo é alguém que — com muitos defeitos, até mesmo crimes — nos permite pelo exemplo, quase nunca por palavras, imaginar a coisa mais difícil de todas: o amor incondicional de Deus por toda a criação, incluindo nós mesmos."[12] A adoração é o lugar de oração onde descobrimos que o amor de Deus é a realidade definidora de cada centímetro quadrado da criação, incluindo você e eu.

"Engrandeçam ao Senhor comigo; juntos exaltemos o seu nome", escreve o autor de Salmos 34.13 E, quando magnificamos o nome do Senhor, ele nos lembra do nosso próprio nome — *santo*.

Seguindo a sua oração exemplar, Jesus expõe a generosidade do Pai, fixando a verdadeira identidade de Deus em nossa imaginação.

---

11. Citado por Brennan Manning, *The Ragamuffin Gospel* [O evangelho maltrapilho] (1990; repr., Colorado Springs: Multnomah, 2005), p. 25.

12. Reynolds Price, *Clear Pictures: First Loves, First Guides* (Nova York: Scribner, 1998) p. 74.

13. Salmos 34:3.

"Portanto, se vocês, apesar de serem maus, sabem dar boas coisas aos seus filhos, quanto mais o seu Pai, que está nos céus, dará coisas boas aos que lhe pedirem!"[14] Segundo Jesus, Deus *quer* abençoar você. Essa palavra foi revogada? Deus quer abençoar você. A predisposição dele para com você é a generosidade. Ele adora dar o que você precisa e até mesmo o que você deseja.

Meu filho de 4 anos, Hank, me lembra diariamente: "Você sempre vai me amar, não importa o que aconteça, pai." Às vezes ele diz isso logo depois de eu ter explicado as consequências de algum comportamento inaceitável. Outras vezes, será aleatoriamente — quando estou colocando um prato na frente dele, ou quando o deixo na escola ou quando o coloco na cama à noite. "Você sempre vai me amar, não importa o que aconteça, pai." Ele não me deixa passar um dia sequer sem me lembrar pelo menos uma vez. Ou ele está me perguntando? É difícil dizer. Eu acho que são os dois. "Sim. Isso mesmo, filhão", respondo. "Não importa o que aconteça." E nós dois nos lembramos de quem somos uns para os outros.

Crescemos de mil maneiras diferentes. Tornamo-nos mais sofisticados, mais responsáveis, mais introspectivos. A fisicalidade crua da nossa adolescência transforma-se em autocontrole. O desenfreado, a emoção hormonal da nossa juventude se estabiliza à medida que entramos na idade adulta. Os apelos e exigências do nosso jeito infantil amadurecem e se transformam em normas sociais com o tempo. Nós crescemos, e isso é bom.

No entanto, o nosso coração é como o do Peter Pan — eternamente jovem, nunca cresce. Nunca superamos a necessidade de ser lembrados a cada dia, a cada hora, às vezes até a cada minuto: "Você sempre vai me amar, não importa o que aconteça, pai." Porque, no momento em que esquecemos isso, em um segundo essa verdade é diluída em nada ou mantida no intelecto enquanto uma história de nossa suficiência, tentativa de controle ou melhor desempenho vive em nossos ossos, em nossa vida, e o mesmo acontece com a nossa fé.

Quando chamamos Deus de nosso Pai, estamos igualmente lembrando que somos completa e exclusivamente amados. Até conhecer

---

14. Mateus 7:11.

esse amor, nada pode realmente estar certo dentro de nós, mas, depois dessa simples revelação, algo se torna irrevogavelmente certo dentro de nós, no nível mais profundo. Quando oramos "Pai nosso", realmente pedimos a ele que nos lembre outra vez que somos amados.

Lembre-se de quem somos uns para os outros

Quando a nossa confiança em Deus se desgasta, o mesmo acontece com a nossa intimidade mútua. Adão e Eva, antes estavam "nus, mas não sentiam vergonha",[15] todavia instintivamente começaram a se cobrir com folhas de figueira quando se deram conta de que desobedeceram a Deus. Quando Jesus ensinou os seus discípulos a orar, o escândalo não foi apenas o nome que ele escolheu para Deus. Ele não os ensinou a orar ao "meu Pai". Ele disse: "Pai nosso", uma afirmação não apenas sobre quem somos para Deus, mas também sobre quem somos uns para os outros — irmãs e irmãos. Todos nós, irmãos de uma família, uma linhagem.

Esqueço facilmente a sacralidade das pessoas que encontro no meu dia a dia, tratando-as como figurantes no fundo de um longa-metragem no qual faço o papel principal. Minha esposa e meus filhos, os colegas de trabalho em meu escritório, as pessoas com quem me encontro, as pessoas por quem passo rapidamente na calçada e ao lado de quem me sento no ônibus municipal — todos eles, figurantes. Quando a nossa confiança em Deus é fraturada, a nossa intimidade uns com os outros também é.

A oração é o lugar onde recupero a verdadeira identidade de Deus, a minha e, igualmente, a identidade de todos os outros. Como disse Brennan Manning de maneira tão incisiva: "Se não estou em contato com a minha própria amabilidade, não posso tocar a sacralidade dos outros."[16]

Esquecemos quem é Deus para nós e esquecemos quem somos uns para os outros. A oração é o lugar onde nossa memória é restaurada. Todas as nossas orações e todas as nossas ações emergem de uma recuperação de identidade — a de Deus, a minha, a dele e a dela.

---

15. Cf. Gênesis 2:25.

16. Brennan Manning, *Abba's Child: The Cry of the Heart for Intimate Belonging* (1994; repr., Colorado Springs: NavPress, 2015), p. 39.

Santificado seja o teu nome

A palavra *santificado* significa "tornar santo" ou "separar, santificar, consagrar, dedicar." A palavra em português mais próxima e comumente usada é, provavelmente, *honra*. "Pai nosso" é um lembrete da intimidade de Deus; "santificado" é um lembrete de sua separação, de sua majestade, de sua grandeza incompreensível.

O pêndulo do pensamento popular oscilou entre o tempo de Jesus e o nosso. Somos confortados pelo sentimentalismo de "Pai nosso", um título que escandalizou o mundo antigo, mas estamos igualmente escandalizados pelo respeito e devoção de "santificado seja o teu nome", palavras que teriam consolado os antigos. E é precisamente por essa razão que precisamos da segunda linha da oração do Pai-nosso tanto quanto os antigos precisavam da primeira.

Santificar é um tipo ativo de oração — honrar, adorar, nomear a grandeza de Deus. Jesus ensina que, quando nossos lábios se abrem no lugar calmo e central do silêncio contemplativo, as palavras que pronunciamos primeiro devem honrar ao Deus que recebe nossas orações.

Santificado. Por que começar por aí? Por que um Deus todo-poderoso, completamente amoroso e totalmente autossuficiente precisa de mim, uma escassa criação de sua própria imaginação, para lhe dizer quão grande ele é? Ele é honestamente tão inseguro? Será Deus um megalomaníaco cósmico que adora ler e reler os seus próprios recortes de imprensa? Ele é tão facilmente manipulável que um pouco de bajulação antes do grande pedido resolverá o problema? Não é nem perto disso.

Na verdade, esse negócio de "santificar" não é de maneira alguma para o benefício de *Deus*; é para *meu próprio* benefício e para o seu também. Para que a minha oração tenha algum tipo de coerência, preciso começar por "santificar", porque as nossas orações vêm do cenário do mundo.

Inconscientemente, me inclino a acreditar que o mundo é um lugar neutro. Não é! O mundo é um lugar contestado, onde, quase sempre, um nome diferente de Jesus é adorado. Quando você e eu

PAI NOSSO

abrimos a boca e começamos a orar, quase certamente outro nome está sendo santificado em nosso coração — os nomes da realização, do sucesso, da produtividade, da aprovação de outra pessoa, do conforto, da fácil execução de nossos próprios planos, da obstinação em todas as suas variedades destrutivas. Quando oramos, saímos da realidade fundamental do mundo e entramos na realidade fundamental de Deus, por isso devemos começar convidando o Senhor a reordenar as nossas afeições.

O apóstolo João teve uma visão reveladora do céu e a escreveu. É o último livro da Bíblia e, para ser sincero, está muito distante.

No centro, ao redor do trono, estão quatro seres viventes; cada um tem seis asas e está coberto de olhos por todo o corpo, até mesmo sob as asas. Dia e noite eles nunca param de dizer: "Santo, santo, santo é o Senhor, o Deus Todo-poderoso, que era, que é e que há de vir."[17]

Com os olhos cobertos — da frente para trás, até mesmo sob as asas. Isso é bizarro, não é? É até mesmo meio nojento. Contudo, Deus é o *designer* de cada criatura. Ele deu guelras aos peixes para que pudessem respirar debaixo d'água e asas aos pássaros para que pudessem voar livremente. Então, qual é a função de todos esses olhos? Ver. O propósito deles é santificar o nome de Deus, por isso ele lhes deu tantos olhos quanto possível para que pudessem vê-lo plenamente.

Ver a Deus como ele realmente é leva a um coro de santificação incessante e eterno: "Santo, santo, santo é o Senhor, o Deus Todo-poderoso, que era, que é e que há de vir." Eles nunca param de fazer isso, nunca ficam cansados ou entediados, nunca se tornam sofisticados demais diante da maravilha de Deus. E nós também não.

A adoração nem sempre é o transbordamento do nosso coração. Na verdade, raramente é. É um ato de rebelião contra as promessas vazias deste mundo e de desafio diante das circunstâncias.

A oração flui da postura do nosso coração em relação a Deus, não da reação ao mundo que nos rodeia. Tudo o que vem do Pai nosso depois desse primeiro movimento é um transbordamento do nome de Deus sendo santificado no coração de quem ora.

---

17. Apocalipse 4:8.

"Ensina-nos a orar", dizem os discípulos a Jesus. E ele responde, em essência: "Comece lembrando-se de com quem você está falando." Biblicamente, somos ordenados a nos "lembrar" com mais frequência do que a obedecer, fazer, não fazer, ir ou mesmo orar. Lembrar. Porque, na longa jornada da vida espiritual, tendemos a esquecer. Temos a tendência de perder o enredo da própria história de redenção. Quando Jesus nos ensina a orar, ele segue o mesmo caminho. "Lembre-se de com quem você está falando."

Lembre-se de quem é Deus.

Lembre-se de quem você é.

Lembre-se de quem somos uns para os outros.

Adoração desafiadora

"Por que Deus não respondeu *àquela* oração?" Wayne olhou para o chão de madeira da sala de estar suja de seu apartamento, provavelmente imaginando o rosto anônimo de tantas pessoas que ainda suportavam as condições de escravidão na Índia. O peso de sua honestidade pairava no ar entre nós.

É uma pergunta direta sem uma resposta curta e direta. É uma questão que continuaremos a desvendar nos próximos capítulos. O que sabemos com certeza neste momento é que a oração poderosa começa com adoração — adoração quando a prece flui dos nossos lábios sem esforço e adoração quando é corajosa, obstinada e até mesmo desafiadora.

Em Atos 16, Paulo e Silas estavam a caminho de uma reunião de oração quando curaram uma menina traficada que precisava desesperadamente de ajuda, e os homens que a usavam para obter lucro os prenderam sob uma acusação falsa. Então, em vez de liderarem uma reunião de oração no templo, eles provavelmente foram despidos e espancados com varas em público e, em seguida, mantidos na antiga versão do confinamento solitário — a cela mais interna, com as costas encostadas na fria parede de pedra, mãos e tornozelos acorrentados de modo que eles mal conseguiam deslocar seu peso.

Então, de maneira bastante inesperada, a Bíblia nos diz: "Por volta da meia-noite, Paulo e Silas estavam orando e cantando hinos a Deus, e os outros presos os ouviam."[18]

---

18. Atos 16:25.

PAI NOSSO

Orando e cantando hinos? Esses *caras* estão delirando? Não. Muito pelo contrário. Na verdade, eles entendem o poder da adoração desafiadora. Eles começam a cantar; não porque, de repente, foram apanhados por um momento de euforia, inspiração e admiração. "Santificado seja o teu nome" é um desejo de ver a Deus aqui e agora, de conhecer a sua presença no meio desta confusão. Eles começam a cantar como forma de orar: "Onde tu estás, Deus? Queremos te ver. Tu és o Pai amoroso. Prometes ser um abrigo no caos, a calma na tempestade violenta, liberdade para os cativos! Então, seja quem dizes que és. Revela-te aqui." Esse é o subtexto da sessão do hino a capela vindo da cela mais distante.

É uma adoração desafiadora. E esse é o tipo mais potente. "É relativamente fácil encontrar Deus em momentos de alegria ou felicidade. Nessas situações, nos consideramos corretamente abençoados por Deus", observa o psicólogo Davi Benner. Ele continua:

> O desafio é acreditar que isso também é verdade — e conhecer a presença de Deus — em meio à dúvida, depressão, ansiedade, ao conflito e ao fracasso. Mas o Deus que é Emanuel está igualmente presente naqueles momentos que nunca escolheríamos e naqueles que sempre escolheríamos com prazer.[19]

"Santificado seja o teu nome" é sempre mais poderoso nos lugares mais improváveis.

A história continua: "De repente, houve um terremoto tão violento que os alicerces da prisão foram abalados. Imediatamente, todas as portas se abriram, e as correntes de todos se soltaram."[20]

Uma coisa levou à outra e, quando o sol nasceu na manhã seguinte, o carcereiro havia experimentado a salvação e toda a sua família havia sido batizada em sua própria banheira. Paulo e Silas abriram a boca para santificar no meio de uma bagunça absoluta. "Não consigo entender este capítulo da história. Quero ver o Senhor aqui, Pai." E Deus apareceu à meia-noite na prisão. Quando cantaram

---

19. David G. Benner, *The Gift of Being Yourself: The Sacred Call to Self-Discovery* (2004; repr., Downers Grove: InterVarsity, 2015), p. 41.

20. Atos 16:26.

77

em uma cela de prisão, arrastaram o céu para um canto escuro da terra, e isso mudou a atmosfera.

As palavras da oração ensinada por Jesus que seguem "Santificado seja o teu nome" são "Venha o teu reino; seja feita a tua vontade na terra como no céu."[21] O reino de Deus muitas vezes evoca pensamentos de justiça, salvação e cura. No entanto, santificar é uma das maneiras mais óbvias de trazer o céu à terra.

PRÁTICA
Lembre-se de com quem você está falando

Tendo acalmado nosso corpo e nossa alma, dando a primeira palavra a Deus, agora quebramos o silêncio com a adoração, nos lembrando do Deus com quem falamos, que está do outro lado de nossas simples orações. Existem várias maneiras de fazer isso e todas são igualmente boas.

Adoração musical

Muitos acham que a linguagem mais eficaz para a oração de adoração é o canto. Uma melodia incorpora intelecto e emoção, tanto a cabeça quanto o coração. Declaramos verdades sobre quem é Deus com a nossa mente e unimos as nossas emoções ao nosso intelecto por intermédio da música. A música nos permite falar com Deus com todo o nosso ser — mente, vontade e emoções. Um simples refrão como "Digno de tudo" ou "Vem, Senhor Jesus, vem", muitas vezes muda o que oramos ou como oramos.

Orar um salmo

O hinário do antigo Israel se encontra bem no meio da nossa Bíblia. Lá encontramos os 150 salmos — orações que deram linguagem a gerações de nossos ancestrais espirituais. Leia um salmo lentamente (prefiro ler em voz alta, mesmo quando estou sozinho). Quando você chegar a uma frase com a qual se identifique, permita

---

21. Mateus 6:10.

que ela seja um trampolim para suas próprias orações. Deixe que um único versículo ou frase de uma oração antiga se torne a base para louvar a Deus como Criador, Redentor, Salvador ou Amigo.

Gratidão

Uma forma simples e eficaz de adoração é a prática intencional da gratidão.

Historicamente, na tradição cristã, a oração de autoexame forneceu uma estrutura eficaz para a gratidão. Normalmente feito à noite, o exame começa com a revisão de como foi o dia com Deus, a reprodução dos acontecimentos das últimas 24 horas como um filme e o agradecimento a Deus por todas as coisas boas ao longo do caminho — o primeiro gole de café naquela manhã, o momento de risada com seu amigo ou filho, a conversa perspicaz com um colega, o progresso feito em um grande projeto, e assim por diante. A seguir, convide o Espírito Santo para iluminar o dia, mostrando-lhe o momento em que a presença de Deus parecia mais próxima e o momento em que a sua presença parecia mais distante. Embora Deus esteja sempre conosco, nossa consciência de sua presença diminui. Por fim, faça uma simples oração de intercessão pelo dia seguinte.

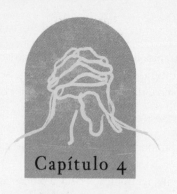

Capítulo 4

SONDA-ME E CONHECE-ME
Confissão

Senhor, tu me sondas e me conheces.
Salmos 139:1

Trinta e um de outubro de 1995. Era Dia das Bruxas. Eu cursava a segunda série e estava embarcando no ônibus escolar enquanto sonhava com um suprimento de doces para um mês. Acontece que me sentei ao lado de um vizinho que estava no jardim de infância na época.

Eu estava todo orgulhoso naquele dia, porque recentemente havia concluído meu primeiro capítulo de livro, de capa a capa. A Feira do Livro Scholastic aconteceu em algum momento de setembro. De alguma forma, aquele pequeno conjunto de recortes de papelão na biblioteca parecia uma miragem no deserto. Nunca os alunos do ensino fundamental tiveram tanta sede de ler, marcar suas páginas com um marcador superlegal e escolher a borracha de tampa irritantemente grande e colorida para seu lápis nº 2. Eu não era diferente. Quando a Feira do Livro Scholastic estava na cidade, eu

SONDA-ME E CONHECE-ME

era brevemente transformado em um leitor ávido, com um fogo queimando dentro de mim que apenas uma ficção bem escrita poderia satisfazer.

Com o Dia das Bruxas chegando, naturalmente escolhi o último lançamento da franquia *Goosebumps*. Mais tarde naquele dia, durante a aula, folheei para ver quantas páginas restavam no primeiro capítulo. Eu estava na página 3 e já estava ficando entediado, me perguntando se teria resistência para ir até o final daquela jornada de terror adolescente. Quis o destino que naquele exato momento Jacquelin se aproximasse da minha mesa com cerca de cinco livros nas mãos. "Tyler, em que capítulo você está?"

"Capítulo 1. Acabei de começar."

"Ah, ótimo. Eu adoro livros com capítulos [é assim que ela os chamava]. Quando terminar, quero saber se você gostou."

Naquele exato momento, tive a certeza de que tinha resistência para aquela jornada de terror. Eu tinha uma queda por Jacquelin. Secretamente, suspeito que todos os rapazes da turma também. E, se aquele livro fosse o caminho para uma interação mais demorada, eu estava pronto para preparar um banho de espuma, acender algumas velas de aromaterapia, preparar uma xícara de chá de camomila e me preparar para uma noite espetacular com meu primeiro "livro de capítulos".

Terminei várias semanas depois. Jacquelin nunca mais me perguntou sobre isso. Voltei para a televisão assim que pude.

Então, o Dia das Bruxas chegou. Sentei-me no ônibus, virei-me para o garoto ao meu lado e perguntei: "Quer ouvir uma história de fantasmas?"

"Claro."

Durante os quinze minutos seguintes, contei cada detalhe daquela trama de *Goosebumps* de acordo com minha memória. Terminei assim que chegamos à parada dele, alguns quarteirões antes da minha.

Quando abri a porta de casa, a mãe dele já havia ligado para a minha mãe com a notícia. "Seu filho contou ao meu filho uma história de fantasmas, e ele ficou com tanto medo que entrou tremendo e chorando."

ORANDO COMO MONGES, VIVENDO COMO TOLOS

Tenho uma lembrança vívida daquele dia, porque foi a primeira vez em que me lembro de ter sentido um profundo sentimento de culpa. Algo que fiz com intenções honestas, sem o objetivo de assustar ou magoar, produziu dor na vida de outra pessoa. Como poderia ser?

No ensino médio, eu tinha um temperamento tão ruim que era propenso a explosões. Fiquei com tanta raiva do meu irmão mais novo que fiz um buraco na parede do meu quarto. Nunca o consertamos. Apenas cobri com um pôster do cantor Bob Dylan e fingi que nada aconteceu.

Na faculdade, eu estava por conta própria pela primeira vez, o que trouxe à tona todas as minhas inseguranças ocultas. O meio mais eficaz que encontrei para envolver a segurança em meu senso de identidade subitamente exposto e frágil foi a fofoca. Contanto que eu continuasse zombando dos outros pelas costas, me sentia bem, confortável em minha própria pele, incluído e aceito.

Aos 20 e poucos anos, enfrentei o vício em pornografia. Chamo isso de vício, não de "luta", porque foi muito além dos limites da minha força de vontade. Eu não queria fazer isso, mas lá estava eu, em meu dormitório da faculdade bíblica, logo depois de terminar uma redação sobre Romanos, pesquisando algo novamente em meu laptop.

A propósito, isso não desapareceu simplesmente quando me tornei pastor.

Também posso me lembrar, com detalhes igualmente vívidos, do pesado manto de vergonha que me envolvia nas noites de quarta-feira como um jovem pastor de jovens, quando, depois de pregar sermões para estudantes do ensino fundamental e médio, me via olhando com desejo para o brilho da luz da tela do meu iPhone antes de adormecer. Lembro-me de ter feito orações teologicamente equivocadas, mas completamente sinceras, como: "Deus, por favor, não penalize aquelas crianças por causa do meu fracasso."

Ele também não desapareceu quando me casei.

Sua noiva descobrir pesquisas nada lisonjeiras em seu histórico da internet é uma coisa. A conversa que vem depois disso é horrível. Contudo, confessar que você ainda digita as mesmas palavras nos mesmos mecanismos de busca um ano depois de casado é outra.

SONDA-ME E CONHECE-ME

E acessar seu telefone para ver se ela deixou o histórico da internet aberto, sabendo que ela tirou um tempo para investigar você, é outra coisa completamente diferente. É nesse ponto que você percebe que sua "luta" instaurou a desconfiança no relacionamento com o qual você mais se importa e produziu dor e insegurança na pessoa a quem ama profundamente.

A confissão e os sentimentos de culpa e vergonha que muitas vezes a precedem ficam menos "fofos" à medida que você cresce. Quando uma recapitulação equivocada de *Goosebumps* se transforma em fratura conjugal, não existe nada de charmoso ou engraçado.

Já se passou mais de uma década desde que qualquer forma de luxúria desencarnada fosse uma luta para mim em qualquer nível. Encontrei o que as Escrituras chamam de "vitória" nessa área da minha vida. Também descobri que Deus inundou a minha vida com pessoas que estavam bem no meio de uma luta secreta idêntica, porque são as nossas feridas que Deus muitas vezes usa para curar os outros, não as nossas competências.

Neste momento, são a impaciência e a raiva que tomam conta de mim, o que, em geral, pode soar razoável (um hábito bem cultivado por pastores cristãos). Entretanto, se você estivesse presente em algumas das discussões sórdidas que comecei com a minha esposa ou em alguns dos momentos em que transbordei de raiva em direção aos meus filhos pequenos, não pareceria tão razoável.

Dez dias antes de escrever este texto, a comunidade que pastoreio se reuniu para um culto de oração e adoração à meia-noite a fim de iniciar um período incrível de 24 horas por dia, sete dias por semana, de oração incessante. "Reavivamento, certo! Vamos lá!"

Contudo, naquele mesmo dia, gritei com meu filho, Hank, três vezes diferentes. E havia prometido a mim mesmo que não usaria mais essa forma de disciplina, porque, para mim, trata-se de descontar a minha raiva, não de ensiná-lo.

Nos minutos antes de passar pela porta da igreja para aquela primeira hora de oração, eu estava andando pela calçada discutindo com Kirsten, porque lidei muito mal com um momento de vulnerabilidade de sua parte. Ela estava, então, em lágrimas, porque minha resposta foi a pior possível.

ORANDO COMO MONGES, VIVENDO COMO TOLOS

"Reavivamento, certo! Vamos lá!" Não, eu apareci naquela noite derrotado e carente.

"Deus misericordioso, encontra-me aqui com a tua misericórdia." Isso é o que eu estava sussurrando na primeira fila da reunião de oração que estava liderando. E Deus me encontrou não por minha causa, mas apesar de mim.

Preciso que você saiba inequivocamente, caro leitor, que estou do lado do confessor desta equação, não do lado do absolvedor. Você provavelmente já sabe que não há nada diferente entre mim e você quando se trata da necessidade de confessar. Todavia, é importante que saiba que eu também estou consciente disso.

A confissão é uma dança lenta

Imagine-se em uma recepção de casamento com um grupo de amigos (mas sem acompanhante), invadindo a pista de dança ao som de Ariana Grande, Justin Bieber e uma reminiscência de Salt-N-Pepa que agrada ao público. Quando você está nesse tipo de noite, a confissão é o DJ desacelerando as coisas com "The Way You Look Tonight" ou uma faixa das melhores canções de Al Green. "Não é surpreendente. Imaginei que isso aconteceria, mas não estou muito animado com isso. Vou aproveitar os próximos quatro minutos para recuperar o fôlego e pegar outra bebida."

O salmo 24 é uma canção composta por Davi para fins de celebração. Começa assim: "Do SENHOR é a terra e tudo o que nela existe, o mundo e os que nele vivem; pois foi ele quem a estabeleceu sobre os mares e a firmou sobre as águas."[1] E conclui com a declaração repetida: "Levantem, ó portas, as suas cabeças! Levantem-se, ó portas antigas, para que entre o Rei da glória! Quem é este Rei da glória? O SENHOR forte e valente, o SENHOR valente nas guerras."[2] Esse brado triunfante para agradar ao público faz que os versículos 3 e 4 pareçam tão deslocados: "Quem poderá subir ao monte do SENHOR? Quem poderá permanecer no seu Lugar Santo? Aquele que tem mãos

---

1. Salmos 24:1-2.
2. Salmos 24:7-8.

SONDA-ME E CONHECE-ME

limpas e coração puro, que não recorre aos ídolos nem jura por deuses falsos."[3] Do ponto de vista comparativo, esses versículos são um pouco desanimadores, você não concorda? É o DJ mudando para uma música lenta e a pista de dança se esvaziando.

Davi tem o hábito de fazer isso. Ele é o autor da maioria dos salmos e escreveu muitos sucessos, mas tende sempre a inserir um, dois ou três versos que uma gravadora experiente teria cortado. O subtexto é: "Quem poderá subir ao monte do Senhor? Aquele que tem mãos limpas e coração puro... *e este não sou eu.*" Imagino que Davi tenha sussurrado essa frase em derrota tantas vezes antes de cantá-la em voz alta e triunfante. Davi queria a presença de Deus mais do que qualquer coisa. O que significava que ele foi lavado na santidade de Deus e ao mesmo tempo confrontado pela própria queda.

Se o que você deseja é a presença do Deus vivo, a confissão é parte do acordo — uma parte muito boa do acordo.

Acordo polêmico

O pecado é, ao mesmo tempo, a ideia mais controversa no cristianismo e a mais universalmente aceita, mesmo fora da igreja.

Em seu trabalho seminal intitulado *Ortodoxia*, G. K. Chesterton chamou o "pecado" de a única parte da teologia cristã que pode realmente ser provada.[4] Dois anos depois dessa afirmação, Chesterton publicou outro livro, este intitulado *What's Wrong with the World?* [O que há de errado com o mundo?]. O ano era 1910 e falava-se muito em progresso social no Ocidente. Ele acrescentou sua própria voz àquela conversa "progressista", afirmando, em resumo: "Você está atrás das coisas certas, mas ignora uma parte fundamental do diagnóstico." "O que há de errado com o mundo?" foi sua pergunta, e a resposta foi simplesmente esta: "Eu estou errado."[5] *Eu* sou o que há de errado com

---

3. Salmos 24:3-4.
4. Gilbert K. Chesterton, *Orthodoxy* [Ortodoxia] (Nova York: John Lane, 1908), p. 24.
5. G. K. Chesterton, carta ao editor do Daily News, 16 de agosto de 1905. Veja Jordan M. Poss, "What's Wrong, Chesterton?", Jordan M. Poss (blog), 28 de fevereiro de 2019, www.jordanmposs.com/blog/2019/2/27 /whats -wrong-chesterton.

o mundo. O mundo não resolve seus problemas a menos que eu o faça. E essa não é, na verdade, uma ideia religiosa primitiva e conservadora. Freud, Platão, Martin Luther King Jr., Gandhi e Jesus concordaram nesse ponto, somente para citar alguns. Todos concordam que há algo errado com o mundo: todas as pessoas. A diferença entre filosofias e religiões muitas vezes se resume ao vocabulário usado para descrever a fragilidade do mundo e a forma como essa fragilidade é reparada. O pecado é o ponto preciso onde todas as épocas históricas, culturas e filosofias entram em acordo.

O pecado também é extremamente controverso. Tem sido tão frequente e manipulado ao longo dos anos que, para alguns, quando essa palavra de seis letrinhas aparece na página, ela é minimizada a uma experiência única, subjetiva e, muitas vezes, legitimamente dolorosa.

A ideia bíblica do pecado não é simples. É extremamente ampla. Os estudiosos da Bíblia apontaram oito palavras hebraicas diferentes usadas na Bíblia, todas traduzidas por pecado. A ampla definição bíblica é dada na forma de uma história, não de uma afirmação.

Nas páginas iniciais da Bíblia, o homem e a mulher são descritos como estando nus e sem sentir vergonha.[6] Isso é muito mais do que nudez física ou libertação *hippie*; é sobre o estado da alma deles.

Na página seguinte, a história gira em torno do que é comumente chamado de "a Queda." O pecado mergulha na história humana.

Acreditar na existência de Deus nunca foi realmente o problema para nós, humanos. Em todas as culturas e épocas, a existência de algo maior do que nós sempre foi a opinião popular. Ainda hoje, em uma sociedade pós-iluminista e altamente cética, inclinada à desconstrução, a maioria das pessoas acredita em algum tipo de divindade que comanda o espetáculo.

O problema é, e sempre foi, confiar no Deus que acreditamos existir. Bem no início da história, Adão e Eva começaram a suspeitar que Deus estava escondendo algo deles. Eles arrancaram o fruto proibido na tentativa de chegar a uma vida plena, abundante e feliz longe de Deus. Ambos confiaram em si mesmos, não no Deus em quem acreditavam. E é isso que a Bíblia chama de pecado — bons desejos canalizados por

---

6. Veja Gênesis 2:25.

SONDA-ME E CONHECE-ME

meios errados. O pecado é um atalho para qualquer tentativa de satisfazer as nossas necessidades profundas com os nossos próprios recursos.[7]

A resposta humana instintiva ao pecado está oculta. Imediatamente, Adão e Eva perceberam que estavam nus e se cobriram com folhas de figueira para se esconder um do outro. Quando ouviram os passos de Deus se aproximando, eles até se esconderam de Deus no meio do mato. "Nu e sem vergonha" tornou-se instantaneamente "cobertos e envergonhados". Deus percebe que eles estão escondidos (sinceramente, sujeito errado para brincar de esconde-esconde), e, com o coração na garganta, ele pergunta a Adão: "Onde você está?"[8] Há uma longa tradição interpretativa no judaísmo e no cristianismo primitivo que vê essa pergunta como um convite à confissão, um convite que Adão e Eva não aceitaram, levando a uma segunda pergunta.[9] "Quem contou a você que estava nu?"[10] Dito de outra forma, Deus está perguntando: "Quem roubou a inocência dos meus filhos?"

Esta observação é fundamental e frequentemente mal interpretada: o pecado, definido pela imaginação bíblica, não é uma acusação ou uma condenação; é apenas um diagnóstico. É uma ida ao consultório médico na qual você descreve seus sintomas e descobre que "há um nome para essa doença". O problema das doenças é que elas nos impedem de fazer o que fomos criados para fazer — ou seja, viver uma vida livre e saudável, usando o nosso corpo de acordo com o desígnio do Senhor.

O problema com o pecado não é que Deus tenha uma grade moral rígida, e colorir dentro dos limites das linhas é como provamos que estamos do lado dele. É que o pecado nos inibe de fazer o que fomos criados para fazer de melhor, amar, para receber amor e dá-lo. Por que o pecado interfere no amor? Porque, como Eugene Peterson definiu, "O pecado é uma relação recusada com Deus que se transforma em uma

---

7. Ofereço uma teologia mais completa desta mesma definição no meu livro anterior, *Searching for Enough: The High-Wire Walk between Doubt and Faith* (Grand Rapids: Zondervan, 2021).

8. Cf. Gênesis 3:9.

9. Veja Gary A. Anderson, *The Genesis of Perfection: Adam and Eve in Jewish and Christian Imagination* (Louisville: Westminster John Knox, 2001), p. 135-54.

10. Cf. Gênesis 3:11.

ORANDO COMO MONGES, VIVENDO COMO TOLOS

relação errada com os outros".[11] O pecado é sempre pessoal e sempre contra Deus. A forma como o nosso pecado fere os outros é a garantia dessa primeira recusa. Como Davi orou: "Contra ti, somente contra ti, pequei e fiz o que era mau aos teus olhos."[12] Não pecamos contra uma regra ou lei; pecamos contra nosso Pai.

De volta ao drama de Gênesis 3. A cena comovente termina com a declaração: "[Deus] colocou querubins a leste do jardim do Éden e uma espada flamejante que se movia de um lado para outro, guardando o caminho que levava à árvore da vida."[13] A entrada de volta ao tipo de vida plena, gratuita e abundante para a qual Deus nos criou está protegida. Adão e Eva saíram do jardim caminhando para o leste, mas não foram sozinhos; o Senhor foi com eles. Ele não rebaixa o seu padrão de santidade, mas vem atrás de nós. A história bíblica não é a de um Deus transigente; é de um Deus que busca.

A partir daí, o restante da Bíblia é principalmente imagem após imagem da busca do amor de Deus. Aqui está um resumo de toda a compilação de 66 livros, se você quiser economizar algum tempo: tenho boas e más notícias. A boa notícia é que você é amado — amado agora mesmo, sem qualificação ou restrição, amado incondicionalmente por ser quem você é, amado de uma forma que não pode perder. A má notícia é que você acha muito difícil acreditar nisso e ainda mais difícil viver essa experiência. Seu instinto é, e sempre será, tentar despertar a própria amabilidade, tornar-se amável de alguma forma que você possa definir e controlar, tentar se tornar aos seus próprios olhos o que você já é aos olhos de Deus. A boa notícia chama-se graça; as más notícias são chamadas de pecado.

Eu sei, dolorosa e pessoalmente, como é, de repente, tomar consciência da própria necessidade de perdão. Dar de cara no chão, derrotado, enquanto vozes acusadoras martelam dentro do meu crânio, e sei que elas estão certas. Não sou um homem de "mãos limpas e coração puro."[14] Minha vida real é a zombaria de quem eu quero

---

11. Eugene H. Peterson, *Christ Plays in Ten Thousand Places: A Conversation in Spiritual Theology* (Grand Rapids: Eerdmans, 2005), p. 316.
12. Cf. Salmos 51:4.
13. Gênesis 3:24.
14. Cf. Salmos 24:4.

SONDA-ME E CONHECE-ME

ser e gostaria de ser. E, ali, diante da minha vergonha exposta, ouço o Mestre sussurrar o que ele sussurrou para a mulher adúltera: "Eu também não a condeno."[15] Esse é o amor do qual não consigo fugir — é a única coisa poderosa o suficiente para me mudar.

E se, toda vez que eu sentir vergonha, for uma oportunidade de ouvir novamente a voz dele dizendo: "Eu também não o condeno"? E se as partes das nossas histórias que gostaríamos de apagar se tornassem, no final, as partes que contamos às pessoas? E se, quando você se encontrar diante dele, não for uma oportunidade para se limpar, mas para se ver como realmente é, como ele sempre o viu, e ainda ouvi-lo chamar você de "amado"?

Deus não baixou o seu padrão de santidade. Ele encontrou uma maneira de nos tornar santos que não depende do nosso desempenho. A graça vence.

Cossofrimento

A maioria das exposições teológicas sobre o ponto de encontro entre o nosso pecado e o perdão de Deus são 100% verdadeiras, mas são apresentadas de tal forma que ficam despojadas de toda a emoção, de todo o coração. A Bíblia nos apresenta um Deus emotivo, e até mesmo levado a agir por suas emoções. Na verdade, as nossas emoções são um reflexo das emoções do nosso Pai celestial. Isso não significa que todas as emoções que sentimos sejam boas. Significa que existe *uma maneira boa* de sentir cada emoção, uma maneira que reflete o caráter de Deus. A salvação não diminui nosso sentimento de raiva, tristeza, esperança, paixão ou desejo. O objetivo final de Deus não é nos transformar em robôs que executam tarefas perfeitamente, mas não sentem nada. A salvação redime cada emoção humana como um reflexo da imagem divina em nós.

Quando você e eu agimos com convicção, quando realmente somos intencionais, isso quase nunca emerge de um curso de ação puramente intelectual e cuidadosamente planejado. Vivemos mais profundamente nas entranhas, não na cabeça. O amor que tenho

---

15. Cf. João 8:11.

pelo meu filho, a forma como me senti durante a primeira dança no meu casamento, o peso excessivo que suportei enquanto olhava para o caixão de um ente querido que partiu, o riso que veio enquanto observava minha sobrinha abrir um presente na manhã de Natal — nada disso emerge de uma equação intelectual que resolvi. Vem de algum lugar mais profundo, um lugar mais instintivo, algum lugar emocional, algo como meu instinto.

Deus tem uma resposta instintiva e visceral ao nosso pecado e à destruição que ele causa em nossa vida. O Senhor não é frio e calculado. As Escrituras apresentam a uma resposta mais profunda, mais pessoal e emocional de Deus à nossa condição. O autor de Hebreus descreve a resposta de Jesus ao pecado como compaixão: "pois não temos um sumo sacerdote que não possa compadecer-se das nossas fraquezas, mas sim alguém que, como nós, passou por todo tipo de tentação, ainda que sem pecado."[16]

A palavra grega traduzida na NVI como "compadecer" é a palavra composta *sympatheo*. Ela é uma combinação da palavra grega *pascho*, que significa "sofrer", e do prefixo *syn* ("com"), da mesma forma que usamos o prefixo "co" em português. Essa palavra, traduzida literalmente, significa "cossofrer". É assim que Jesus lida com o nosso pecado. Ele sofre conosco — sofre as consequências de nossos pensamentos, ações e desejos desordenados; sofre a agonia sutil de esconder, fingir e apresentar um eu preferido que nos prende a uma insegurança eterna; sofre o afastamento de Deus que escolhemos voluntariamente ao "administrar" um padrão de pecado que nos cansamos de confessar em vez de trazê-lo à luz de seu amor inesgotável.

Nossa suposição intuitiva é que estamos mais próximos de Deus quando as coisas vão bem. Jesus está ao meu lado, presente e ajudando, quando vivo com sabedoria e virtude, conforme sua missão em mim e no mundo. O autor de Hebreus diz exatamente o oposto. Jesus está mais próximo de nós em "nossas *fraquezas*", não em nossos pontos fortes. Nosso coração, corrompido pelo pecado, é como os polos de um ímã, que se afastam, sempre resistente à graça. O coração de Jesus, incorrupto, funciona exatamente de maneira *oposta*.

---

16. Hebreus 4:15.

SONDA-ME E CONHECE-ME

Ele é atraído pelo nosso pecado, não intelectualmente como um matemático que trabalhou uma equação de mil maneiras diferentes e sabe que a graça é a única solução que satisfaz as variáveis. É instintivo. Das suas entranhas, do seu instinto primitivo, Jesus quer correr até nós nas nossas fraquezas e encontrar-nos ali.

A compaixão geralmente surge da experiência compartilhada. Sentimos compaixão pelos fracos quando a fraqueza deles corresponde à nossa própria experiência. O mesmo é verdade para Jesus. Aqui está a fonte de sua compaixão: "[Jesus] passou por todo tipo de tentação, ainda que sem pecado."[17] Jesus é um curador, sim, mas ele é o tipo de médico que lidou com a mesma doença. Ele é como um médico que já teve câncer de pulmão e agora trata de pessoas na mesma condição. Cristo sentiu os efeitos e até doou um de seus pulmões para um transplante. Você está diante de um médico com compaixão experiencial pelo que está passando e de um corpo ferido em uma batalha contra os mesmos sintomas. Você não vê a profunda diferença nesse curador? O cuidado, a preocupação sincera e a presença sem pressa, serena, daquele médico em comparação com aquele que apenas distribui receitas?

Um dos nomes citados para Jesus é o de Grande Médico. Contudo, um médico não pode curar você sem um diagnóstico preciso. Se você for a um ótimo médico e se descrever como "quase sempre doente", ele não poderá fazer muito por você. Confessar é dizer: "Quero nomear meus sintomas de modo completo e abrangente, porque quero a cura de modo completo e abrangente."

Confissão, descoberta

A escandalosa graça do Grande Sumo Sacerdote é impossível de ser conhecida de maneira abstrata. Deve ser descoberta pela experiência pessoal. Quando a insegurança o coloca contra a parede e o impede de respirar, quando você se sente só e desamparado, esquecido, incompreendido ou é traído por alguém em quem confia — é precisamente para lá que Jesus é atraído instintivamente a estar com você, a sentir a

---

17. Hebreus 4:15.

dor, a oferecer sua presença curadora, a ter empatia com a sua e com a minha fraqueza.

Ele compartilha da nossa dor, assume a nossa condição, *mas ele não peca*. E essa é a nossa esperança, a nossa única esperança. Aquele que está cheio da mais profunda empatia está igualmente pleno de poder para curar. Ele sempre está conosco em nossa fraqueza.

Como podemos aceitar Jesus em seu poder de curar? Pela confissão. A confissão é como nos voltamos para ele, olhamos em seus olhos e reconhecemos a sua presença conosco, não para nos julgar, mas para nos resgatar. Dane Ortlund, um pastor e autor de Chicago, escreveu: "Se você está em Cristo, você tem um amigo que, em sua tristeza, nunca lançará um discurso encorajador do céu. Ele não suporta permanecer a distância. Nada pode detê-lo. O coração dele está muito ligado ao seu."[18]

Em *Lit*, o terceiro livro de uma brilhante trilogia de memórias de Mary Karr, ela relembra o momento exato de sua vida quando seu hábito de beber piorou muito, e assim permaneceu por tanto tempo que sofreu um colapso total e teve de se internar em um hospital psiquiátrico.

Na primeira noite, ela estava tão ansiosa que queria sair de dentro de sua própria pele. Mary conta que se levantou no meio da noite e foi ao banheiro, único lugar onde ela poderia ficar sozinha, sem ser observada. Lá, ela caiu de joelhos e, pela primeira vez na vida, fez algo que pensava ser apenas para os insuportavelmente religiosos e irrealisticamente supersticiosos: ela orou.

Primeiro, ela desencadeou uma série de perguntas reprimidas, raivosas e acusatórias que ela tinha contra Deus desde que se lembrava: "Se você está realmente ouvindo, onde estava quando...?", e seguiu fazendo várias perguntas desse tipo.

Finalmente, ao final daquela lista de queixas e já sem fôlego, ela começou a sussurrar em agradecimento. "Obrigada pelo meu marido, talvez de alguma forma ele ainda me aceite de volta depois de tudo isso. Obrigada pelo meu filho, Dev, que estava tão doente quando

---

18. Dane Ortlund, *Gentle and Lowly: The Heart of Christ for Sinners and Sufferers* (Wheaton: Crossway, 2020), p. 50.

criança, mas sobreviveu." E, enquanto ela disse isso, pode perceber. "Só cheguei ao limite porque alguém precisava de mim, e eu não conseguia sozinha."[19]

Karr escreveu:

> Ao dar entrada no hospital, eu disse de uma forma profunda: "Tio" [...] Parei de pensar e comecei a esperar, em uma expectativa crescente, de que me mostrasse algo. Então, isso me atingiu. Na verdade, estava ajoelhada em um banheiro. O "trono", como algumas pessoas e os bêbados o chamam. Quantas noites de bebedeira e manhãs de ressaca eu adorei neste altar, esvaziando-me do veneno. No entanto, orar para alguém acima de mim, algo invisível, parecia — até agora — degradante.[20]

Ajoelhada, com a cabeça apoiada no assento de um vaso sanitário em um centro de reabilitação, despida de tudo aquilo que tinha convencido a todos de que era, finalmente, exposta diante de Deus. E, na sua vulnerabilidade, a sua vergonha estava sendo lavada no amor divino.

Eugene Peterson escreveu:

> Deus não lida com o pecado livrando-o de nossa vida como se fosse um germe ou ratos no sótão. Deus não lida com o pecado pela amputação, como se fosse uma perna gangrenada, deixando-nos aleijados e apoiados na santidade de uma muleta. Deus lida com o pecado nos perdoando, e, quando ele nos perdoa, há mais de nós, não menos.[21]

Davi descobriu o poder curativo do perdão, e essa descoberta transformou a confissão de uma dança cadenciada em uma dança festiva, de vitória. "SENHOR, tu me sondas e me conheces", escreveu ele

---

19. Mary Karr, *Lit: A Memoir* (Nova York: HarperCollins, 2009), p. 239.
20. Karr, *Lit*, p. 276.
21. Eugene H. Peterson, *Tell It Slant: A Conversation on the Language of Jesus in His Stories and Prayers* (Grand Rapids: Eerdmans, 2008), p. 186.

ORANDO COMO MONGES, VIVENDO COMO TOLOS

no salmo 139.[22] Davi convidou abertamente o Espírito de Deus a sondá-lo, a investigar a sua vida interior e a descobrir qualquer pecado que lá encontrasse. Ele até comemorou. A confissão é um presente terrível, que parece uma contradição, porque realmente é.

A alternativa à ocultação é a recusa em ocultar-se. É a aterrorizante insistência e necessidade de nos expor a Deus. Essa é a única maneira de nos abrir ao amor incondicional. Você já se perguntou o que fez de Davi um homem segundo o coração de Deus? Essa é a frase inscrita em sua lápide. Contudo, leia a sua biografia. Ele também foi mentiroso, manipulador, adúltero (talvez estuprador, dependendo de como você analisa as evidências) e assassino! Então, o que aconteceu com a vida dele que tornou seu coração como o de Deus? Apenas isto — os salmos de sua autoria estão salpicados de confissões pessoais —: nudez franca, não filtrada e crua diante de Deus. Ele estava muito longe da perfeição, mas se recusou a se esconder. Quando percebeu que estava nu, não pegou folhas de figueira; ele correu para o Pai.

No antigo mundo do Oriente Médio, de onde surgiu a Bíblia, sucessivas culturas construíram cidades bem em cima das ruínas das antigas cidades. As pessoas não se preocuparam em desenvolver novas terras. Elas simplesmente incendiaram o que existia e construíram a nova cidade bem em cima da anterior. As escavações arqueológicas no Oriente Médio estão descobrindo diferentes períodos da história, e depois outro período que está em uma camada abaixo dela, e depois outro. É como se precisássemos limpar a poeira de história após história após história. Isso é confissão. É escavar as camadas da sua própria vida, descobrindo não apenas o que é óbvio na superfície, como também as camadas da história pessoal subjacentes que continuam a informar o seu presente.

Um dos maiores erros que cometemos na igreja moderna é reimaginar a maturidade espiritual como a necessidade de confessar menos os nossos pecados. A suposição tácita é: "À medida que cresço no relacionamento com Deus, confesso menos, porque tenho menos a confessar." A verdadeira maturidade espiritual, porém, é o oposto. Não é um crescimento; é uma escavação arqueológica à medida

---

22. Salmos 139:1.

que descobrimos camada após camada do que sempre existiu em nós. Maturidade espiritual significa mais confissão, não menos. Maturidade é descobrir as profundezas do meu tipo pessoal de queda e as profundezas nas quais a graça de Deus realmente penetrou, mesmo sem eu saber disso.

A necessidade desesperada do nosso tempo não é de cristãos bem-sucedidos, de cristãos populares ou de cristãos cativantes; é de cristãos profundos. E a única maneira de se tornar um cristão profundo é pela escavação interior chamada confissão. O caminho da maturidade espiritual é uma descida, não uma subida. Uma comunidade que amadurece é uma comunidade que confessa — não uma igreja sem pecado, mas uma igreja sem segredos.

Quando entramos e saímos da presença de Deus em comunidades reunidas com as nossas necessidades e segredos mais profundos escondidos, dizemos essencialmente: "A vitória de Jesus não é suficiente. Não é suficiente para mim. Não é suficiente para isto. Eu só preciso de mais tempo. Posso resolver tudo sozinho." Como combatemos a narrativa insistente e interna que foi plantada em nós no último inverno da alma, que nos mantém em um perpétuo esconderijo e vestidos com as nossas folhas de figueira? Com confissão. Deixamos que as palavras de Davi inspirem as nossas palavras. Tomamos as antigas orações de Davi como roteiro para as atuais. Será difícil encontrar ao menos uma oração que não envolva despir-se diante de Deus.

Dizemos que acreditamos na graça, mas a confissão é como realmente confiamos naquilo em que já acreditamos. As partes de nossa história que mais queremos editar, ou apagar completamente, tornam-se as mesmas partes de nossa história que nunca retiraríamos e nunca paramos de contar. Esse é o tipo de autor que é Deus.

Reavivamento nu

O conde Nicolau Ludwig von Zinzendorf (sim, esse é seu nome verdadeiro), um alemão de 20 e poucos anos de idade com uma herança considerável, transformou a propriedade da família em um campo de refugiados, em 1722. Eles deram à pequena vila da Morávia o nome de *Herrnhut*, que significa "a vigília do Senhor". Ela seria o berço de um grande avivamento e do movimento missionário moderno. Tudo começou com uma aldeia de refugiados comprometendo-se com a oração 24 horas por dia, sete dias por semana, o que, cem anos de oração ininterrupta mais tarde, ficou conhecido como o reavivamento da Morávia (falarei mais sobre isso adiante).

A parte realmente interessante da história, porém, não são as histórias do avivamento, mas as origens do avivamento. Se você ler os relatos diretos desses refugiados, verá que eles não dão tanta importância ao movimento de oração. A história que contam é sobre a noite improvável em que o movimento de oração começou.

Zinzendorf acolheu um grupo de refugiados na família de Deus e depois deu-lhes a sua visão radical — uma espécie de comunidade da igreja primitiva viva novamente, aqui e agora. O tipo de comunidade que pretendiam se tornar exigia decisões contraculturais diárias para priorizar o outro, e isso é fundamentalmente contra a natureza humana. Naturalmente, cinco anos depois, houve uma desilusão generalizada, muita dor, um sentimento coletivo de decepção, cinismo, culpa e bastante contentamento com algo bom, mas muito menos do que eles haviam imaginado juntos.

Em 13 de agosto de 1727, eles se reuniram para outra reunião ordinária da igreja. Zinzendorf pregou um sermão poderoso sobre a cruz e, ao fazê-lo, o Espírito Santo desceu de uma forma tão avassaladora que, naquele exato momento, naquela mesma sala de reuniões, eles começaram a confessar seus erros e a perdoar uns aos outros; sem "mas", sem explicações, sem hesitações — apenas nomeando os erros e limpando a lousa. O Espírito desceu tão fortemente que eles ficaram horas em confissão e até saíram da igreja cambaleantes, zonzos com a experiência sobrenatural, como bêbados saindo de um bar quando este está prestes a fechar.[23]

Duas semanas depois daquela noite, decidiram iniciar uma reunião de oração. Essa reunião de oração durou cem anos. Então, como aconteceu o avivamento da Morávia? A maioria dos historiadores diz: "Oração, tudo foi alimentado pela oração", e há muita verdade nisso.

---

23. Veja "Story of the Moravians," Light of the World Prayer Center, https://lowpc.org/story-of-the-moravians; veja também Pete Greig e Dave Roberts, *Red Moon Rising: Rediscover the Power of Prayer* (Colorado Springs: Cook, 2015), p. 75.

SONDA-ME E CONHECE-ME

No entanto, de acordo com os 48 refugiados naquela sala, as testemunhas oculares que viveram e experimentaram isso disseram: "Não, não, não. Cem anos de oração foram apenas o transbordamento de uma noite de confissão curadora e sem maquiagem."

O reavivamento não aconteceu porque todos concordaram que aquilo era uma boa ideia; ele aconteceu, porque todos arrancaram as folhas de figueira uns na frente dos outros.

Brennan Manning escreveu:

> Qualquer pessoa que Deus usa significativamente fica sempre profundamente ferida [...] Somos, cada um de nós, pessoas insignificantes a quem Deus chamou e agraciou para usar de uma maneira significativa [...] No último dia, Jesus nos examinará não em busca de medalhas, diplomas ou honras, mas em busca de cicatrizes.[24]

Não é por nossos dons, percepções, ideias ou qualificações que Deus está determinado a curar o mundo, mas por nossas cicatrizes. Pelas suas feridas fomos curados,[25] e pelas nossas feridas a cura é compartilhada.

Os ossos que esmagaste exultarão

> Purifica-me com hissopo, e ficarei puro;
> lava-me, e mais branco do que a neve
> serei.
> Faz me ouvir de novo júbilo e alegria,
> e os ossos que esmagaste exultarão.
>
> Salmos 51.7-8

C. S. Lewis pintou um quadro vívido do poder da confissão em *The Voyage of the Dawn Treader* [A viagem do peregrino da alvorada]. Eustáquio, um menino que trocou sua inocência com um enganador

---

24. Brennan Manning, *Ruthless Trust: The Ragamuffin's Path to God* (São Francisco: HarperSanFrancisco, 2000), p. 48.
25. Cf. Isaías 53:5.

ORANDO COMO MONGES, VIVENDO COMO TOLOS

quando ele não sabia muito bem o que estava fazendo, foi forçado a viver com uma camada de pele de dragão para sempre, o modo pelo qual a imaginação mística de Lewis reinterpretou as folhas de figueira descritas em Gênesis. Ele tentou arrancar a pele do dragão diversas vezes, mas a via crescer novamente. Finalmente, cansado demais até mesmo para ficar parado, Eustáquio foi abordado pelo leão Aslan, que é assustador, mas gentil — o leão de Lewis é a representação de Jesus.

> Então, o leão disse (mas não sei se falou): "Eu tiro a sua pele". Tinha muito medo daquelas garras, mas, ao mesmo tempo, estava louco para ver-me livre daquilo. Por isso me deitei de costas e deixei que ele tirasse a minha pele. A primeira unhada que me deu foi tão funda que julguei ter me atingido o coração. E quando começou a tirar-me a pele senti a pior dor da minha vida. A única coisa que me fazia aguentar era o prazer de sentir que me tirava a pele. É como quem tira um espinho de um lugar dolorido. Dói pra valer, mas é bom ver o espinho sair.
> [...]
> Tirou-me aquela coisa horrível, como eu achava que tinha feito das outras vezes, e lá estava ela sobre a relva, muito mais dura e escura do que as outras. E ali estava eu também, macio e delicado como um frango depenado e muito menor do que antes. Nessa altura agarrou-me — não gostei muito, pois estava todo sensível sem a pele — e atirou-me dentro da água. A princípio ardeu muito, mas em seguida foi uma delícia. Quando comecei a nadar, reparei que a dor do braço havia desaparecido completamente. Compreendi a razão. Tinha voltado a ser gente.[26]

Quero a presença e o poder de Deus. Quero conhecer em meus dias o que Nicolau von Zinzendorf conheceu em *Herrnhut*, o que Paulo conheceu em Éfeso, o que Pedro viu em Jerusalém. Tenho fome de Deus dentro de mim, fome da experiência atual de tudo o

---

26. C. S. Lewis, *The Voyage of the Dawn Treader* (1952; repr., Nova York: HarperCollins, 1994), p. 108-9. [*A viagem do peregrino da alvorada*. São Paulo: Martins Fontes, 2002.]

que Jesus conquistou para mim. A resposta de Deus ao meu desejo é simples, amorosa e direta: "Eu tiro a sua pele."

Davi sabia o que era ser despido e lançado naquela água — a princípio a dor e depois a alegria ingênua de mergulhar na liberdade e na inocência da infância restaurada. No salmo 51, a sua famosa confissão, ele usou quatro palavras diferentes para nomear seu pecado, mas dezenove palavras diferentes para ilustrar o perdão de Deus. Temos um número limitado de maneiras de pecar; seu perdão, porém, é ilimitado, infinito.[27]

"Os ossos que esmagaste exultarão", gritou Davi. Que o lugar de agonia esmagadora, o segredo que guardo sob a superfície, o peso que estou carregando se transformem em pura alegria — o tipo de alegria que dança, ri e exulta.

"Eu tiro a sua pele."

PRÁTICA
Sondando e nomeando

Começamos pedindo a Deus que nos sonde porque ele nos conhece ainda melhor do que nós mesmos. Podemos confiar nele para nos revelar gentil e amorosamente, em especial as partes que não vemos, as manchas repugnantes que podem ser óbvias para os outros, mas que estão escondidas para nós.

Depois de termos dado espaço ao autoexame, sempre confiando no Espírito Santo como agente de busca, estamos prontos para confessar. A confissão é tão simples e despretensiosa quanto parece. Tudo o que nos foi revelado, diga em voz alta a Deus. É isso. Quando a nomeamos a Deus, "trazemo-lo para a luz",[28] o que enfraquece o poder do pecado e invoca o poder da graça para a cura e a liberdade. Na maior parte do tempo, a confissão deve ser praticada em um relacionamento amigável, espiritual, maduro e confiável, permitindo ao confessor receber a absolvição ao ouvir o evangelho pregado a ele.

---

27. Esta ideia é de Eugene H. Peterson, *Leap Over a Wall: Earthy Spirituality for Everyday Christians* (São Francisco: HarperOne, 1997), p. 189-90.

28. Cf. 1João 1:5-10.

ORANDO COMO MONGES, VIVENDO COMO TOLOS

A maioria das pessoas vai para o túmulo sem nunca confrontar o falso eu — os padrões profundos de disfunção que governam seus pensamentos, sentimentos e comportamentos. Portanto, a maioria das pessoas vai para o túmulo sem nunca ter sentido a liberdade de viver como seu verdadeiro eu, sem ter entregado seu verdadeiro eu ao mundo e àqueles que amam. Viver à parte da confissão é uma tragédia absoluta, e descobrir a confissão é um dom indizível.

A confissão consiste em duas partes: sonda e nomeação. A sonda é a parte de Deus; a nomeação é a nossa parte.

Acalme o seu corpo e a sua mente. Espere em silêncio, abrindo-se ao Espírito de Deus, livre de todas as interferências possíveis. Em seguida, ore as palavras de Davi, reafirmadas como um convite: "Senhor, tu me sondas e me conheces." Espere. Preste atenção ao que poderá acontecer. Observe como Deus começa a revelar você a você mesmo. Confesse.

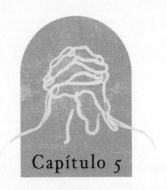

Capítulo 5

NA TERRA COMO NO CÉU

Intercessão

— Naquele dia, vocês não me perguntarão mais nada. Em verdade lhes digo que o meu Pai dará a vocês o que pedirem em meu nome. Até agora, vocês não pediram nada em meu nome. Peçam e receberão para que a alegria de vocês seja completa.

João 16:23-24

Fui distraído pela vibração do telefone de Kirsten na mesa de linóleo. Era terça-feira à noite, e eu estava sentado em uma igreja no Queens, Nova York, repleta de mesas redondas, cadeiras dobráveis de metal e café fraco em copos de isopor. A mesa à qual me sentei estava ocupada por outros pastores e seus cônjuges, que dedicaram algum tempo para aprender a comunicação saudável com um casal mais velho e sábio que havia se saído bem durante décadas.

Naquela noite em particular, não consigo me lembrar de nada do que eles disseram, porque estava muito distraído com a vibração do celular. Finalmente, Kirsten pegou-o e saiu. Era Kurt, seu pai. Ele estava tentando desesperadamente entrar em contato conosco. "O médico acabou de sair da sala. Van não vai sobreviver." Havia muito mais informações, mas sua voz falhou depois disso, foi abafada por uma onda de emoção.

ORANDO COMO MONGES, VIVENDO COMO TOLOS

O irmão de Kirsten, Van, que por acaso também é um dos meus amigos mais próximos (uma longa história), sentiu uma dor no peito que pensou ser azia alguns dias antes. Ele comeu camarão picante da grelha de um amigo e presumiu que a comida não tinha descido bem.

Quando foi a uma clínica em busca de um antiácido, o que ele pensou ser azia acabou sendo uma aorta rompida. Sua válvula mitral estava jorrando sangue internamente tão rápido que eles nem tinham certeza se Van chegaria vivo no hospital. Enquanto o médico explicava tudo isso a ele, que tinha pouco mais de 30 anos, uma ambulância em alta velocidade com sirenes ligadas estava indo buscá-lo na clínica.

Quarenta e oito horas depois, o principal cirurgião do Vanderbilt, o melhor hospital cardíaco dos Estados Unidos em termos de reputação, havia dado a notícia: "Ele não vai sobreviver. Diga à família para vir para cá o mais rápido possível."

Saímos da igreja imediatamente. Corremos para casa e reservamos o próximo voo. Na manhã seguinte, quando chegamos ao hospital em Nashville, a equipe médica já tinha mais informações. Van estava com uma cirurgia marcada — uma cirurgia que dava uma chance significativamente maior de matá-lo do que de curá-lo. Entretanto, ele estava morrendo, e essa era literalmente a única opção que restava.

Sentei-me no braço da poltrona ao pé de sua cama e apoiei a cabeça nas mãos, espiando por entre os dedos o peito tatuado de Van. Eles cortariam sua pele ao meio e abririam sua caixa torácica nas próximas vinte e quatro horas. Eu estava lá para me despedir de alguém ao lado de quem eu deveria envelhecer. Juntei todo o desespero e medo esmagadores, toda a esperança que consegui reunir, e conversei com Deus sobre isso. Eu orei.

Esse foi o começo da história. Foi assim que tudo terminou: alguns dias depois, Van acordou no mesmo quarto de hospital depois de um cirurgia bem-sucedida, o único paciente na história do hospital a sobreviver a essa combinação de múltiplas cirurgias com o coração aberto.

NA TERRA COMO NO CÉU

O cirurgião veio falar com a família. Ele chorou ao contar o momento em que a equipe médica, na sala de cirurgia, desistiu e declarou informalmente a morte de Van. Então, uma estudante de enfermagem, cuja única função era entregar a tesoura ao cirurgião, começou a orar por ele na sala de cirurgia. Imediatamente, o cirurgião localizou o sangramento que ele procurava sem sucesso nas últimas cinco horas, e Van sobreviveu.

Milagroso. Essa não é minha palavra. Foi assim que o médico não cristão e que não orava qualificou a situação enquanto contava a história, com lágrimas ameaçando transbordar de seus olhos.

Sim, a oração nos acalma, nos traz paz, nos ajuda a aceitar as coisas como elas são. A oração muda a pessoa que ora de dentro para fora. No entanto, mais do que isso, a oração também libera poder. A oração libera poder para realizar mudanças reais no mundo tangível.

O filho de Mônica

Mônica era uma mãe solteira. Ela tinha um menino. Era uma cristã devota que cantava hinos para seu filho na infância e orava todas as noites com a mão na testa dele.

O menino cresceu vendo o mundo de maneira bem diferente de sua mãe. Quando adolescente, tornou-se conhecido na cidade deles no norte da África como um mulherengo, e era frequentemente visto bêbado em público bem tarde da noite. Ele tinha um intelecto extraordinário e acabou se tornando um filósofo, canalizando toda a sua energia no combate à fé cristã de sua mãe.

Monica nao desistiu. Ela continuou a orar todas as noites pela salvação do filho, assim como fizera com a mão na testa minúscula dele quando era uma jovem mãe. Quando ele tinha 19 anos de idade, ela teve um sonho no qual acreditava que Deus estava prometendo responder às suas orações por seu filho.

Em resposta ao seu sonho, ela ficou mais intensa em sua oração. Um ano se passou, depois outro ano, depois outro. Não houve mudança. Nenhum momento de esperança. Nenhuma mudança de coração ou abertura para a fé.

ORANDO COMO MONGES, VIVENDO COMO TOLOS

Nove anos depois desse sonho, ele planejou viajar para Roma, conhecida por suas festanças e devassidão. Mônica ficou acordada a noite toda em intensa oração para que Deus impedisse sua viagem. Mal sabia ela que seu filho havia mudado seus planos e partiu para Roma naquela mesma noite. Ele já estava a caminho enquanto ela orava.

Nos dias daquela viagem, certa tarde, sentado sozinho em um jardim romano, o filho de Mônica ouviu a voz de Deus falando com ele. Perplexo, ele abriu as Escrituras que havia se dedicado a desprezar e refutar. Naquele momento, ele entregou sua vida a Jesus.

O nome do filho de Mônica era Agostinho, e ele passou a ser amplamente considerado o maior teólogo da história e se tornou um dos pais da igreja cristã primitiva. A oração libera poder.

Paralisada entre admiração e mistério

A oração é uma maravilha convincente. Deus agindo na terra em resposta a uma conversa com um ser humano? Como pode ser? Como pode haver um Deus tão poderoso e ainda assim tão pessoal? É melhor do que ousamos imaginar na maioria das vezes. Walter Wink exclamou com confiança: "A história pertence aos intercessores, que acreditam que o futuro existe."[1]

A oração também é um mistério confuso. Alguns leitores serão inspirados e motivados por histórias de orações respondidas, mas pelo menos a mesma quantidade de leitores ficará confusa, ou mesmo irritada, com as mesmas histórias.

"Que bom que seu cunhado foi curado, mas por que alguns são e outros não? E todas as orações semelhantes que ficaram sem resposta? Se insistimos em celebrar a ação divina, alguém pode explicar o silêncio de Deus?"

"Estou realmente feliz por Agostinho e sua mãe — estou mesmo. Mas por que Deus demorou tanto? Por que esperar décadas para responder a uma oração e depois responder? Existe algum tipo de equação divina com a combinação certa de tempo gasto orando, mais o número de pessoas orando, mais o método de orar que finalmente

---

1. Walter Wink, *Engaging the Powers* (1992; repr., Mineápolis: Fortress Press, 2017), p. 322.

104

chama a atenção de Deus? Ou Deus está desmotivado na maior parte do tempo e ela finalmente pegou Deus no momento certo? E em que outro contexto faz sentido reter esse tipo de poder durante anos? Essa história não fala mais da crueldade de um Deus com poder para agir, que realiza essa ação lenta, apática e aleatoriamente, mais do que da bondade de um Deus que age em resposta à oração?"

A questão que estamos discutindo é esta: "Minhas orações têm importância em algum sentido visível e tangível? Será que Deus está agindo da maneira que sempre faria, independentemente de eu orar ou não? Meus pedidos reformam exclusivamente meu coração em alguma equação divina ou carregam o poder de mudar pessoas, condições e circunstâncias reais no mundo em que habito? Minhas orações realmente importam?"

C. S. Lewis apresentou o argumento contra a oração imitando a voz de um cético:

> Mesmo que eu cedesse à sua opinião e admitisse que respostas de oração são em teoria possíveis, eu ainda acharia que elas são infinitamente improváveis. Eu não considero nada plausível a ideia de que Deus precisa do conselho desinformado (e contraditório) de seres humanos como nós para governar o mundo. Se ele é absolutamente sábio como vocês afirmam, por acaso não sabe o que é melhor? E, se ele é totalmente bom, não o fará independentemente de orarmos?[2]

Por mais que muitos de nós celebremos com os fervorosos fiéis que "a história pertence aos intercessores", muitos outros apenas encolhem os ombros com os céticos. É aqui que vivem as nossas orações — paralisadas entre a admiração e o mistério.

"A história pertence aos intercessores" — que maravilha convincente! Isto é, até que realmente comecemos a orar, e toda essa confiança e inspiração sejam afogadas por um *tsunami* de perguntas, dúvidas, confusão e decepções do passado.

---

2. C. S. Lewis, *Deus no banco dos réus*. Rio de Janeiro: Thomas Nelson Brasil, 2018 , p. 131.

ORANDO COMO MONGES, VIVENDO COMO TOLOS

Não me entenda mal, muitos de nós continuamos orando naquele espaço paralisante entre a admiração e o mistério, mas não oramos no caminho de Jesus. Nossas orações não refletem o sentimento de poder que as palavras do Filho do Homem geram em qualquer pessoa que realmente acredita nelas. Fazemos o tipo de oração mais seguro — aquelas tão passivas e vagas que nunca seríamos capazes de dizer se Deus respondeu a elas ou não.

Como um experimento mental, tente se lembrar de tudo pelo que você orou na última semana. Se Deus respondesse a cada uma de suas orações, o que aconteceria? Com exceção de uma ou duas pessoas particularmente ousadas ou ingênuas, a resposta geralmente é muito curta. O lugar entre admiração e mistério nos paralisa.

Os discípulos de Jesus disseram-lhe: "Senhor, ensina-nos a orar."[3]

Ele respondeu: "Quando vocês orarem, digam: 'Pai nosso, que estás nos céus [...].'"[4]

A maioria adora a linha de abertura. Linda! Um Deus e Pai para o mundo inteiro.

"Santificado seja o teu nome [...]."[5]

Puxa! Somos um pouco mais resistentes a essa parte. Isso faz Deus parecer um pouco narcisista, mas acho que, se existe um Criador tão poderoso e amoroso, ele merece alguma santificação. Então, podemos chegar lá.

"Venha o teu reino; seja feita a tua vontade na terra como no céu."[6]

É aí que ele nos perde.

A oração como forma de meditar e relaxar? Definitivamente.

A oração como exercício de centralização? Essencial.

A oração como canal para ser reformado de dentro para fora? Claro.

A oração que realmente funciona? O tipo de oração que se une a Deus para trazer a redenção e afastar as trevas? A oração que realmente faz diferença marcante no mundo visível e tangível, na vida das pessoas reais com quem interajo e nos problemas reais que elas enfrentam?

---

3. Cf. Lucas 11:1.
4. Mateus 6:9.
5. Mateus 6:9b.
6. Mateus 6:10.

NA TERRA COMO NO CÉU

O tipo de oração que traz o céu à terra? É aqui que as opiniões se dividem em todas as direções. É aqui que ele nos perde.

Para dar crédito a Jesus, ele fez tudo o que pôde para garantir que não nos perderia aqui. Ele nunca recuou ou qualificou sua declaração. Na verdade, Jesus continuou dizendo esse tipo de coisa. Aqui está uma amostra do que Jesus tinha a dizer sobre o assunto da oração:

> — Por isso, eu digo: Peçam, e será dado a vocês; busquem e vocês encontrarão; batam, e a porta será aberta a vocês (Lucas 11:9).

> — Portanto, eu digo que tudo o que pedirem em oração, creiam que receberão, e assim sucederá (Marcos 11:24).

> — E farei o que vocês pedirem em meu nome, para que o Pai seja glorificado no Filho. O que vocês pedirem em meu nome, eu o farei (João 14:13-14).

> — Se vocês permanecerem em mim, e as minhas palavras permanecerem em vocês, pedirão o que quiserem, e será concedido (João 15:7).

> — E tudo o que pedirem em oração, se crerem, vocês receberão (Mateus 21:22).

> — Portanto, se vocês, apesar de serem maus, sabem dar boas coisas aos seus filhos, quanto mais o seu Pai, que está nos céus, dará coisas boas aos que lhe pedirem! (Mateus 7:11)

Se realmente levássemos a sério o convite de Jesus, se realmente acreditássemos no tipo de oração que Jesus ensinou, a igreja moderna teria dificuldade em conseguir que o seu povo fizesse outra coisa *senão* orar. Na verdade, precisamos estar motivados *para* orar. E isso acontece porque a maioria das pessoas, mesmo os cristãos mais sérios e maduros, não aceita a oração como Jesus a descreveu, pelo menos não inteiramente.

É absolutamente verdade que a oração é em partes iguais admiração e mistério, mas, mais do que qualquer outra coisa, a oração é um convite profundo. A oração é, creio eu, o convite mais profundo que Deus nos oferece do outro lado da graça. E esse convite não é apenas para os piedosos ou sortudos; é para todos nós.

O tipo de oração "assim na terra como no céu" é tecnicamente chamado de "oração intercessora". Biblicamente, a nossa palavra intercessão vem da palavra hebraica do Antigo Testamento *paga'*, e no grego do Novo Testamento é *enteuxis*. A palavra deriva da palavra latina *intercedo*, que significa "colocar-se no meio".[7] Tanto nas expressões antigas como nas modernas, interceder significa estar e intervir entre duas partes para mediar. Em termos leigos, a oração intercessora significa simplesmente orar por outra pessoa.

O motivo por trás de toda verdadeira oração intercessora é o amor pelo outro. Jesus não está descrevendo uma versão real de desejos para um gênio cósmico que ocasionalmente se tornam realidade se você descobrir a fórmula mágica. Ele está falando sobre o tipo de oração que começa com amor por outra pessoa e termina em um convite à intervenção de Deus em lugares onde faltam esse amor. A intercessão é uma escolha voluntária e intencional de passar da espiral infinita para o eu — meus desejos, minhas necessidades, minhas circunstâncias — para os desejos, necessidades e circunstâncias de outro. Proferir até mesmo uma sílaba de oração intercessora é um profundo ato de amor.

Richard Foster escreveu:

> Se realmente amamos as pessoas, desejaremos muito mais por elas do que está ao nosso alcance dar-lhes, e isso nos levará à oração. A intercessão é uma forma de amar os outros [...] A oração intercessora é uma oração altruísta, até mesmo uma oração de doação abnegada. Na obra contínua do reino de Deus, nada é mais importante do que a oração intercessora.[8]

---

7. Veja Walter A. Elwell, ed., "Entry for Intercession", *Baker's Evangelical Dictionary of Biblical Theology* (Grand Rapids: Baker, 1997).

8. Richard Foster, *Prayer: Finding the Heart's True Home* [Oração: o refúgio da alma] (Nova York: HarperCollins, 1992), p. 191.

O plano original de Deus

Para ver o convite, para começar a recuperar o movimento do ponto de paralisação em que todos ficamos presos, precisamos começar do início. A história da oração, conforme apresentada nas Escrituras, pode ser resumida em quatro episódios (ou eras): Criação, Queda, Promessa e Jesus.

Criação: a vida que Deus planejou

Já na página inicial da Bíblia, no início do mundo, Deus criou Adão, cujo nome em hebraico significa "pessoa" ou "humano". Onde você e eu lemos "homem" ou "humanidade" na tradução de Gênesis para o português, lemos a mesma palavra hebraica traduzida como o nome pessoal "Adão" em outra parte da narrativa. Na verdade, a palavra hebraica é *adam*, escrita exatamente como em inglês.

A afirmação encontrada na página 1 da Bíblia, vinculada ao primeiro nome do primeiro homem da história, é esta: Esta não é apenas uma história de Deus e de um rapaz chamado Adão; esta é a história de Deus e de todos nós. É a história de cada indivíduo.

A grande questão existencial que atormentou todos os filósofos em toda a história registrada é mais ou menos assim: "Por que estamos aqui?" Para declarar teisticamente "Por que fomos criados?", Gênesis oferece uma resposta surpreendentemente direta a essa importante questão:

> Então, Deus disse:
> — Façamos os seres humanos à nossa imagem, conforme a nossa semelhança. Dominem eles sobre os peixes do mar, sobre as aves dos céus, sobre os animais de rebanho, sobre toda a terra e sobre todos os animais que rastejam sobre a terra (Gênesis 1:26).

Por que você foi criado? A resposta bíblica é para "dominar". E esse não é um tipo de domínio manipulador ou sedento de poder. É um tipo de autoridade *imago dei* (imagem de Deus), dominando sobre a terra

ORANDO COMO MONGES, VIVENDO COMO TOLOS

como um reflexo direto do caráter trinitário de Deus. Os seres humanos foram feitos para serem intercessores, participando com Deus na amorosa supervisão do mundo, separados, com a autoridade de Deus para dominar com amor altruísta.

Em hebraico, a mesma linguagem usada em Gênesis 1 para *dominar* foi atribuída a reis e rainhas. Dominar é uma tarefa real. O rabino lorde Jonathan Sacks resumiu: "Sabemos que no mundo antigo eram os governantes, imperadores e faraós que eram considerados à imagem de Deus. Então, o que Gênesis estava dizendo era que somos todos da realeza."[9]

Deus fez de Adão e Eva seus administradores aqui na terra — os intercessores de Deus encarregados de tomar as decisões. O salmo 115 expressa sem rodeios: "Os mais altos céus pertencem ao SENHOR, mas a terra, ele a confiou à humanidade."[10] É importante compreender o significado desta terra "dada". Deus não entregou completamente a terra às pessoas, tirou o pó de suas mãos divinas e prosseguiu para o próximo projeto. Ele manteve e *mantém* a soberania e a autoridade governamental final sobre as atividades de sua própria criação. Deus, porém, compartilhou *e compartilha* a responsabilidade de administrar a terra com as pessoas. Ou, para dizer biblicamente, Deus nos criou para ser seus intercessores.

Deus criou você e eu à sua imagem e nos deu uma criação a gerenciar. Este lugar que habitamos é a nossa missão: difundir a sua imagem em cada centímetro quadrado.

Queda: a vida que realmente vivemos

Qualquer pessoa que leia atentamente a história da origem, em Gênesis, deveria imediatamente fazer a pergunta óbvia: "Onde tudo deu errado?" Se o plano de Deus é que as pessoas dominem sobre a sua criação como portadoras da sua imagem, estamos fazendo um trabalho abaixo da média, e isso para dizer de maneira educada.

---

9. Rabino lorde Jonathan Sacks, "The Love That Brings New Life into the World: Rabbi Sacks on the Institution of Marriage" (keynote speech, Colloquium on the Complementarity of Man and Woman, the Vatican and the Congregation for the Doctrine of the Faith, Cidade do Vaticano, 17 de novembro de 2014), https://rabbisacks.org/love-brings-new-life-world-rabbi-sacks-institution-marriage.

10. Salmos 115:16.

NA TERRA COMO NO CÉU

O meio ambiente está desmoronando a ponto de os cientistas preverem datas para o fim de uma Terra que possa sustentar a vida humana. Os recursos naturais estão sendo roubados das nações onde são mais necessários e consumidos em excesso por aqueles que os têm em abundância. Metade das pessoas morre de fome, enquanto a outra metade morre de obesidade. Portanto, a pergunta óbvia para qualquer um que esteja lendo o final de Gênesis 2 é: "Onde a intenção de Deus para a criação deu tão terrivelmente errado?"

As Escrituras afirmam que toda essa disfunção é resultado de um engano. Você e eu perdemos quem somos. Perdemos o nosso papel como intercessores de Deus, coadministradores da sua criação.

A história é familiar. Satanás tentou Adão e Eva. Eles acreditaram no engano. E agiram com base nesse engano. Dor e sofrimento entraram em nosso mundo. E, com isso, a linha de comunicação entre Deus e as pessoas foi rompida.

O conflito de Gênesis é triplo: 1) Você tem um inimigo espiritual; 2) a arma desse inimigo é o engano; 3) o efeito desse engano é a paralisia. A autoridade para dominar sobre a criação de Deus, dada a você e a mim em Gênesis 2, foi usurpada por Satanás em Gênesis 3.

Russell, um amigo meu naturalmente descolado e atento à beleza, estava de férias fora de Nashville. Certa manhã, ele acordou antes do nascer do sol, subiu em sua moto e deu uma volta na sinuosa estrada rural a caminho de um local pitoresco que ele havia explorado. Seu plano era configurar sua câmera e capturar o nascer do sol usando a ferramenta *time lapse* para documentar a maravilha matinal daquela grande bola de fogo vista no horizonte.

Outro motorista o encontrou naquela manhã. Sua motocicleta estava tombada perto da estrada, e seu corpo estava estendido a vários metros de distância, respirando, mas sem responder. Um helicóptero o levou às pressas para o hospital, no que parecia ser uma tentativa fútil de salvar sua vida. Milagrosamente, dias depois, apesar de todos os motivos médicos para perder as esperanças, seus olhos se abriram. Ele estava vivo, porém sofreu uma grave lesão cerebral.

Durante meses, Russell morou em uma clínica de reabilitação onde trabalhou no treinamento da parte danificada de seu cérebro, que estava ligada às suas habilidades motoras. Sua atividade cerebral

ORANDO COMO MONGES, VIVENDO COMO TOLOS

estava funcionando bem, mas não dava para perceber isso olhando para ele. O pensamento inconsciente mais simples do dia a dia passava por sua mente, mesmo algo como: "Mova sua mão direita." Todavia, sua mão não respondia. Ficava ali, colada à coxa.

O dano, colocado em termos que pude compreender, foi "uma falha de comunicação em algum lugar entre a cabeça de Russell e sua mão." Ele ainda tinha toda a capacidade intelectual de um profissional talentoso e altamente criativo com quase 30 anos de idade, mas, na minha primeira visita, a enfermeira responsável o alimentou com pedaços de gelo. Houve uma quebra na linha de comunicação entre sua mente e seu corpo.

Ainda posso ver a expressão no rosto de Russell no dia da minha primeira visita. Enquanto a mão enluvada de látex da enfermeira deslizava um pedaço de gelo entre seus dentes, ele olhava para mim com os olhos arregalados, quase aterrorizado. Russell estava preso dentro de um corpo que não funcionava. Ele podia ver, pensar e desejar, mas sua ação estava paralisada. Todo o poder ainda estava lá, mas a linha de comunicação entre intenção e ação foi quebrada. Fiquei ali, sentado, olhando para ele com a mesma intensidade, embora, em vez de terror, meus olhos estivessem cheios de lágrimas. Eu queria tanto libertá-lo, contudo essa era uma fechadura que eu não conseguia abrir. A prisão estava dentro dele.

A condição em que ficamos depois de Gênesis 3 é parecida com essa. Estamos presos em uma falha de comunicação. Deus criou uma conexão inseparável entre sua mente e nossa ação. Somos o corpo de Cristo na terra,[11] mas a linha de comunicação foi interrompida na Queda.

Olhamos ao redor do mundo e vemos a disfunção que nos rodeia em todos os lugares — sofrimento, dor, injustiça, opressão —, mas não temos a capacidade de consertar o mundo, de "dominar", para usar a linguagem do Gênesis. Porque, em algum lugar entre a mente de Deus e a nossa ação, os sinais foram cortados. A prisão está dentro de nós. Carregamos a imagem e a autoridade de um Deus perfeito e amoroso. Ainda está tudo lá. No entanto, estamos paralisados por uma falha de comunicação.

---

11. Cf. 1Coríntios 12:27.

Promessa: a vitória viva

O profeta Isaías predisse o nascimento de um Messias vindouro: "Porque um menino nos nasceu, um filho nos foi dado, e o governo está sobre os seus ombros."[12] Deus estava anunciando sua vinda à terra como um de nós. O autor se inscreveu na história na pessoa de Jesus. "Um menino nos nasceu!" Essa frase é um emblema na véspera de Natal à luz de velas, mas é muito mais do que isso. "O governo está sobre os seus ombros." Essa é uma declaração política. É linguagem de autoridade. É uma questão de regra. Uma reafirmação adequada da promessa de Isaías seria: "Ele está vindo para reconquistar o papel que perdemos, para reparar a falha na comunicação."

Cumprindo a profecia de Isaías, Jesus disse: "Chegou a hora de este mundo ser julgado; agora será expulso o príncipe deste mundo."[13]

Por que você e eu fomos criados? Para dominar.

Do que Jesus chama de Satanás? Dominador. Linguagem usada em Gênesis.

O que Jesus promete? Reconquistar nosso domínio. A promessa de Gênesis.

No final dos Evangelhos, depois da vida, morte e ressurreição de Jesus, ele resume a sua vitória nas famosas palavras: "*Toda a autoridade me foi dada* nos céus e na terra."[14] Deus recuperou a nossa autoridade. Ele restaurou a mesma posição para a qual você e eu fomos criados. Ele entrou na tensão que sentimos o tempo todo e abriu caminho. Ele nos fez intercessores novamente.

Jesus: a restauração da oração

Na última noite da vida de Jesus, em um momento conversa franca com os seus discípulos, o apóstolo João registrou, sem dúvida, as palavras mais fortalecedoras e confusas que Jesus alguma vez disse: "Contudo, afirmo que é para o bem de vocês que eu vou. Se eu não for, o Conselheiro não virá para vocês, mas, se eu for, eu o enviarei."[15]

---

12. Cf. Isaías 9:6.
13. João 12:31.
14. Mateus 28:18, destaque adicionado.
15. João 16:7.

ORANDO COMO MONGES, VIVENDO COMO TOLOS

Parece uma frase de finalização de uma comédia. Jesus está dizendo, com uma expressão séria: "É melhor para vocês se eu for. Eu não sou bom para vocês. Não são vocês; sou eu." Ele está dizendo que, muito em breve, como diz Alan Jones, "ele irá deixá-los, e desta vez para sempre [...]."[16]

Pode parecer um discurso de término, mas a realidade não poderia estar mais distante disso. Jesus estava falando sobre a oração. Mais adiante, ele explicou: "Naquele dia, vocês não me perguntarão mais nada. Em verdade lhes digo que o meu Pai dará a vocês o que pedirem em meu nome. Até agora, vocês não pediram nada em meu nome. Peçam e receberão para que a alegria de vocês seja completa."[17]

Jesus está explicando inequivocamente: "Vocês se acostumaram a me trazer pedidos, necessidades, perguntas e reclamações pessoalmente, mas logo irão falar direto ao Pai, assim como me viram fazer." Ele está falando sobre oração.

A oração é o caminho que Deus abriu para nos levar de volta ao seu plano original. A oração é a maneira pela qual podemos governar, administrar e interceder por este mundo. A oração é a reparação da falha de comunicação que nos paralisa. Philip Yancey escreveu:

> De todos os meios que Deus poderia ter usado, a oração parece ser o mais fraco, o mais fugidio e o mais fácil de ignorar. Assim seria, a menos que Jesus estivesse certo nessa afirmação tão desconcertante. Ele partiu por nossa causa, como uma forma de partilha de poder, para nos convidar à comunhão direta com Deus e para nos dar um papel crucial na luta contra as forças do mal.[18]

Deus partilhou o seu poder convosco. Ele chama você de coadministrador do céu andando pela terra. A oração é como isso passa de um boato bíblico para a sua experiência cotidiana real.

---

16. Alan Jones, *Soul Making: The Desert Way of Spirituality* (Nova York: Harper & Row, 1985), p. 167.

17. João 16:23-24.

18. Philip Yancey, *Prayer: Does It Make Any Difference?* [Oração: ela faz alguma diferença?] (Grand Rapids: Zondervan, 2006), p. 143.

NA TERRA COMO NO CÉU

Jesus está dizendo claramente aos seus discípulos: "Até agora, vocês nunca oraram realmente, não como eu planejei. Mas, quando eu for ao Pai, vocês descobrirão a oração em meu nome." A antiga expressão "em meu nome" significa "sob minha autoridade". Orar em nome de Jesus significa orar com autoridade recuperada. Ele recuperou em nosso nome a autoridade para a qual fomos criados e a perdemos. "Em nome de Jesus" nunca foi concebido para se tornar apenas um *slogan* adequado no final das orações de cristãos experientes. É o exercício da vitória de Jesus. Orar é experimentar o mesmo acesso a Deus Pai que Jesus tem.

O estudioso do Novo Testamento Larry Hurtado escreveu: "Orar em nome de Jesus [...] significa que entramos no *status* de Jesus no favor de Deus e invocamos a posição de Jesus diante de Deus."[19]

Você não é Jesus. Contudo, se você é um seguidor de Jesus, toda vez que ora, se apresenta diante do Pai vestido com o manto e a coroa de um governante. Aos olhos do céu, você está cheio do *status* e da posição de Jesus.

Quando Deus recuperou sua autoridade, Deus estava reconquistando a oração.

Compartilhando o céu

O teólogo suíço Karl Barth disse certa vez: "Juntar as mãos em oração é o início de uma revolta contra a desordem do mundo."[20] A oração é o meio pelo qual afastamos a maldição que infectou o mundo e nos infectou.

Quando nos envolvemos na oração intercessora, amamos os outros com base nos recursos do céu. A oração é a maior autorização de segurança do céu — acesso gratuito para entrar na abóbada celestial, reunir tudo o que pudermos carregar e distribuí-lo ao mundo. Somos dominadores, determinamos como os recursos celestiais são distribuídos, e a intercessão é uma forma de dizer: "Veja, precisamos de algumas coisas daqui. Olhe, está faltando alguma coisa ali."

---

19. Larry W. Hurtado, *At the Origins of Christian Worship: The Context and Character of Earliest Christian Devotion* (Grand Rapids: Eerdmans, 1999), p. 107.
20. Citado em Yancey, *Prayer*, p. 118.

É a distribuição dos recursos de Deus nos ambientes familiares que compõem o nosso mundo desordenado — entre colegas de trabalho, colegas de quarto, vizinhos e estranhos; em bares, cafés e refeitórios sociais; em arranha-céus, conjuntos habitacionais, abrigos para moradores de rua e prisões. P. T. Forsyth escreveu: "A oração tem seu grande fim quando nos eleva a ser conscientes e mais seguros do dom do que da necessidade, da graça do que do pecado."[21]

A oração intercessora restaura simultaneamente o nosso mundo e restaura a identidade dada por Deus que foi soprada em nós primeiro. É a experiência ativa de restaurar a criação.

O segredo mais mal guardado da igreja

Sendo tudo isso verdade, e é absolutamente verdade, o segredo mais mal guardado na história da igreja é que a maioria das pessoas, mesmo a maioria dos cristãos, não gosta realmente de orar. Não me interpretem mal, ainda fazemos isso, principalmente por culpa, ou obrigação, ou porque sabemos que é bom para nós, o que faz da oração o equivalente espiritual de comer aipo.

No entanto, e se, de acordo com Jesus, você nunca orou de fato? "Até agora, vocês não pediram nada em meu nome."[22] E se você nunca se apresentou ao Pai vestindo as vestes de herdeiro, carregando a posição e o *status* de Jesus? E se você nunca se apropriou das riquezas armazenadas no cofre celestial? E se você nunca combateu a maldição ao lado de Deus? Ela já foi derrotada. Ele está apenas procurando intercessores para implementar a vitória já garantida na cruz.

"Espere aí, isso é oração? Bem, eu poderia acordar alguns minutos mais cedo para isso. Eu passaria minha hora de almoço de um jeito diferente por isso. Posso até pular uma ou duas refeições por causa disso."

Aqui está a melhor parte de toda a história, a parte que realmente me surpreende. Deus não precisa de intercessores gerenciando sua criação. Ele não está sobrecarregado com toda a responsabilidade de

---

21. P. T. Forsyth, *The Soul of Prayer* (1916; repr., Vancouver: Regent College Publishing, 2002), p. 12.

22. Cf. João 16:24.

NA TERRA COMO NO CÉU

supervisionar o mundo. Ele é onisciente, todo-poderoso e completamente fora do tempo. Ele tem isso em seu favor. Deus não precisa de intercessores; Deus escolhe intercessores.

Sonhamos com um Deus que traz o céu à terra. Deus sonha em orar com pessoas com quem compartilhar o céu.

Novamente, farei a pergunta mais simples: se Deus lhe desse tudo pelo que você orou na última semana, o que aconteceria?

A única razão pela qual faço essa pergunta é porque você é um governante, um coerdeiro com Cristo, um administrador de recursos celestiais. O que você está fazendo com toda essa autoridade? Se realmente levássemos Jesus a sério no convite à oração, o que aconteceria? O que aconteceria em você? O que aconteceria com sua comunidade? O que aconteceria na sua cidade? Não vale a pena descobrir?

Tornando-nos as nossas orações

Sentei-me ao lado de Diego no banco do ponto de ônibus, com a mala dele entre nós. Ele estava determinado a fugir, com um plano obscuro de como iria do terminal rodoviário Port Authority, na Times Square, até San Juan, em Porto Rico, onde sua irmã morava, com nada além do troco em seu bolso. Na melhor das hipóteses, era um plano maluco. Ele me ligou para se despedir, mas eu suspeitava que ele estava na verdade me convidando apenas para que alguém sensato o dissuadisse disso.

Conheci Diego alguns anos antes, quando eu tinha 16 anos de idade e estava entrando no nono ano do fundamental. Ele tinha sido repetido naquele ano e estava no caminho certo para desistir completamente dos estudos. Diego havia entrado no ensino médio com apenas o nível de leitura da terceira série. Fui apresentado a ele por seu professor, que frequentava a comunidade da minha igreja e sugeriu que Diego poderia ter um exemplo masculino.

Ele cresceu nos conjuntos habitacionais da Avenida D, o quarteirão mais perigoso da infame Alphabet City, em Nova York. Dado o local de onde veio, Diego estava notavelmente bem ajustado. Ele evitava problemas, mantinha boa frequência na escola e era um garoto

117

feliz, em geral. Isto é, até seu pai ser preso por posse e distribuição de entorpecentes.

Diego estava em casa durante a operação policial. Ele os observou algemar as mãos de seu pai nas costas e ler para ele o Aviso Miranda.[23] Nas semanas que se seguiram, descobriu-se que ele traficava drogas em seu apartamento e mantinha a mãe de Diego bem abastecida, resultando no que parecia ser um dano irreparável à mente e às emoções dela.

Poucos meses depois da prisão, o professor de Diego me apresentou a ele. Àquela altura, ele bebia muito e se dedicava muito menos à escola. Eu não tinha ideia de como ajudá-lo. Que chance ele tinha? O que significaria para ele seguir Jesus, para que o Reino viesse — em sua família, em seu lar, em sua vida aqui na terra — como é no céu?

Pete Greig escreveu: "A intercessão é impossível até que permitamos que as coisas que quebrantam o coração de Deus partam o nossos coração também."[24] Eu não tinha a menor ideia de como ajudar aquele garoto, mas sua história partiu meu coração, e isso me levou a orar por ele. Acordava diariamente antes do nascer do sol para percorrer um caminho de três quilômetros pela Avenida D que terminava no prédio de Diego. Nessas caminhadas, eu orava o Pai-nosso tematicamente, cada verso servindo como inspiração para o diálogo pessoal, demorando-me sempre mais na frase "Venha o teu reino; seja feita a tua vontade na terra como no céu." Orei essa frase principalmente por Diego ao me aproximar de sua casa, passando direto pelo banco do ponto de ônibus onde estávamos sentados naquela noite em particular.

O registro de Mateus da oração do Pai-nosso é dividido em dois conjuntos de três petições cada, em torno da frase "na terra como no céu" bem no centro, mantendo a oração unida como se estivesse encadernada em um livro. A primeira metade da oração nos leva à realidade de Deus. "As três primeiras petições tornam-nos participantes no ser e na ação de Deus", observou Eugene Peterson.[25] Os pronomes

---

23. *Miranda's Right* ou Aviso Miranda é a obrigação de informar o acusado de seu direito ao silêncio e consiste na conhecida frase: *"Você tem o direito de permanecer calado, e tudo o que disser poderá ser utilizado contra você no tribunal."* [N. do T.]

24. Pete Greig e Dave Roberts, *Red Moon Rising: Rediscover the Power of Prayer* (Colorado Springs: Cook, 2015), p. 88.

25. Eugene H. Peterson, *Tell It Slant: A Conversation on the Language of Jesus in His Stories and Prayers* (Grand Rapids: Eerdmans, 2008), p. 181.

NA TERRA COMO NO CÉU

contam a história — o teu nome, o teu Reino, a tua vontade. Teu, teu, tua. As três preposições finais convidam Deus a retribuir o favor — a introduzir em nós a sua realidade celestial, enquanto os nossos pés permanecem plantados no chão. Há uma mudança óbvia nos pronomes. Dá-nos, perdoa-nos, não nos deixes. Nós, nós, nós. Peterson continua: "A oração nos envolve profunda e responsavelmente em todas as operações de Deus. A oração também envolve Deus de forma profunda e transformadora em todos os detalhes de nossa vida."[26]

Eu não tinha ideia de que Deus me usaria como resposta às minhas próprias orações, mas é assim que a intercessão geralmente funciona. Às vezes, Deus moverá o céu e a terra, dobrando o espaço e o tempo para tecer uma narrativa sobrenatural em resposta às nossas orações. Contudo, Deus sempre propõe a oração para mudar o coração do próprio intercessor. As respostas profundas à oração vêm igualmente nas formas da ação independente de Deus e da ação parceira de Deus para reformar e trabalhar por intermédio da pessoa que ora. A oração intercessora geralmente trata do que o intercessor se tornou depois de terminar de orar.

Oração. Foi assim que acabei naquele ponto de ônibus no meio da noite. Em algum lugar, no meio de todas aquelas manhãs de oração, um pouco do amor sofrido de Jesus por Diego entrou em mim. Então, quando o garoto me ligou naquela noite, eu sabia que não havia outro lugar onde eu preferiria estar.

Por volta da 1h, depois de observar alguns ônibus passando, convenci Diego a dormir antes de tomar uma decisão final. Um ano depois, eu o estava levando para o Norte, com todas as bugigangas que ele tinha guardadas em meu carro. Ele havia se matriculado em uma pequena universidade estadual bem na fronteira com o Canadá. Diego não apenas se formou no ensino médio, mas também se tornou presidente do corpo estudantil durante seu último ano. Ele foi o primeiro de sua família a se matricular e depois se formar na faculdade.

Claro, a história de Diego é uma entre muitas, e nem todas têm finais de contos de fadas. Na verdade, a história dele ainda está no meio da trama, uma história contínua, mas a história dele é real, não

---

26. Peterson, *Tell It Slant*, p. 182.

ORANDO COMO MONGES, VIVENDO COMO TOLOS

um conto de fadas. E esta é uma história na qual me considero um participante privilegiado e improvável. E o tema por trás de tudo? Intercessão.

A intercessão nada mais é do que amor comum combinado com humildade sóbria. Eu amo Diego, e suas necessidades excedem minha capacidade; então, o que preenche o espaço entre o amor e a humildade? Oração. As poderosas orações de intercessão. E aqueles que ousam orar e continuam orando vivem as aventuras que correm em paralelo com o trabalho invisível e oculto da oração.

Uma casa de oração no Brooklyn

No inverno de 2019, depois de comemorar o ano-novo andando em círculos de oração pelo solo sagrado conhecido como minha escola pública, eu estava de volta ao Brooklyn (minha casa na época), liderando uma igreja de radicais comuns, loucos o suficiente para responder ao convite de oração de Jesus séria e pessoalmente.

Nós nos encontrávamos em uma sinagoga judaica reformada. Exceto por uma escada frágil no canto de trás, era apenas uma sala aberta com um palco na frente e pilhas de cadeiras Ikea frágeis dispostas nas manhãs de domingo. As escadas rangentes subiam até onde, em algum passado distante, havia uma pequena varanda. Nós a tínhamos convertido em duas salas, ambas com cerca de 2,5 x 3 metros. Uma delas era o escritório compartilhado de nossa modesta equipe; o outro se tornou um berçário onde amontoávamos muitos bebês em um quarto minúsculo com alguns voluntários corajosos todos os domingos. Nos outros seis dias da semana, a área ficava vazia.

Alguns de nós começamos a sonhar. E se dedicássemos aquele quartinho à oração?

Cobrimos as paredes com papel kraft, do tipo que um açougueiro raiz enrola em pedaços de carne. Em um canto, posicionamos um velho ajoelhador para oração com a madeira muito desgastada onde tantos joelhos haviam se apoiado. Uma Bíblia estava em cima dele, um lugar no qual as abrangentes promessas de Deus seriam transformadas em orações pessoais sussurradas. Outro canto abrigava uma bacia com água e uma toalha de mão. Acima deles havia porta-retratos com

NA TERRA COMO NO CÉU

versículos sobre perdão pelos pecados, um lugar para se confessar e ser restaurado, lavado e limpo. Uma cruz encostada na parede, com pregos pesados no chão em sua base, um livro de meditações sobre o custo de restaurar a brecha na comunicação com Deus. Em uma mesa perto da porta havia uma placa de ouro com algumas bolachas quebradas e uma taça de vinho — um lugar para provar a história da graça, do perdão, da redenção e da restauração. Uma placa pendurada do lado de fora da porta do berçário dizia: "Por favor, tire os sapatos. O lugar em que você está entrando é solo sagrado." Era honesta e cômica. Nosso "solo sagrado" ainda continha o mau cheiro de fraldas sujas do domingo anterior. Era um terreno comum, não havia como disfarçar isso. Mas foi se tornando sagrado para cada pessoa que tirava os sapatos e entrava, preenchendo o silêncio daquela sala com palavras de oração.

Recorremos ao movimento de oração 24-7 como inspiração — um agrupamento indisciplinado de comunidades de todo o mundo que estava em oração incessante havia quase vinte anos na época.[27] Dividimos seis dias da semana em intervalos de uma hora e convidamos as pessoas a se inscreverem (aos domingos funcionava como creche). Um líder do movimento gentilmente me aconselhou: "Se você não conseguir preencher as primeiras duas semanas antes de anunciá-lo à congregação, não terá a menor chance." Sabíamos que haveria uma forte disposição inicial, mas isso diminuiria gradualmente. Nosso apetite pela *ideia* de oração tende a ser mais forte do que nosso estômago pela *experiência real* da oração, infelizmente.

Implorei e insisti com a nossa equipe, com os nossos líderes e com os nossos fiéis mais comprometidos que se inscrevessem por pelo menos uma hora antes de fazermos o anúncio em meados de janeiro. Quase preenchemos as duas semanas. Não exatamente, mas estávamos perto. A maioria de nós nunca havia desligado o telefone, fechado a porta de um quarto e conversado com Deus por uma hora inteira e ininterrupta antes.

Inscrevi-me para a primeira hora, na manhã de sexta-feira. Quando saí, uma hora depois, havia rabiscado uma única oração na

---

27. Visite o site 24-7 em 24-7prayer.org.

121

parede; fora isso, estava intocado. Peguei um Uber direto para o aeroporto a fim de tomar um voo.

Quando voltei ao Brooklyn, uma semana depois, me inscrevi para mais uma hora. Cambaleei — isso não é exagero, realmente cambaleei — após entrar. Estava uma bagunça. Uma bela bagunça. As paredes estavam cobertas de orações. Pareciam as costas nuas de um entusiasta de tatuagens. Palavras, imagens e Escrituras se sobrepunham. Palavras sinceras, do tipo que você nunca ouve em um grupo pequeno de igreja, derramadas dos corações na parede, esperando por um Deus que respondesse. Nomes de amigos e familiares perdidos se espalhavam por toda a sala, logo acima do rodapé. Oração por salvação à espera do Bom Pastor, que deixa as 99 para buscar a ovelha perdida. Havia desenhos elegantes o suficiente para fazer Monet corar, corajosos o suficiente para deixar Banksy com ciúmes, e infantis o suficiente que poderiam ter sido esboçados pela mão de uma criança — todos eles obras-primas aos olhos do Único na plateia. Houve confissões, anseios, esperanças e medos. Fui cercado pelos gritos mais profundos da comunidade que amo, todos eles feitos vulneravelmente, aguardando uma resposta. Finalmente estávamos em condições de ficar deslumbrados ou decepcionados com Deus, sem meio-termo. O goleiro havia sido tirado de campo, a proteção removida, a segurança ativada.

"Tudo bem, Deus. Isso é o que tu estavas esperando, certo?" Foi isso que orei com um tremor na voz. Então, caí ajoelhado no meio daquela pequena sala, desmontado pela beleza de tudo aquilo.

Depois de duas semanas, as horas de oração que temíamos que não fossem preenchidas já estavam totalmente reservadas para aquele mês de oração incessante. Ninguém perdeu o apetite pela experiência comum da oração. Na verdade, muitos descobriram que tinham um desejo ardente por mais.

Se realmente levássemos Jesus a sério no convite à oração, o que aconteceria? O que aconteceria em você? O que aconteceria com sua comunidade? O que aconteceria na sua cidade? Nós decidimos descobrir.

PRÁTICA
Na terra como no céu

"Venha o teu reino; seja feita a tua vontade na terra como no céu."

É assim que Jesus nos ensina a interceder. Existem dois movimentos para a intercessão: liberar e pedir.

Seja feita a tua vontade. Essa parte da oração se trata de liberar o controle. Pense em algo em sua vida sobre o qual você está lutando pelo controle. Cite uma coisa que você nunca liberou para Deus, ou talvez tenha liberado no passado, mas está tentando recuperar. Quando você definir isso, dê um nome e libere-o. Peça enchimento do Espírito em vez de liberação, paz em vez de ansiedade, confiança em vez de medo, e assim por diante.

A postura pode ser útil no ato de oração. Ao abrir as mãos, imagine nelas alguma parte da sua vida que você esteja segurando com força e tentando submeter à sua própria vontade. Quando estiver pronto, vire as mãos, simbolizando fisicamente o desapego, entregando o controle a Deus, colocando essas circunstâncias aos pés de Jesus. Vire as mãos para cima mais uma vez, desta vez abertas para receber o fruto do Espírito no lugar daquilo que você acabou de liberar.

Venha o teu reino [...] na terra como no céu. Tendo liberado o controle e rendido a nossa própria vontade, estamos agora livres para ver a nossa vida, os nossos relacionamentos, a nossa comunidade e o nosso mundo pelos olhos de Deus. É desse lugar que pedimos com o coração cheio de fé e esperança.

Peça de maneira simples e clara que o reino de Deus chegue aonde ele estiver ausente — amigos fora do relacionamento com Jesus, necessidades na nossa cidade e no mundo, circunstâncias perturbadoras ou desafiadoras, doenças físicas ou mentais. Peça que Jesus venha — em qualquer lugar e onde você saiba que falta o reino de amor e paz de Deus.

Ao pedir, seja breve e específico. Temos a tendência de fazer orações prolixas e vagas quando pedimos, quase como se tivéssemos medo de apresentar nossos pedidos a ele com ousadia. Resista ao impulso de encobrir Deus ou facilitar as coisas para ele. Ele pode atender aos seus pedidos. Basta pedir.

Capítulo 6

PÃO DIÁRIO

Petição

> Louvor e ação de graças são sempre apropriados, certamente. E é certo que em nossas orações, no final tudo será louvor — o céu reverberando com o nosso amém e aleluias —, de modo que pôr em prática as escalas de exaltações é sempre uma boa ideia. Mas aqui e agora, pedidos, principalmente. Jesus nos ensinou a pedir.
>
> Eugene Peterson, *Leap Over a Wall*

Circulamos pelo estacionamento pela segunda vez. Eu estava sentado no banco de trás do SUV da minha sogra em um subúrbio abastado, alguns dias depois do Natal. O amplo shopping center estava repleto de franquias de restaurantes e de lojas, e não éramos os únicos que precisavam fazer uma parada rápida para devolver uma ou duas coisas após a troca de presentes na manhã de Natal. Ela circulou lentamente, esperando para atacar qualquer terreno de concreto desocupado no instante em que as luzes de ré de alguém se acendessem.

Foi quando a ouvi dizer isto para ninguém em particular. Bem, tecnicamente, foi para alguém em particular. Ela fez uma declaração muito pessoal, mas saiu de sua língua como uma reflexão tardia. "Jesus, ajude-nos a encontrar uma vaga para estacionar."

PÃO DIÁRIO

"Você está brincando comigo?", pensei no banco de trás.

Estamos dirigindo um veículo desnecessariamente grande por motivos que presumo serem estéticos, apesar do fato bem conhecido de que veículos deste tamanho consomem excessivamente recursos naturais limitados, e você tem a audácia de implorar ajuda ao Deus que criou este mundo que estamos saqueando de maneira tão impensada?

"Estamos esperando aproximadamente 120 segundos adicionais para entrar e trocar algumas roupas de que nem sequer precisamos. E você vai pedir ao Deus cuja chegada provocou a ordem de que "quem tem duas túnicas dê uma a quem não tem nenhuma"[1] para ajudá-la a escolher algo de mais bom gosto para nossos armários já abarrotados?

Com um semblante sério, você vai pedir a Deus para dobrar o arco do Universo na direção de sua necessidade consumista, quando 690 milhões de pessoas estão passando fome hoje,[2] e provavelmente vamos deixar as sobras de nossa geladeira transbordante das festas estragarem? Você não acha que Deus está muito ocupado cuidando da fome dessas pessoas para se preocupar com a nossa espera para entrar no shopping?"

Meu monólogo interno (graças a Deus, não disse nada disso em voz alta) foi interrompido pela voz dela. "Sim! Achei uma. Obrigada, Jesus!"

Essa história é principalmente uma hipérbole. Todos os fatos são verdadeiros, mas não sou tão insuportavelmente crítico. Perto disso, mas não tão ruim assim.

É aqui que muitos de nós ficamos presos quando se trata de orar — a parte do pedido. Jesus insiste nisso. Jesus insiste tanto em orações pela fome no mundo quanto em orações por vagas para estacionar. Ele não aceitará caso tratemos a oração de outra maneira. Bem no meio de

---

1. Cf. Lucas 3:11.
2. Veja "World Hunger: Key Facts and Statistics 2022", Action against Hunger, www.actionagainsthunger.org/world-hunger-facts-statistics.

uma oração tão cósmica como "Santificado seja o teu nome", tão apocalíptica como "Venha o teu reino", tão contrita como "Perdoa as nossas dívidas" e tão espiritual como "livra-nos do Maligno", Jesus inclui o inevitavelmente prático, circunstancial e imediato "Dá-nos o pão nosso de cada dia."[3]

A oração, na sua forma mais simples e direta, é pedir ajuda a Deus. Mas quais são as orientações para a "ajuda" que podemos e devemos pedir? Certamente existem alguns pedidos sinceros, egoístas ou impraticáveis o suficiente para que Deus simplesmente ria deles. Onde termina a minha vontade e começa a de Deus? Como posso pedir de maneira alinhada com a perspectiva eterna de Deus? Sobre o que vale a pena orar e o que é apenas a vida? E, no final das contas, Jesus realmente se importa com vagas de estacionamento?

Gratidão

O ponto crucial da oração instrutiva e exemplar de Jesus é a expressão "na terra como no céu". Duas afirmações estão ocultas nessa expressão. A primeira é que o céu é a casa das máquinas de nossas orações. Tudo o que pensamos em pedir encontra a sua fonte no céu. A segunda afirmação é que a terra, o próprio terreno em que pisamos enquanto manifestamos os nossos pedidos, é onde a ação acontece. O céu é a casa das máquinas, mas a terra é onde nossas orações são respondidas e se tornam visíveis. A terra é a atmosfera que o céu invade em resposta aos nossos pedidos.

Quando Jesus ilustra a oração pelos discípulos e pela multidão de parasitas, ele conta a história de um vizinho que precisava de — veja bem — pão. É uma linguagem real, uma linguagem terrena, uma linguagem honesta e cotidiana. É a linguagem do pão diário.

Os cristãos hoje tendem a preencher as suas orações com eufemismos e frases ouvidas apenas entre "Querido Deus" e "Amém". A certa altura, a igreja inventou uma linguagem de oração, que foi transmitida a muitos de nós. Jesus ensina um modo de oração que convida a linguagem comum que ouvimos no balcão da padaria, nas esquinas, em reuniões de negócios e durante uma saída com amigos.

---

3. Mateus 6:9-13.

PÃO DIÁRIO

Quando a linguagem que usamos em nossas orações é próxima, nossas orações tendem a ser próximas também. A linguagem comum nos impede de fazer orações pomposas que conduzam a atividade de Deus para algum lugar distante e imaginativo e, em vez disso, convida Deus para o aqui e agora, para as preocupações de hoje — o que vou comer, quem vou encontrar pela frente, o que vou fazer e como me sentirei sobre isso ao longo do caminho. Orações "na *terra* como no céu". Orações pelo pão diário.

Jesus inequivocamente extrai a oração das paredes sagradas, vitrificadas e ornamentadas da igreja e a transporta para a vida real e cotidiana. A oração não é a ascensão da alma a algum lugar místico; ela trata diretamente de nossas necessidades e desejos básicos do dia a dia. A oração trata das demandas, obrigações e privilégios deste dia.

Se orarmos pelo fim da fome global, mas negligenciarmos "dar graças" pelo arroz com feijão que compramos para o jantar desta noite, perderemos muita coisa. Se orarmos pela sustentabilidade ambiental, mas não sussurrarmos agradecimentos no início de uma caminhada de sábado à tarde, o nosso Deus será menor para os nossos problemas, não maior. Se orarmos por justiça para os funcionários das indústrias da moda no Leste Asiático, mas ignorarmos a necessidade daquela pessoa que telefona para nós durante o Natal, enquanto trabalha dois turnos em uma loja nas festas para sobreviver, trocaremos os pés pelas mãos. E, se julgarmos com facilidade as orações de outra pessoa sobre a vaga no estacionamento, certos de que conhecemos as prioridades de um Deus incompreensível, a nossa vida espiritual será sufocante e restrita, enquanto o Deus do outro será sempre envolvido, interessado, presente.

Se orarmos apenas por coisas grandes, limitando exclusivamente a nossa conversa com Deus aos pedidos objetivamente nobres, viveremos uma vida espiritual limitada, com pouco espaço para o Deus real que encontramos em Jesus. A gratidão é a recompensa dada por Deus para aqueles que têm ousadia e coragem para orar por pequenas coisas.[4]

---

4. Esta ideia é explorada em profundidade no maravilhoso livro de Pete Greig *How to Pray: A Simple Guide for Normal People* (Colorado Springs: NavPress, 2019).

Quando minha sogra estacionou naquela vaga, havia gratidão em seu coração e amargura no meu. O filósofo peruano e pai da teologia da libertação, Gustavo Gutiérrez, disse que a dieta básica da alma saudável consiste em oração, justiça e gratidão.[5] É possível (embora eu ache bastante improvável) que eu tivesse uma visão adequada da justiça e um ponto considerável sobre a oração na saraivada de meu próprio monólogo interno, mas minha alma estava murcha e fraca por falta de gratidão, enquanto a da minha sogra era saudável e expansiva.

Ronald Rolheiser, professor da Oblate School of Theology, afirmou sem rodeios: "Ser santo é ser alimentado pela gratidão, nada mais, nada menos [...] Apenas um tipo de pessoa transforma o mundo espiritualmente, alguém com um coração agradecido."[6]

Quando você imagina a face de Deus, que expressão ele tem? O Deus da sua imaginação é severo, sério, determinado e até irado? Ou talvez a sua visão de Deus seja aquela em que ele é indiferente, desinteressado, apático. Como você responde a essa pergunta lhe dirá muito sobre sua espiritualidade. Juliana de Norwich, uma anacoreta britânica do século 13, descreveu Deus como "completamente relaxado e cortês, ele próprio [Deus] era a felicidade e a paz de seus queridos amigos, seu belo rosto irradiando amor incomensurável como uma sinfonia maravilhosa."[7] Ela imaginou Deus grato e em paz na companhia de amigos, contente por amá-los, seu amor irradiando de seu rosto em um sorriso sobrenatural.

Existe um caminho para a gratidão escondido na oração — no pão nosso de cada dia. Pergunte e continue perguntando. Peça coisas grandes e pequenas. Orações "Venha o teu reino" e de gratidão antes do jantar. Quando oramos à maneira de Jesus, mantendo nossas orações tão comuns quanto nossas conversas cotidianas, colocamos um pé na frente do outro no caminho da gratidão.

---

5. Veja Gustavo Gutiérrez, *We Drink from Our Own Wells: The Spiritual Journey of a People* (1984; repr., Maryknoll: Orbis, 2003).

6. Ronald Rolheiser, *The Holy Longing: The Search for a Christian Spirituality* (Nova York: Doubleday, 1999), p. 66-67.

7. Julian de Norwich, *Enfolded in Love: Daily Readings with Julian of Norwich*, ed. Robert Llewelyn (Londres: Darton, Longman & Todd, 1980), p. 10.

Travando guerra contra o controle

No entanto, nem tudo são flores e unicórnios. A variedade de orações do "pão nosso de cada dia" também é um grito de guerra, uma declaração de batalha contra um dos mais ferozes inimigos da alma — o controle. Independentemente do número do eneagrama, da tipologia de Myers-Briggs,[8] do estágio da vida ou da educação, todos desejam ter o controle. Cada um de nós vive com o desejo insaciável de ter controle sobre nossa própria vida, uma atração inescapável por aquela mentira original: "Você pode ser seu próprio deus."

Como todo tipo de decadência, o controle é um desejo bom que está fora de ordem. O controle é um sintoma superficial de um desejo de frutificar no nível da alma. Queremos viver uma vida relevante. Queremos fazer uma diferença marcante no mundo, ser importantes de maneira pessoal e profunda. Entretanto, quando cerramos a mandíbula e colocamos esse desejo em ação, acabamos exaustos e oprimidos. A geração *millennial*, da qual faço parte, é a geração com maior consciência social, mentalidade global e orientação para a justiça na memória recente. Somos também os mais adoecidos mentalmente e cronicamente infelizes. Fazemos somente o que queremos com a nossa vida, canalizando livremente a nossa energia em objetivos escolhidos para o bem global, e ainda assim estamos completamente sobrecarregados, totalmente exaustos e cronicamente ansiosos. Esses são os sintomas de um desejo bom, porém fora de ordem.

Muitos fazem o seu monólogo interno subconscientemente, que é mais ou menos assim: "Quero viver uma vida frutífera e significativa, mas não tenho certeza se posso confiar em Deus. Posso confiar nele como minha resposta às grandes questões teológicas, mas não tenho certeza se posso confiar a ele os meus sonhos, as minhas esperanças, os meus planos. Posso confiar nele em última análise, mas duvido que possa confiar nele imediatamente. Então, estou controlando minha

---

8. A classificação tipológica de Myers-Briggs é um recurso para identificar características e preferências pessoais. [N. do T.]

ORANDO COMO MONGES, VIVENDO COMO TOLOS

vida com tudo o que tenho — microgerenciando meu entorno, minha percepção, meu próximo passo."

Quando confiamos a nossa visão de mundo a Deus, mas não a nossa experiência atual no mundo, somos vítimas da atração do controle. Quantos de nós estamos exaustos, oprimidos e com ansiedade crônica porque tentamos satisfazer bons desejos por meios errados?

O registro da oração do Pai-nosso em Lucas é mais curto e conciso do que o de Mateus. Na recordação de Lucas, que inclui apenas cinco petições, o "pão nosso de cada dia" é o terceiro pedido central, o eixo sobre o qual gira toda a oração. "Pão nosso de cada dia" é a batida do coração no centro da oração.[9]

Jesus nos ensina a incluir a súplica "Dá-nos" em nossas orações. A cada dia, conforme pedimos, ele nos livra do nosso vício pela independência, da nossa insistência em viver sob a ilusão de que podemos nos alimentar sozinhos daquilo que desejamos mais profundamente. Nossos pedidos não são o choro mimado de uma criança ou o chapéu com moedas e notas amassadas que um morador de rua balança quando passamos. As orações pelo pão diário são um lembrete diário de que não estamos no comando, não estamos no controle.

A oração substitui o controle pela confiança. Um desejo dado por Deus é apenas cumprido pelos meios dados por Deus.

Quero ouvir você dizer isto

Há uma sequência fascinante em João 5, quando Jesus se aproxima do tanque de Betesda, em Jerusalém. A superstição antiga dizia que aquele tanque tinha poderes curativos; muitos acreditavam que a primeira pessoa a tocar as águas a cada onda borbulhante receberia a cura milagrosa para suas doenças.

Quando Jesus chegou lá, ele encontrou um homem que estava incapacitado havia trinta e oito anos. Jesus fez uma pergunta interessante: "Você quer ser curado?"[10]

---

9. Veja Lucas 11:2-4.
10. João 5:6.

PÃO DIÁRIO

A questão é igualmente terna e (perdoe minha irreverência) completamente desnecessária. Isso não era óbvio? Aquele era um homem deficiente, deitado ao lado de um tanque para curas. Se você fosse Jesus, um rabino com reputação de curas milagrosas, entender o desejo de um inválido deitado ao lado de um tanque para curas seria mamão com açúcar.

É como se um paramédico chegasse ao local de um acidente de carro, corresse até os feridos ensanguentados e perguntasse às vítimas do acidente: "Vocês querem receber os primeiros-socorros?" Provavelmente, alguém questionaria: "Você está brincando com a minha cara? Por que preciso explicar o óbvio?"

A natureza desnecessária da questão é, naturalmente, agravada pelo fato de Jesus ser a imagem do Deus invisível. Deus sabe do que precisamos antes de pedirmos a ele (uma frase tirada diretamente dos lábios do próprio Jesus).[11] Então, quando Jesus diz ao enfermo: "Você quer ser curado?", é como se ele estivesse dizendo: "Quero ouvir você dizer isto."

A mesma cena se repete quando Jesus transforma água em vinho no casamento em Caná, quando ressuscita a falecida filha do líder da sinagoga, Jairo, e quando abre os olhos do cego Bartimeu.[12] Jesus repetidamente faz perguntas que convidam outros a pedirem o que realmente querem. "Quero ouvir você dizer isto." Antes de agir, Jesus procura o consentimento.

De capa a capa, as Escrituras apresentam este ponto abrangente quando se trata de oração: Deus quer que peçamos. Ele quer ouvir você e eu dizermos. Como Charles Spurgeon apontou, esta regra se aplica até mesmo ao próprio Jesus.

> Lembre-se, *pedir é a regra do Reino*... Lembre-se deste texto, Jeová diz ao seu próprio Filho: "Pede-me, e farei das nações a tua herança [...]" [Salmos 2:8, citado por Spurgeon na versão King James em seu sermão]. Se o real e divino Filho de Deus não pode estar isento da regra de pedir que ele adotou, você

---

11. Veja Mateus 6:8.
12. Veja João 2:1-10; Marcos 5:21-43; 10:46-52.

e eu não podemos esperar que a regra seja flexibilizada em nosso favor.

Ele conclui: "Se você pode ter tudo ao pedir, e nada sem pedir, rogo-lhe que veja como a oração é absolutamente vital, e rogo-lhe que abunde nela."[13]

Por que Deus está tão empenhado em nossos pedidos? Se ele sabe o que precisamos antes de perguntarmos, por que ele quer que lhe peçamos? Eu acredito que existam duas razões principais para a insistência de Deus em nos ouvir dizer o que ele já sabe que precisamos: relacionamento e capacitação.

Relacionamento

A história bíblica começa no relacionamento. O relacionamento perfeito existia quando não havia mais nada — um Deus trino e uno completamente suficiente. A Criação brota do transbordamento abundante desse relacionamento amoroso. O paralelo mais próximo que vemos do desejo de Deus de criar é um casal feliz, tão feliz em sua união que decide ter um filho. "Não seria incrível se um pouco de você e um pouco de mim criassem um ser completamente livre e independente, para que o amor que compartilhamos pudesse ser expresso e canalizado em outra pessoa?" Imagino que essa tenha sido a motivação no coração de Deus quando ele criou o homem e a mulher à sua imagem.

A história bíblica termina em relacionamento. Atualmente, o trabalho da igreja inclui missão, evangelismo, perseverança e justiça, mas chegará o dia em que todas essas coisas serão eliminadas. O céu, na sua forma mais simples, é a eternidade com Deus, sem nenhum trabalho a fazer. A missão está cumprida, o evangelismo feito, a justiça é a realidade eterna e a perseverança não é mais necessária. O objetivo final de Deus é apenas estar com você, desfrutá-lo para sempre e ser desfrutado por você para sempre.

---

13. Charles H. Spurgeon, "Ask and Have: No. 1682" (sermão, Metropolitan Tabernacle, Newington, Londres, 1º de outubro de 1882), www.spurgeongems.org/sermon/chs1682.pdf, itálico no original, destaque no original.

PÃO DIÁRIO

A comunicação é essencial para o relacionamento, principalmente porque pedir insiste na vulnerabilidade. Quando você pede alguma coisa a alguém, corre o risco de rejeição ou pelo menos decepção. Até que peçamos algo a Deus, ele não poderá nos decepcionar ou surpreender. Não podemos construir confiança em Deus sem pedir. Não podemos nos relacionar com Deus se nunca pedirmos. Sem pedidos, Deus é algo menos que um ser livre e relacional. Ele é uma máquina que realiza nossos desejos, talvez antes mesmo de nos tornarmos conscientes do que queremos. Pedir é o meio pelo qual construímos o relacionamento com Deus, meio que ele designou para desfrutarmos.

Jesus contou uma história sobre a oração que surpreendeu pela sua banalidade e irreverência:

> Então, Jesus lhes disse:
> — Suponham que um de vocês tenha um amigo e que recorra a ele à meia-noite e diga: "Amigo, empreste-me três pães, porque um amigo meu chegou de viagem, e não tenho nada para lhe oferecer"; e o que estiver dentro responda: "Não me incomode. A porta já está fechada, e eu e os meus filhos já estamos deitados. Não posso me levantar e dar a você o que me pede". Digo a vocês que, embora ele não se levante para dar-lhe o pão por ser seu amigo, por causa da importunação se levantará e lhe dará tudo o que você precisar (Lucas 11:5-8).

Essa história parece muito comum para a ação mística da oração, mas é a história, vinda diretamente da imaginação divina de Jesus, que ilustra a petição.

Essa história é relacional, tão confortavelmente relacional quanto tocar a campainha do vizinho para pedir uma xícara de farinha ou alguns ovos extras para o jantar, já que o mercado está fechado. Conversar com Deus não é um encontro estranho com um velho monge de barba branca no qual você tenta pensar em algo profundo para dizer. A oração é tão casual quanto uma conversa fiada. Pedir é a experiência da oração em sua forma mais relacional.

Capacitação

O relacionamento é o objetivo final de Deus, mas a capacitação é o seu plano para chegar lá. Jesus não veio apenas para redimir o mundo, como também para convidar pessoas como nós, homens e mulheres caídos, a participar dessa redenção. Talvez não haja maior meio de capacitação do que a petição.

Richard Foster escreveu: "Não estamos presos a um futuro predefinido e determinista. O nosso universo é aberto, não fechado. Somos 'colaboradores de Deus' [...] trabalhamos com Deus para determinar o resultado dos acontecimentos."[14] Isso certamente fará que mais do que alguns leitores se contorçam, mas não procurem além da Bíblia para descobrir a escandalosa afirmação bíblica de capacitação por meio da oração.

Em Êxodo 32, temos um vislumbre da vida de oração de Moisés. Para contextualizar, Deus está muito descontente com os israelitas, e a sua ira é bem fundamentada. Depois de libertá-los da escravidão, abrir o mar Vermelho, alimentá-los com pão do céu e matar a sede com água de uma rocha, eles começaram a adorar outro deus. O Senhor expressou sua ira, e, em resposta, Moisés orou, essencialmente chamando Deus de volta ao seu próprio caráter:

> — Por que diriam os egípcios: "Foi com má intenção que ele os libertou, para matá-los nos montes e bani-los da face da terra"? Abandona o furor da tua ira! Tem piedade e não tragas este mal sobre o teu povo! Lembra-te dos teus servos Abraão, Isaque e Israel, aos quais juraste por ti mesmo: "Farei que a sua descendência seja numerosa como as estrelas do céu e darei a ela toda esta terra que lhe prometi, que será a sua herança para sempre" (Êxodo 32:12-13).

Moisés manteve Deus fiel à sua palavra. Ele lembrou a Deus quem é Deus: "por ti mesmo". Ele não estava apenas implorando para lhe dar o que ele queria. É mais como se estivesse lembrando a Deus o que ele mesmo realmente queria dar.

---

14. Richard Foster, *Prayer: Finding the Heart's True Home* [Oração: o refúgio da alma] (Nova York: HarperCollins, 1992), p. 50-51.

PÃO DIÁRIO

Confira a resposta de Deus: "Sucedeu que o SENHOR se conteve de trazer o mal que ameaçara contra o povo."[15] Espere, o quê? Moisés confrontou Deus... e venceu? Sim. Algo parecido com isso.

A palavra *conteve* é a tradução da palavra hebraica *naham*, que também pode ser traduzida por "mudou de ideia" ou mesmo "se arrependeu". Deus *nahamed*. Deus mudou de ideia. Deus se arrependeu. Realmente? Isso é realmente o que as Escrituras afirmam.[16]

Isso não significa que Deus foi pego em pecado e se confessou. *Naham* não significa que Deus estava errado, mas que foi movido emocionalmente. A oração de Moisés comoveu o Criador do Universo em um nível emocional. Isso é o que a Bíblia ensina.

Aristóteles chamou Deus de "o motor imóvel". O Deus a quem Moisés orou é mais parecido com o "motor movido". Ele move céu e terra, mas também é móvel. Ele nos ouve. Ele realmente ouve e realmente se importa. Ele responde. Uma ideia assim sobre Deus pode parecer bastante radical, mas isso somente acontece porque muitos de nós temos um conceito de Deus formado mais por Aristóteles do que por Moisés.

Não me interpretem mal, há muito mistério aqui. Há tantas perguntas sem resposta. Claro, foi assim que aconteceu com Moisés, mas e Malaquias? Ele ouviu Deus dizer: "Eu, o Senhor, não mudo."[17] No entanto, Deus disse a Oseias: "O meu coração está transtornado; toda a minha compaixão despertou-se."[18] Como essas duas revelações a respeito de Deus podem ser igualmente verdadeiras? Porque Deus é um ser relacional a ser conhecido, não uma fórmula a ser dominada.

Quando se trata de qualquer ser relacional, teremos de nos sentir confortáveis com o mistério. Nunca conheceremos alguém tao profundamente que não reste nenhum mistério. Conhecerei e amarei minha esposa pelo resto da minha vida e nunca chegarei a conhecê-la completamente. Nunca eliminarei o mistério em meu relacionamento mais íntimo.

---

15. Êxodo 32:14.
16. Esta ideia foi explorada por John Mark Comer em *God Has a Name* (Grand Rapids: Zondervan, 2017), p. 61-62.
17. Malaquias 3:6.
18. Oseias 11:8.

ORANDO COMO MONGES, VIVENDO COMO TOLOS

É claro que seria perigoso formar uma teologia inteira com base nessa oração de Moisés, mas há um padrão bíblico definido apoiado por essa passagem: Deus responde de acordo com seu próprio caráter. Essa é a natureza dele. John Mark Comer conclui: "Deus é mais um amigo do que uma fórmula."[19]

A tendência em nossas igrejas modernas é despojar a Bíblia de mistério e reduzi-la a princípios "abstraíveis". A tendência é ler algo como Êxodo 32 e pensar: "Uau! Moisés e Deus realmente tinham algo especial ali", e então continuar a lançar orações indiferentes ao deus de Aristóteles, como se Moisés fosse algum tipo de cliente VIP com acesso diferente e especial a Deus. Na verdade, Jesus disse o contrário: "Quem é o menor no meu reino é maior do que aqueles que vieram antes de mim."[20] A verdade nua e crua é: "Você é maior aos olhos de Deus do que Moisés, porque carrega a autoridade de Jesus quando ora."

A Bíblia não é um livro para nos contar como as outras pessoas costumavam se relacionar com o Senhor; é um registro histórico da interação de Deus com seu povo que deveria estabelecer o fundamento e a expectativa para a interação de Deus conosco. As orações de Moisés nos dizem definitivamente que o Senhor ouve e se importa. Na verdade, Deus se importa tanto que fica emocionado com nossas orações.

Dallas Willard escreveu: "A 'resposta' de Deus às nossas orações não é uma charada. Ele não finge que está respondendo à nossa oração quando está apenas fazendo o que deveria fazer de qualquer maneira. Nossos pedidos realmente fazem diferença naquilo que Deus faz ou deixa de fazer."[21]

Para aqueles que pensam que tudo isso é apenas uma exceção do Antigo Testamento e que, depois de Moisés, Deus ganhou uma espinha dorsal mais forte e aprendeu a se manter firme, leia o que o autor do Novo Testamento Tiago escreveu pastoralmente ao cristão comum: "[Vocês] não têm, porque não pedem."[22]

---

19. Comer, 2017, p. 62.
20. Mateus 11:11, paráfrase minha.
21. Dallas Willard, *The Divine Conspiracy: Rediscovering Our Hidden Life in God* [A conspiração divina] (São Francisco: HarperSanFrancisco, 1998), p. 244.
22. Tiago 4:2.

PÃO DIÁRIO

É uma realidade inescapável do Novo Testamento que Deus compartilha livremente seu poder com seus filhos e filhas. É claro que muitas vezes Deus usa a espera prolongada e até mesmo retém o poder para formar algo essencial na vida interior da pessoa que ora. Da mesma forma, porém, Deus sacode o chão do templo sob os pés da igreja reunida, faz que os paralíticos fiquem de pé, cura os enfermos, liberta os dependentes e os endemoniados, e abre as portas das celas dos presos.

Boas dádivas

Concluindo seu ensinamento sobre petição, Jesus disse:

> — Qual homem, do meio de vocês, se o filho pedir pão, lhe dará uma pedra? Ou, se pedir peixe, lhe dará uma cobra? Portanto, se vocês, apesar de serem maus, sabem dar boas coisas aos seus filhos, quanto mais o seu Pai, que está nos céus, dará coisas boas aos que lhe pedirem![23]

Como uma ilustração do coração de Deus em relação às nossas petições, Jesus ofereceu a imagem de um pai que gosta de dar aos filhos o que eles precisam e desejam. Em nosso mundo de quebrantamento e necessidades tão óbvios, Deus gosta não apenas de redimir os erros, mas também de nos dar boas dádivas.

Lembro-me vividamente de ter voltado para casa depois de um dia muito longo no ano passado. Em um único dia, participei de uma reunião de ministros mobilizados para combater o ainda predominante racismo sistêmico nos Estados Unidos. Falei com o maior doador das campanhas contra a insegurança alimentar na cidade de Nova York sobre o potencial de tornar a nossa despensa local de alimentos em uma operação completa em razão de uma crescente crise de fome no Brooklyn. Aconselhei um casal que descobriu uma infidelidade em seu casamento, que produziu desconfiança entre eles e causou dor profunda. Com toda a destruição e necessidade do nosso mundo decaído

---

23. Mateus 7:9-11.

tão evidentes para mim, quando as portas do elevador se abriram no quarto andar e eu tirei as chaves do apartamento do bolso, ouvi a voz suave de Simon do lado de dentro: "O papai chegou em casa!" Ele correu e me abraçou quando entrei. Hank saiu de seu quarto e imediatamente perguntou: "Pai, podemos tomar sorvete esta noite?" Respondi sem pensar: "Sim, filho, vamos tomar sorvete esta noite."

O mundo está uma bagunça. Estou fazendo o meu melhor para ajudar mais do que prejudicar. E, ainda assim, diante de todo esse quebrantamento e necessidade, gosto de dar sorvete aos meus filhos. Adoro dizer sim ao que eles querem.

Deus é nosso Pai. Tem muita coisa acontecendo — muito mais do que nossa mente pode compreender a qualquer momento —, e ele ainda ama nos dar o que queremos, mesmo que sejam coisas aparentemente banais, como vagas de estacionamento.

Pedir. Isso é tudo que ele quer de nós.

PRÁTICA
Dá-nos hoje o pão nosso de cada dia

É tão libertador que, no meio de uma oração sobre a descida do céu à terra e a luta contra o mal, Jesus acrescente algo tão comum quanto o almoço de hoje. Então, vamos honrá-lo trazendo nossos pedidos cotidianos e comuns, com a certeza de que ele também os valoriza.

Passe alguns minutos em oração por necessidades e desejos específicos em sua vida. Eu desafio você, especialmente, a pedir por aquilo que acredita ser pequeno demais para levar a Deus — a reunião de trabalho que você espera muito que corra bem, a necessidade a que mal acredita que Deus atenderá, a resposta de e-mail pela qual verifica a sua caixa de entrada o tempo todo, a casa pela qual acabou de fazer uma oferta ou o valor para o aluguel que você não tem o dinheiro suficiente na conta bancária para quitar.

Pergunte como se estivesse desarmado diante de Deus, com especificidade suficiente para que ele tenha a chance de decepcioná-lo ou de surpreendê-lo. Pergunte com ousadia, com força suficiente para que você se pergunte se tem permissão para ir tão adiante com Deus.

Capítulo 7

A VOZ MÉDIA
Oração como participação

O conceito de espiritualidade denota que Deus está sempre fazendo algo antes que eu perceba. A tarefa então não é conseguir que Deus faça algo que eu acho que deve ser feito, mas discernir o que ele está realizando, de modo a responder à sua atuação, participando e me alegrando nela.

Eugene Peterson, *O pastor contemplativo*

"Uma vez lá dentro, foi como estar no meio da multidão lotada em um show de pop, todavia essas pessoas estavam passando amontoadas pelas portas para orar."

Alina contava sobre sua recente viagem a Mumbai, onde esperou na fila por quase uma hora apenas para entrar no Templo Siddhivinayak, dedicado a Ganesha, uma divindade reverenciada na tradição hindu. Era meio-dia de um dia qualquer, e o templo estava mais movimentado do que um shopping de periferia na Black Friday nos Estados Unidos. Ela e o marido haviam retornado recentemente de uma viagem à Índia, e essa era a experiência que não saía da mente dela. Nós quatro estávamos sentados ao redor da mesa da minha cozinha, com nossos recipientes de comida chinesa fumegando diante de nós, mas ninguém tinha dado uma só mordida na comida.

ORANDO COMO MONGES, VIVENDO COMO TOLOS

"Eu estava espremida ao lado de uma senhora idosa e frágil. Ela devia ter uns 80 anos e estava lá fora, sob o sol escaldante, sofrendo terrivelmente no calor, apenas para poder entrar naquele templo", continuou Alina, processando a experiência em voz alta conosco. "De repente, ela estava chorando alto enquanto lágrimas escorriam pelo seu rosto, chorando e falando em uma língua que eu não compreendia. E ela não estava sozinha. Havia muita gente ali. Cada um deles orava com mais desespero e desejo a um deus que eu nem acredito que exista do que jamais orei a Jesus."

Nossa fé será abalada quando virmos pessoas orando com maior devoção a um deus falso do que oramos ao único Deus verdadeiro. Alina estava se recuperando dessa experiência. Ela havia encontrado a oração em sua forma mais crua e ativa.

Curiosamente, é provável que do outro lado da rua ou talvez a um quarteirão de distância, alguém encontrasse um templo hindu cheio de pessoas igualmente devotas orando quase da forma oposta. Até certo ponto, os hindus, e particularmente os budistas, oram por meio de meditação silenciosa e reverente. O objetivo é o autoesvaziamento — render-se e entregar-se a um outro divino, uma paz iluminada e serenidade além de si mesmos. Essa é a oração na sua forma mais passiva e cerebral.

Lamento desesperado e quietude silenciosa, ativa e passiva. Ambos são expressões comuns de oração.

A maioria das pessoas conhece o tipo ativo de oração, isto é, tentar fazer que Deus adote a nossa própria vontade. Geralmente, com bons motivos, tentamos iniciar a ação de Deus. Apresentamos o nosso melhor e mais convincente argumento, traindo a suposição de que precisamos convencer Deus a fazer algo. E a maioria de nós também conhece o tipo passivo de oração: tentar deixar tanto Deus ser quanto deixar-nos simplesmente ser. Não pedimos nada. Na verdade, talvez até tentemos nos esvaziar do desejo de pedir, tentando alcançar um estado de paz com o que existe.

A Bíblia registra exemplos de oração ativa. Os fariseus oravam no contexto da moralidade pessoal, acreditando que, se toda a nação judaica pudesse ser obediente aos 613 mandamentos da Torá por apenas um dia, o reino de Deus viria. A presunção subjacente é que existe

140

A VOZ MÉDIA

um código que podemos decifrar. Haveria então alguma combinação de realmente querer e de provar que você realmente quer isso que chamaria a atenção de Deus.

Aqueles que se cansam de tentar decifrar essa charada recorrem frequentemente à oração passiva. Orar na tentativa de esvaziar-se, tornando-se oco e em harmonia com o Universo. A contemplação, porém, entendida biblicamente, não tem a ver com esvaziamento, mas com ser cheio — abençoado pelo Pai, revestido de Cristo, cheio do Espírito.

Nem a oração ativa nem a passiva foram o modo pelo qual Jesus orou.

A voz média

Jesus ora no que Eugene Peterson chamou de "voz média".[1] Na voz ativa, eu (o sujeito) sou o ator. Eu inicio a ação. "Eu dou conselhos." Na voz passiva, eu (o objeto) sofro a ação. Eu recebo a ação. "Recebo conselhos." No grego antigo, a língua original do Novo Testamento, existe uma terceira forma de falar — a voz média. "Eu aceito conselhos." A voz média significa: "Sou um participante ativo, mas a ação não começou comigo. Estou me juntando à ação de outro."

O grego antigo, assim como o latim, foi relegado às bibliotecas e aos cursos de pós-graduação, uma língua de estudo acadêmico, mas não de conversa comum entre amigos. Isso representa um problema bastante significativo quando se trata de aprender a orar da maneira que Jesus nos ensinou, porque em português falamos na voz ativa ou na voz passiva, mas a oração ocorre na voz média. Eugene Peterson, cujo trabalho é fundamental na definição desses termos, escreveu:

A oração e a espiritualidade caracterizam a participação, a participação complexa de Deus e do ser humano, da sua vontade e da nossa vontade. Não nos abandonamos à corrente da graça e nos afogamos no oceano do amor, perdendo a identidade.

---

1. Eugene H. Peterson, *The Contemplative Pastor: Returning to the Art of Spiritual Direction* (Grand Rapids: Eerdmans, 1993), p. 105. [O pastor contemplativo: descobrindo significado em meio ao ativismo, São Paulo, Mundo Cristão, 2008, 2. ed.]

ORANDO COMO MONGES, VIVENDO COMO TOLOS

Não mexemos os pauzinhos que ativam as operações de Deus em nossa vida, sujeitando Deus à nossa identidade assertiva. Não manipulamos Deus (voz ativa) nem somos manipulados por Deus (voz passiva). Estamos envolvidos na ação e participamos dos seus resultados, mas não os controlamos nem definimos (voz média). A oração ocorre na voz média.[2]

A voz média significa que sou um participante ativo, mas a ação começou com outro. Participamos da ação e colhemos os benefícios da ação. Não estamos totalmente ativos. A ação de Deus não depende da nossa iniciativa. Nem somos totalmente passivos. Deus escolheu, conforme sua vontade, agir quase exclusivamente em parceria com as pessoas. Quando oramos, tanto participamos da ação de Deus como nos beneficiamos dela. Nós *nos juntamos* a Deus. Toda a nossa interação com ele em oração acontece aqui — na voz média, a voz da participação.

Jesus não somente nos ensinou essa forma de oração, como também a viveu! Tomemos, por exemplo, a oração de Jesus em João 17:

— A minha oração não é apenas por eles. Peço também por aqueles que crerão em mim, por meio da mensagem deles, para que todos sejam um. Pai, como tu estás em mim e eu estou em ti, que eles também estejam em nós, para que o mundo creia que tu me enviaste.[3]

Portanto, em uma ação que começou com Deus ("como tu estás em mim e eu estou em ti"), Jesus quer que nos juntemos e participemos ("que eles também estejam em nós") — cujo resultado é que o mundo verá e acreditará. Isso é oração na voz média.

Jesus continua orando assim: "Dei-lhes a glória que me deste, para que eles sejam um, como nós somos um: eu neles, e tu em mim. Que sejam levados à plena unidade, para que o mundo saiba que tu me enviaste e os amaste assim como amaste a mim."[4] Novamente, em

---

2. Peterson, *The Contemplative Pastor*, p. 104.
3. V. 20-21.
4. João 17:22-23.

A VOZ MÉDIA

uma ação que começou com Deus ("a glória que me deste"), Jesus quer que nos juntemos e participemos ("Que sejam levados à plena unidade"), cujo resultado é: "o mundo saiba que tu me enviaste e os amaste assim como amaste a mim." Isso é oração na voz média, e é assim que soa a voz de Jesus na oração.

No Éden, a voz média era a única forma de comunicação. Adão e Eva participaram da ação de Deus: nomeavam os animais, colhiam no jardim, governavam e reinavam generosamente sobre todas as outras espécies. Nada daquilo que lhes foi confiado começou com eles. Tudo o que existe somente existe porque Deus disse a primeira palavra. No entanto, Deus também não pediu a Adão e Eva que se sentassem e o observassem governar. Ele convidou a participação deles até mesmo ao conceber a criação de uma forma que exija participação.

Quando os dentes de Eva cortaram aquela maçã crocante (ou, mais provavelmente, aquele figo) da árvore proibida, isso introduziu a voz ativa no mundo de Deus. E, quando Adão, igualmente culpado, timidamente passou a responsabilidade ("A mulher que me deste para estar comigo me deu o fruto da árvore, e eu comi"[5]), ele introduziu a voz passiva no mundo de Deus.

A voz média é a linguagem do relacionamento edênico. Na oração, Jesus nos convida a voltar ao relacionamento que conhecemos no Éden e depois perdemos no primeiro trágico ato de engano. O pressuposto da oração bíblica é que a ação de Deus sempre precede o meu pedido. O objetivo não é fazer que Deus saiba o que acho que ele deveria estar fazendo. Pelo contrário, o objetivo da oração é fazer-nos conhecer o que Deus está fazendo, tomar consciência disso, juntar-nos e desfrutar do fruto da participação. A oração é a recuperação do nosso papel na ordem criada por Deus, a recuperação da nossa verdadeira identidade e do relacionamento que define essa identidade para nós.

Orando com Maria

Maria é uma jovem, quase certamente uma adolescente, apaixonada por um rapaz e vivendo um futuro imaginado de conto de fadas. A

---

5. Gênesis 3:12.

idealista e inocente Maria acaba de receber a visita de um anjo para informá-la de que ela, virgem, está grávida. O Espírito de Deus foi o agente da concepção, e o próprio Senhor é o pai da criança.

Por um lado, essa notícia é emocionante para Maria. Deus está finalmente cumprindo todas aquelas promessas grandiosas anunciadas pelos profetas séculos antes. Deus não estava apenas cumprindo suas promessas, Maria deve ter pensado, mas ele as estava cumprindo em seus dias. Ela não leria as histórias do Messias em um pergaminho; ela as observaria com seus próprios olhos. E, se isso não bastasse, Deus a escolheu para o elenco de seu drama de redenção. Eram boas notícias!

Por outro lado, porém, a notícia era devastadora. Maria estava noiva. Você pode imaginar como seria tentar explicar a José que, sim, "estou grávida do filho de outra pessoa, mas não se preocupe, esse outro alguém é o Alfa e o Ômega"? Maria deve ter presumido que a notícia trazia consigo o custo do divórcio e o coração partido do homem a quem ela amava. Havia, além disso, a questão legal. As leis levíticas listavam a execução como pena para o adultério. Ela morava em uma cidade pequena. Não havia como manter as notícias em segredo. A menos que ela acabasse com um noivo particularmente compreensivo e um juiz extraordinariamente leniente, ela seria uma mãe solteira no corredor da morte ao fim daquela semana. Sua família se distanciaria dela. Eles teriam de fazer isso, a menos que quisessem ser expulsos do templo também. Na melhor das hipóteses, ela viveria uma vida tranquila e solitária, com uma mancha permanente do estigma social e do julgamento religioso. Eram boas notícias, mas essas boas notícias certamente custariam caro.

Então, Maria, com todos esses pensamentos em sua mente enquanto ouvia a explicação do anjo, respondeu simplesmente: "Sou serva do Senhor; que aconteça comigo conforme a tua palavra."[6] É uma experiência impressionante de oração de entrega e participação. É a oração na voz média em meio à bagunça da vida cotidiana.

Orar na voz média é uma participação na ação de Deus. É um reconhecimento do nosso lugar na sua ordem criada, nós, que somos

---

6. Lucas 1:38.

A VOZ MÉDIA

destinatários da sua ação e respondentes a ela. A atividade de Deus é como a corrente do rio Mississippi. Podemos concordar com isso, entrar nele e nadar livremente junto à força da água. Também podemos negar sua atividade, nadar contra a corrente e combatê-la agitando os braços e chutando os pés. De qualquer forma, vamos com o rio. Ninguém vence uma luta contra esse tipo de corrente. Você pode concordar com isso e seguir em frente com ajuda, ou pode lutar contra isso e ser empurrado, até ficar exausto. A única coisa que você não pode fazer é fingir que a correnteza do rio é um lago de águas paradas.

Quando Maria orou com uma fé impressionante: "Sou serva do Senhor; que aconteça comigo conforme a tua palavra", ela estava transformando suas tarefas diárias — consultas médicas, nutrição adequada e três trimestres de desconforto — em uma participação na redenção de Deus. Ela estava cooperando com a atividade de Deus no mundo e dentro dela. O resultado foi uma bênção divina: "de agora em diante, todas as gerações me chamarão bem-aventurada".[7]

Eu quero isso também. Quero o que vejo em Maria. Quero cooperar com a obra redentora de Deus neste mundo destruído. Quero nadar com a corrente, acelerando sem esforço, remando com os braços e chutando as pernas, mas também impulsionado por uma corrente mais forte. Quero cooperar com a obra de Deus em mim, convidando-o a formar os meus desejos, pensamentos, emoções e ações, todos eles irremediavelmente desordenados pela linhagem caída da qual faço parte. Quero que o Espírito de Deus me reformule por dentro, como um mecânico experiente faz com um carro clássico, fazendo-me funcionar de acordo com o projeto.

Há uma frase no salmo 112 sobre a qual dificilmente passo uma semana sem refletir: "Certamente o justo jamais será abalado; para sempre se lembrarão dele. Não temerá más notícias; o seu coração está firme, confiante no Senhor."[8] Não temerá más notícias? Você consegue imaginar viver com esse tipo de resiliência? Minha psique é frágil. Não há nada que eu tema mais do que más notícias. Diariamente, caio na ilusão de que a paz é ter todas as partes dispersas da minha vida

---

7. Lucas 1:48.
8. Salmos 112:6-7.

ORANDO COMO MONGES, VIVENDO COMO TOLOS

na ordem certa, sob a ilusão do meu próprio controle. No segundo em que "meu plano" é frustrado pela imprevisibilidade da vida, o medo imerge em minhas entranhas como um mergulhador olímpico.

Com aquela aparição angelical, a vida que Maria estava idealizando, o futuro que ela esperava, parecia ter sido demolida, despedaçada em incontáveis fragmentos minúsculos. E qual foi a resposta dela? "Sou serva do Senhor; que aconteça comigo conforme a tua palavra." Essa é uma resiliência que não tenho, mas desejo ter.

A oração é o meio pelo qual abrimos o nosso mundo interior à obra do Espírito dentro de nós e dizemos: "Sim, faz o que quiseres." Ao orarmos na voz média, consentimos com a obra profunda do Espírito interior, mais profunda até do que a linguagem, tornando-nos pessoas resilientes em um mundo frágil, sem medo de más notícias.

Orando com Jesus

No extremo oposto do Evangelho de Lucas, quando a história que começou com a oração da voz média de Maria está chegando ao fim, Jesus orou palavras quase idênticas: "Pai, se queres, afasta de mim este cálice; contudo, não seja feita a minha vontade, mas a tua."[9] A vida de Deus, que foi recebida em oração por Maria, foi vivida em oração por Jesus. Na noite mais angustiante e definidora de sua vida, Jesus orou as palavras de sua mãe. Ele deve tê-la ouvido orar quando criança, o Criador imerso na voz de oração de sua própria criatura. E não posso deixar de me perguntar se, quando confrontado com a confusão da redenção em um mundo caído, Jesus não pensou em sua mãe, encontrando resiliência ao final de sua vida no mesmo lugar em que ela a encontrou no início.

Você conhece essa vida de participação consentida? À medida que o tempo passa e a sua própria falta de controle se torna mais aparente, você tem crescido em resiliência ou em ansiedade? As suas orações são principalmente as exigências da voz ativa, insistindo na libertação de circunstâncias que não se alinham com o seu plano? Ou são os murmúrios apáticos da voz passiva, representando um papel

---

9. Lucas 22:42.

A VOZ MÉDIA

em um enredo espiritual no qual você não acredita realmente que tem uma função participativa e consequente? Descubra a oração na voz média. Deus é soberano, mas a sua soberania é participativa. "Quanto melhor um homem aprende a orar," escreveu Hans Urs von Balthasar, "mais profundamente ele descobrirá que toda a sua gagueira é apenas uma resposta ao fato de Deus falar com ele",[10]

O dano colateral da intimidade

Orar como Jesus nos ensinou, na voz média, é tanto uma identidade restaurada como parceiros escolhidos por Deus (dentro da pessoa que ora) quanto participação na graciosa obra de recriação de Deus (no mundo ao redor da pessoa que ora). Deve-se notar, portanto, que a oração é um negócio arriscado. Na minha experiência, Deus tem o hábito de nos convocar em resposta às nossas próprias orações.

Você não precisa acreditar apenas na minha palavra. Madre Teresa, certamente uma das seguidoras de Cristo mais respeitadas do século 20, rejeitou qualquer visão da sua vida como ativista. No seu discurso de aceitação do Prêmio Nobel, ela afirmou que qualquer pessoa que considerasse a sua vida como uma questão de trabalho social ou mesmo de compaixão estaria equivocada. Na realidade, acreditava que ela e suas companheiras de vocação não eram nada mais do que "contemplativas no coração do mundo".[11] Ela estava dizendo que tudo pelo que estava sendo premiada — cuidar dos pobres, reabilitar os viciados, criar uma comunidade de amor celestial em um bairro miserável — aconteceu acidentalmente em resposta à oração.

Em outras palavras, sua vida consistia em estar com Deus e responder de acordo. A justiça social foi simplesmente a resposta natural para estar com Jesus. Madre Teresa não era uma ativista; ela era uma pessoa de oração — oração na voz média. Todo o seu

---

10. Hans Urs von Balthasar, *Prayer* [Oração], trad. Graham Harrison (São Francisco: Ignatius, 1986), p. 14.
11. "Madre Teresa" (palestra, Comitê Norueguês do Nobel, Oslo, Noruega, 11 de dezembro de 1979). Veja "Mother Teresa Nobel Lecture," NobelPrize.org. www.nobelprize.org/nobel_prizes/peace/laureates/1979/teresa-lecture.html.

ministério ativo nada mais foi do que reconhecer e se juntar a uma ação que começou com Deus. A oração, quando bem compreendida e praticada, é a semente da qual crescem os frutos.

A intimidade leva à frutificação, não o contrário. Aqueles que priorizam um relacionamento amoroso com Deus, encontrando-se com ele em oração em momentos furtivos ao longo do dia, longos períodos de contemplação disciplinada e apelos ardentes de intercessão, são aqueles com quem ele compartilha seu poder divino.

O próprio Jesus disse: "O meu Pai é glorificado pelo fato de vocês darem muito fruto."[12] O fruto, porém, vem da intimidade. A frutificação vem porque amamos Jesus e queremos estar com ele. Quando esse é o nosso coração, a expressão desse relacionamento começa a parecer justiça no mundo, compaixão pelos outros e paz no nosso ser interior. É sintomático de disfunção espiritual passar tempo com Jesus e não ser convocado a participar da resposta às nossas próprias orações.

Biblicamente falando, a oração interior e a compaixão exterior são inseparáveis. O termo hebraico para justiça pessoal é *tsedaqah*, e o termo hebraico para justiça externa é idêntico: *tsedaqah*. Isso é crucial, porque implica que a compreensão bíblica histórica da devoção a Deus era esta: ser justo é cuidar dos pobres, e cuidar dos pobres é ser justo, e é por isso que profetas como Isaías e Amós ficaram tão preocupados sobre pessoas que eram interiormente devotas, mas exteriormente descomprometidas. No antigo entendimento hebraico de justiça, uma comunidade da prática espiritual piedosa e privada sem igual devoção à dispendiosa compaixão pública não era apenas disfuncional, mas também paradoxal.

Jesus confrontou os sacerdotes de sua época em Lucas 11: "Vocês, fariseus, limpam o exterior do copo e do prato, mas o interior de vocês está cheio de ganância e de maldade."[13] Foi uma acusação pungente, talvez uma que ele faria com a mesma veemência contra nós. Contudo, preste atenção ao antídoto que ele prescreveu para uma justiça pessoal desprovida de misericórdia nos versículos a seguir: "Deem, porém, o que está dentro do prato como esmola e verão que

---

12. João 15:8.
13. V. 39.

A VOZ MÉDIA

tudo ficará limpo em vocês."[14] Uma vida de fé sem misericórdia é um reino que o Rei não reconhece. É impossível conhecer Deus por meio da oração privada sem participar igualmente com Deus na misericórdia pública.

Oração e missão se combinam, andam de mãos dadas. Orar é ser convidado para uma missão incômoda. Orar é ser levado pela mão a lugares destruídos, a estar com pessoas machucadas e conferir partes quebrantadas dentro de você. Jesus se sente em casa na companhia dos desajustados, marginalizados, oprimidos e párias; por isso, se você passar algum tempo conversando com Cristo, é melhor acreditar que ele o convidará a acompanhá-lo aonde ele estiver indo. N. T. Wright escreveu: "A vocação cristã é estar em oração, no Espírito, no lugar onde o mundo está sofrendo."[15] A proximidade com a dor confere credibilidade e poder às nossas orações.

Devemos ter em mente, porém, que, quando fazemos da frutificação o objetivo, ultrapassando a intimidade, cometemos um erro bem-intencionado, mas trágico. Quando tentamos cumprir a missão de Jesus sem fundamentar cada ação na intimidade com ele, muitas vezes passaremos pelas portas mais fortes. Podemos dizer que muitas ações sociais positivas foram realizadas em nosso mundo por intermédio de ativistas sérios que mantinham os dentes cerrados e o coração atencioso. Contudo, na maioria das vezes, essa motivação não termina nos frutos do Reino. Embora tais ações muitas vezes comecem assim, tendem a terminar em exaustão e ressentimento.

Uma das maiores tragédias que observei na igreja é que aqueles que, em nome de Jesus, se tornam os mais dedicados ao ativismo social muitas vezes começam com o coração puro, mas, em algum momento ao longo do caminho, muitos deles acabam frios e críticos em relação à igreja. A obra de misericórdia é muitas vezes assumida por aqueles mais impiedosos para com os seus irmãos e irmãs. O problema não é o trabalho de compaixão, misericórdia e justiça; em vez disso, o problema é a busca pela frutificação independente da busca igualitária pela intimidade. A oração é a fornalha que alimenta a missão.

---

14. V. 41.
15. N. T. Wright, *The Challenge of Easter* (Downers Grove: InterVarsity, 2009), p. 53.

Quando oramos com Jesus, nós — quase acidentalmente — começamos a fazer o tipo de coisas que Jesus fez. É como se não pudéssemos evitar. A intimidade na oração é o caminho para a frutificação duradoura.

Nossa vida é sobre intimidade. A frutificação é o ganho colateral dessa intimidade.

PRÁTICA
Orando com Maria

"Sou serva do Senhor; que aconteça comigo conforme a tua palavra."[16]

Essa é a oração na voz média. Que a oração de Maria sirva de modelo para você, as palavras dela iniciando uma linha de pensamento com Deus à qual você adiciona temática e espontaneamente.

Orar as palavras de Maria é como andar de bicicleta com rodinhas. Usamos essas frases como proteção por um tempo, à medida que nos acostumamos com a sensação de equilíbrio sobre duas rodas, que a princípio parece uma corda bamba. No entanto, as rodinhas são sempre projetadas para serem removidas. Ao orarmos a oração de Maria, esses movimentos se tornam nossos. À medida que avançamos, todas as nossas orações se tornam o tipo de oração participativa que Jesus nos ensinou. Devemos, porém, começar lenta e deliberadamente.

"Sou serva do Senhor"

A primeira afirmação é de identidade. É um lembrete do meu lugar na ordem criada por Deus. O mantra persistente do mundo ocidental, mesmo dentro da igreja, é uma barragem de autoinflação: "Você é mais importante do que jamais sonhou. Deus tem um destino feito sob medida para você e quer usar sua vida para grandes coisas!" Claro, há muita verdade nisso. No entanto, diante desse lembrete ininterrupto, sinto-me profundamente reconfortado ao lembrar que entrei em uma história na qual não estou interpretando

---

16. Lucas 1:38.

o papel principal. Sou um figurante no fundo de uma única cena em uma narrativa que é mais grandiosa, mais complexa e mais redentora do que eu poderia imaginar. Esta é uma história sobre Deus. Ele é o protagonista, no centro de cada cena. Eu sou um *servo* do Senhor. E isso, ao que parece, é mais que suficiente para mim.

Contudo, sou servo *do Senhor*. Pertenço ao Rei dos reis e sirvo no Reino que sobrevive a todos os outros. Não há voz, nem força, nem condenação que possa me tornar menos dele.

Comece a sua oração lembrando-se dessa identidade humilde, mas profundamente dignificante. Deixe de lado toda autovalorização e bajulação. Da mesma forma, deixe de lado todo desânimo, dúvidas e insegurança. Você é um servo e pertence ao Senhor.

"Que aconteça comigo conforme a tua palavra"

A segunda afirmação é de vocação e participação. É um consentimento para a obra do Espírito em mim e por meu intermédio. Orar essas palavras é procurar nas circunstâncias que vivo hoje (geralmente circunstâncias nas quais gostaria de fazer alguns ajustes) o convite de Deus. É dizer sim à formação de Deus em mim, fazendo de mim uma dádiva de amor ao mundo, uma resposta às minhas orações mais audaciosas. É também um sim à obra de Deus por meu intermédio, chamando-me para um papel particular na sua redenção contínua agora mesmo, hoje mesmo! O consentimento para a obra de Deus é aceitação e participação — aceitação de que Deus está aqui e agora, neste momento, nestas circunstâncias, nestas relações; participação no convite de Deus quando o reconheço aqui, na bagunça.

Passe agora para orações de consentimento. Onde você reconhecer Deus trabalhando em sua vida interior, agradeça-lhe por isso e peça que ele complete o trabalho que começou, refazendo você à imagem dele. Onde você reconhecer que o Espírito dele o convida a agir, diga sim. Comprometa-se a ir, a dar, a perdoar, a incluir, a desacelerar, a descansar, a ver, a esperar, a acreditar, a servir, a falar, a ouvir, a esperar, a amar.

Capítulo 8

A ORAÇÃO LABORIOSA
Orando pelos perdidos

Então, Elias disse a Acabe:
— Vá comer e beber, pois já ouço o barulho de uma forte chuva. Acabe foi comer e beber, mas Elias subiu até o topo do Carmelo, curvou-se até o chão e pôs o rosto entre os joelhos.

1Reis 18:41-42

D. L. Moody, um pregador itinerante do final do século 19, foi um dos evangelistas mais influentes da igreja moderna. Ele foi um dos nove filhos de uma mãe solteira que lutava para colocar comida na mesa todos os dias. Vendedor de sapatos em Boston, com apenas o quinto ano do ensino fundamental, Moody aceitou a fé aos 17 anos e começou a pregar para adolescentes negligenciados e marginalizados logo em seguida. Anos mais tarde, Moody passou a viajar pelo mundo, atraindo multidões de até 30 mil pessoas para ouvir seus sermões. Muitos o consideram o maior evangelista do século 19.

Embora o fruto do seu ministério fale por si, a sua metodologia não era inovadora nem impressionante. Hoje, estamos acostumados a testemunhar ondas de salvação — o resgate dos perdidos, a aproximação do excluído, os novos filhos nascidos na família de Jesus — por meio da inovação, de uma nova estratégia ou técnica. Surgem novas

A ORAÇÃO LABORIOSA

ferramentas, como o filme *Jesus* ou o seriado *The Chosen*, o curso Alpha,[1] os esforços de reavivamento para finais de semana ou viagens missionárias de curto prazo organizadas pela igreja, e essas ferramentas lideram uma onda de evangelismo. Geralmente há um método novo em algum lugar próximo ao centro da explicação da razão pela qual o evangelismo está "funcionando" (por falta de um termo melhor).

A vida e o ministério de Moody são uma exceção convincente à regra. Toda a sua estratégia evangelística foi a oração. É isso. É isso. Em uma lenda frequentemente contada, muitos antes de mim disseram que Moody ficou famoso por carregar uma lista de cem nomes no bolso, todos os dias, durante a sua vida adulta — uns cem amigos que não tinham nenhum relacionamento com Jesus. O trabalho amoroso de Moody foi uma oração secreta, oculta, em favor deles. Ele implorou a Deus que se revelasse a cada um de seus amigos de uma forma que pudessem perceber e receber a ação de Deus como amor eterno. Ele orou nominalmente pela salvação daquelas pessoas.

Quando Moody morreu, 96 dos nomes dessa lista haviam se tornado orações respondidas. Uma taxa de sucesso de 96% na oração não é ruim! Eu aceitaria essas probabilidades nas minhas orações em qualquer dia da semana. Contudo, isso ficou ainda melhor. No velório de Moody, os quatro nomes restantes estiveram presentes. Aqueles quatro amigos ficaram, independentemente, tão comovidos com o serviço fúnebre que todos aceitaram a fé — no funeral dele![2]

Então, só para constar, como um vendedor de sapatos com educação de quinta série se tornou um dos evangelistas mais influentes da história registrada? Pela oração.

Quando ouvi essa história pela primeira vez, uma onda de inspiração e determinação tomou conta de mim. Comecei a manter uma lista de amigos, a definir alertas no meu telefone que me lembrariam de orar por eles, e dediquei a minha vida ao trabalho secreto de oração amorosa que testemunhei em Moody. Algumas semanas depois,

---

1. Alpha é um curso evangelístico de onze semanas para a introdução de fundamentos básicos do cristianismo, idealizado para estimular conversas e interações a respeito da fé cristã. [N. da. R.]

2. Citado por Pete Greig, *How to Pray: A Simple Guide for Normal People* (Colorado Springs: NavPress, 2019), p. 89.

ORANDO COMO MONGES, VIVENDO COMO TOLOS

contei essa história em um sermão que estava pregando na igreja que eu liderava na época. Desafiei a comunidade, e concordamos juntos: "Vamos fazer isso. Vamos orar, não pela ideia de pessoas ou mesmo por grupos de pessoas, mas por pessoas individuais, nomes e rostos que conhecemos pessoalmente e com quem interagimos regularmente. Vamos viver como D. L. Moody viveu e ver o que Deus faz!"

Nove meses depois desse desafio, contei novamente a história de Moody da mesma maneira, para a mesma igreja. Então, fiz uma pergunta simples: "Quantos de vocês ainda estão fazendo isso? Orando diariamente por pelo menos um nome, vivendo como D. L. Moody?" Uma mão. Em um mar de seguidores de Jesus comprometidos, amáveis, bem-intencionados e sinceros — apenas um. E não foi a minha mão. Fiz isso por um mês ou dois, e então uma prática diária tornou-se de vez em quando, e isso, é claro, foi a ladeira abaixo para eu começar a colocar alertas de oração na tela do meu telefone, que eram habitualmente ignorados e apagados.

Isso não faz de mim ou da comunidade que pastoreio um fracasso; isso nos torna normais. Todos que conheço têm uma baixa taxa de sucesso na oração pelos perdidos (ou seja, aqueles que não foram encontrados na nova família de Jesus). Todos. Todos que conheço têm pouca resistência para orar pelos perdidos. E, então, de vez em quando, você ouvirá um sermão inspirador sobre uma senhora idosa (por que é sempre uma mulher idosa?) que orou e intercedeu pela mesma pessoa durante trinta anos antes de, finalmente, ver um avanço. Ficamos inspirados por essas histórias, mas a inspiração se esgota no decorrer da vida cotidiana, e mesmo a força de vontade mais resoluta se torna um recurso esgotado.

No entanto, é um tema bíblico inegável que a oração dá origem a uma nova vida. E eu sei quão fora de moda é falar sobre a caminhada com Jesus como o "novo nascimento". Um *cara* com um letreiro simulando chamas de fogo e um megafone na Times Square fez que isso parecesse ruim para todos nós. Contudo, biblicamente falando, essa é a metáfora mais rica e consistente para a salvação.

A oração dá origem a uma nova vida

O processo misterioso, longo e lento do nascimento espiritual é semeado pela oração. Esse tema é encontrado em toda a Bíblia, mas

A ORAÇÃO LABORIOSA

é vividamente retratado na vida do profeta Elias. Vamos refazer sua história em três cenas.

Cena 1: A igreja em chamas

> Então, o fogo do SENHOR caiu e queimou completamente o holocausto, a lenha, as pedras e o chão, e também secou totalmente a água na valeta.
> Quando todo o povo viu isso, todos caíram prostrados e gritaram:
> — O SENHOR é Deus! O SENHOR é Deus! (1Reis 18:38-39)

Israel se esqueceu de Deus (eles tendem a fazer isso). O padrão do Antigo Testamento é o de um Israel que olha em desespero para o Senhor, que então responde ao povo. Quando, porém, o desespero é substituído pela segurança e pelo conforto, eles tendem a depositar a sua confiança em algo mais tangível e previsível, algo que exige menos fé. No tempo de Elias, a confiança foi depositada em um rei chamado Acabe e na sua esposa, Jezabel, que afastaram Israel do Senhor e levaram o povo à adoração idólatra de um falso deus chamado Baal.

Em um momento de extraordinária coragem, Elias disse, essencialmente: "Aqui não!" Ele se aproximou do rei e lançou um desafio:

> Então, Acabe convocou todos os israelitas e reuniu os profetas no monte Carmelo. Elias apresentou-se a todo o povo e disse:
> — Até quando vocês vão titubear para um lado e para outro? Se o SENHOR é Deus, sigam-no; se, porém, é Baal, sigam-no.
> O povo, contudo, nada respondeu.
> Elias, então, disse:
> — Eu sou o único que restou dos profetas do SENHOR, mas há quatrocentos e cinquenta profetas de Baal. Tragam dois novilhos. Escolham os profetas de Baal um novilho, cortem-no em pedaços e o ponham sobre a lenha, mas não acendam fogo. Eu prepararei o outro novilho e o colocarei sobre a lenha, mas não acenderei fogo nela. Então, vocês invocarão o nome do seu

155

deus, e eu invocarei o nome do SENHOR. Aquele que responder por meio do fogo é que é Deus.[3]

Esses foram os termos intrigantes que chamaram a atenção de Acabe. Não importa de que lado você esteja, as pessoas raramente se expõem assim. O rei não resistiu.

Os sacrifícios foram organizados, e os 450 profetas de Baal foram antes de Elias. Eles oraram, e nada aconteceu. Depois disso, ficaram ainda mais intensos, gritaram e cantaram. E nada aconteceu. Eventualmente, eles começaram a se cortar, mutilando o próprio corpo para chamar a atenção de seu deus. Nada aconteceu. Os 450 profetas se esgotaram orando a Baal na maior parte do dia. Nada aconteceu.

Então, chegou a vez de Elias. Antes de orar, ele "reparou o altar do SENHOR, que estava em ruínas."[4] Elias caminhou até o antigo altar do Senhor, aquele que havia sido demolido em nome de Baal, e o reconstruiu sobre o mesmo fundamento onde Israel costumava adorar. O simbolismo é significativo.

Depois, ele disse às pessoas que estavam reunidas ali: "Encham de água quatro jarras e derramem-na sobre o holocausto e sobre a lenha."[5] Superficialmente, isso parece impressionante, porque a madeira molhada é obviamente mais difícil de queimar, mas Elias não era Houdini montando um truque de mágica; ele era um adorador se preparando para orar.

Israel havia três anos sofria uma seca — nem uma gota de chuva caiu em mais de mil dias. Isso seria um problema hoje, limitando a agricultura, facilitando incêndios florestais, alterando o ecossistema. Mas em uma sociedade agrária sem um sistema comercial sofisticado entre nações? Seria devastador. O povo estava morrendo de fome, e nenhuma política ou mudança de poder poderia fazer nada a respeito. Água. Eles precisavam de água. Entretanto, a sabedoria convencional dita conservar o máximo de água possível. Limitar o banho.

---

3. 1Reis 18:20-24.
4. Cf. 1Reis 18:30.
5. Cf. 1Reis 18:34.

A ORAÇÃO LABORIOSA

Beber apenas o necessário. Guardar para as colheitas. A água é o recurso mais limitado e o bem mais valioso em uma seca.

Isso significa que a água é a oferta mais cara que Elias poderia trazer sobre o altar. Ele colocou não apenas a sua reputação diante de Deus e daquela multidão, como também o seu sustento, a sua segurança, o seu bem-estar futuro. O ato mais profundo de adoração e fé ocorreu antes de uma palavra de oração, quando aquele profeta derramou sobre a madeira uma cisterna do bem nacional mais precioso. As palavras de Davi ecoam na cena: "Não oferecerei ao Senhor, o meu Deus, holocaustos que não me custem nada."[6] Então, Elias disse: "Agora façam isso de novo. E, para garantir, derramem mais uma vez." Ele estava oferecendo a Deus o sacrifício mais requintado que poderia oferecer. Isso era significativo.

Finalmente, Elias orou:

> — Responde-me, ó Senhor, responde-me, para que este povo saiba que tu, ó Senhor, és Deus e que fazes o coração deles voltar para ti.
> Então, o fogo do Senhor caiu e queimou completamente o holocausto, a lenha, as pedras e o chão, e também secou totalmente a água na valeta.
> Quando todo o povo viu isso, todos caíram prostrados e gritaram:
> — O Senhor é Deus! O Senhor é Deus![7]

Absorva tudo o que acabou de acontecer. Elias reparou o altar, restaurando o local de adoração. Ele derramou água, que não era apenas preciosa para ele, mas um sacrifício involuntário para todos os que estavam reunidos ali, fazendo que aqueles espectadores se tornassem participantes da adoração. Em seguida, a presença de Deus tornou-se óbvia. O fogo caiu onde antes não havia nada além de madeira molhada e carne vermelha. Com isso, o povo se voltou

---

6. Cf. 2Samuel 24:24.
7. 1Reis 18:37-39.

157

ORANDO COMO MONGES, VIVENDO COMO TOLOS

para Deus. As pessoas que ajudaram a derrubar o altar do Senhor agora estavam adorando-o pelo nome.

Lembre-se daquele membro da família, amigo ou colega de trabalho que você considera estar mais distante de Deus — aquele por quem você nem se preocupa mais em orar ou sequer considera convidar para um relacionamento com o Senhor, aquele diante de quem você ativamente evita o assunto da fé. Imagine aquela pessoa sentada ao seu lado em uma manhã tranquila de domingo, no antigo local familiar de oração. Hoje, porém, enquanto você canta, ela cai no chão e começa a gritar: "O Senhor é Deus! O Senhor é Deus!" Você pode imaginar dar o testemunho de algo assim? Uma manifestação visível da presença de Deus seguida pelas pessoas que foram hostis a Deus, caindo de bruços em adoração? Se isso acontecesse em sua igreja local, tenho certeza de que você sairia agradavelmente surpreso com sua experiência de adoração. Parece justo dizer que a igreja acabara de pegar fogo.

Contudo, esse não é o fim; é apenas o começo. Porque Deus não sonha com a igreja em chamas, e este não é o momento culminante da história de Elias.

Fará sentido se você souber o final. Então, vamos seguir adiante.

Cena 2: A cidade renascida

> Então, Elias disse a Acabe:
> — Vá comer e beber, pois já ouço o barulho de uma forte chuva (1Reis 18:41).

Vale a pena ter em mente que Elias era um profeta que conversava com um líder político desesperado — o líder nacional de um povo faminto. Sob a sua liderança, a economia entrou em colapso, as pessoas sofreram e a culpa e as críticas certamente bateram à porta do palácio.

O desespero de Acabe, porém, seria apenas um fragmento do desespero da classe camponesa maioritária. É provável que Acabe ainda comesse pão fresco e ensopado dos armazéns reais. As pessoas comuns da cidade ficaram sem suprimentos. Assim como nas histórias de terror das aldeias devastadas pela Alemanha nazista, a classe sobrevivente foi deixada para tomar decisões sobre quem alimentar — a mãe ou o bebê, o avô ou as crianças.

No meio dessa situação, Elias olhou para o rei e disse com confiança: "Vá e comemore. Abata o bezerro cevado, acenda a grelha e abra a garrafa que você está guardando, porque Deus está prestes a dar motivo para celebração. O Deus que você acabou de ver iluminar o altar encharcado com fogo sagrado — ele agora fornecerá sustento para toda a cidade."

> Acabe foi comer e beber, mas Elias subiu até o topo do Carmelo, curvou-se e pôs o rosto entre os joelhos.
> — Vá e olhe na direção do mar — disse ao seu servo.
> Ele foi, olhou e disse:
> — Não há nada lá.
> Sete vezes Elias ordenou.
> — Volte para ver.
> Na sétima vez, o servo disse:
> — Uma nuvem tão pequena quanto a mão de um homem está se levantando do mar.
> Então, Elias disse:
> — Vá dizer a Acabe: "Prepare o seu carro e desça antes que a chuva o impeça."
> Enquanto isso, nuvens escuras apareceram no céu, começou a ventar e a chover forte, e Acabe partiu de carruagem para Jezreel (1Reis 18:42-45).

Após três anos de seca, uma forte chuva inundou a cidade, uma celebração irrompeu nas ruas e uma nova vida surgiu em um lugar caótico. Esse é o momento culminante da história de Elias.

Deus não sonha com a igreja em chamas; Deus sonha com a cidade renascida. O sonho de Deus não é que a igreja melhore os seus programas, cresça em número, acrescente outro culto de adoração e organize uma conferência influente. Tudo isso é bom, mas não é o que Deus sonha. Ele sonha em derramar o seu Espírito sobre toda a cidade.

ORANDO COMO MONGES, VIVENDO COMO TOLOS

Deus tem ciúme.[8] Ele tem ciúme do relacionamento. Enciumado, ele anseia por cada alma, porque criou cada uma de maneira individual e única. Enciumado, ele anseia por cada grama de sua criação. Como disse Abraham Kuyper de modo tão surpreendente: "Não há um centímetro quadrado em todo o domínio da nossa existência humana sobre o qual Cristo, que é Soberano sobre *todos*, não clame: 'É meu!'"[9]

Deus sonha com uma cidade renascida. E a história de Elias nos diz claramente que o sonho começa com uma igreja em chamas, mas isso é apenas o começo da viagem, não do destino. A cidade renascida é o destino. Toda viagem que vale a pena ser feita deve ter uma origem e uma chegada, e não devemos confundir as duas coisas. Não existe aventura de sucesso sem um destino conhecido. Uma igreja em chamas é o veículo que nos leva a avançar em direção ao verdadeiro anseio de Deus — uma cidade renascida.

A jornada entre o ponto de partida e o destino é longa, sinuosa e não isenta de desvios significativos. É por isso que o começo e o fim não são suficientes. Devemos encarar a cena 2, o meio da jornada, de maneira séria e prática.

Cena 3: A montanha da oração

> Acabe foi comer e beber, mas Elias subiu até o topo do Carmelo, curvou-se até o chão e pôs o rosto entre os joelhos (1Reis 18:42).

Elias mandou o rei se preparar para a chuva, e então o que o profeta fez? Subiu em uma montanha e começou a orar. Ele caminhou até o pico, apreciou a vista da cidade desesperada que Deus ama e orou assim: "Elias [...] curvou-se até o chão e pôs o rosto entre os joelhos."

Essa é uma postura estranha para oração. Há muitos casos na Bíblia de pessoas caindo de bruços, prostradas em oração ou

---

8. Cf. Êxodo 20:5; 34:14.
9. Abraham Kuyper (discurso, Vrije Universiteit, Amsterdã, Países Baixos, 20 de outubro de 1880); citado em James Bratt, ed., *Abraham Kuyper: A Centennial Reader* (Grand Rapids: Eerdmans, 1998), p. 461.

A ORAÇÃO LABORIOSA

ajoelhadas humildemente. Jesus frequentemente orava no topo das montanhas com os olhos abertos enquanto caminhava ou observava o sol nascer sobre a cidade. Mas Elias "curvou-se até o chão e pôs o rosto entre os joelhos".

Sempre que houver um detalhe específico na Bíblia que pareça casual ou estranho, fique atento e preste muita atenção. Não há detalhes sem importância nas Escrituras. Considerada simplesmente como uma obra literária, a Bíblia tende a encobrir os detalhes. Foi escrita mais no estilo de alguém tentando energicamente acompanhar os fatos do que como um romancista imaginando uma história e editando-a diversas vezes. Em 1Reis, lemos: "Então, o fogo do SENHOR caiu e queimou completamente o holocausto."[10] Isso é o suficiente para termos uma ideia. Mas, se um romancista tivesse escrito esse trecho, teria soado mais como: "Então, as chamas dançaram sobre o carvalho lascado como se alguém tivesse acabado de tocar o 'Cha-Cha Slide'[11] em uma recepção de casamento anglo-saxônica."

Então, por que a descrição detalhada da postura anormal de oração de Elias? Porque nos diz algo importante. Para orar pela cidade, Elias assumiu metaforicamente a posição de uma mulher em trabalho de parto começando a forçar o nascimento.

Eu sei. É gráfico. Até Tiago, referindo-se a esse evento, descreveu que o profeta orou fervorosamente.[12] Mais recentemente, esse método laborioso de oração é comumente referido como oração "de parto" ou "de guerra". Independentemente de como você a chama, o ponto é este: existe um tipo de oração que dá origem à nova vida.

Existe um tipo de oração que dá origem à nova vida

No princípio da história, lemos: "A terra era sem forma e vazia; havia trevas sobre as águas profundas, e o Espírito de Deus se movia sobre a face das águas."[13] A palavra hebraica traduzida aqui por "sem forma" é

---

10. 1Reis 18:38.
11. Música do DJ Casper. [N. do T.]
12. Cf. Tiago 5:17.
13. Gênesis 1:2.

tohu, que também pode ser traduzida por "estéril".[14] A Criação aconteceu quando o Espírito deu vida a um lugar estéril. A criação original de Deus é explicada pela imagem do parto.

Após a Queda, quando Deus quis redimir o mundo, ele começou novamente com um ventre estéril, o de Sara, esposa de Abraão. No início, o Espírito pairava sobre o caos estéril para gerar a criação. Na redenção, o mesmo Espírito pairava sobre o ventre estéril de Sara para iniciar o trabalho de recriação.

Quando o próprio Deus finalmente entrou na história, ele veio pelo parto. "O Espírito Santo virá sobre você, e o poder do Altíssimo a cobrirá com a sua sombra", disse o anjo à Maria.[15] O mesmo Espírito paira sobre outro ventre. O Espírito Santo opera milagres nos extremos opostos do espectro do estágio da vida, cada um resultando em nova vida em um mundo caído, recriação no meio de uma criação desfigurada e disfuncional. O milagre do nascimento de Isaque para Sara foi médico. Um ventre estéril foi aberto pelo Espírito Santo. O milagre do nascimento de Jesus para Maria foi biológico. Um ventre virgem foi fecundado pelo Espírito Santo. E a mensagem do anjo para Maria, fornecendo um pouco do contexto necessário para o que estava acontecendo dentro dela, parece quase idêntica a Gênesis 1 e à promessa de Deus a Abraão e Sara em Gênesis 17.

Na última noite da sua vida, Jesus descreveu a sua morte, que se aproximava, os seus três dias em um túmulo e a sua ressurreição pela imagem do parto: "A mulher que está dando à luz sente dores, porque chegou a sua hora, mas, quando o bebê nasce, ela se esquece do sofrimento, por causa da alegria de ter gerado um filho no mundo."[16]

Jesus prometeu encher todos os que o receberem com o seu próprio Espírito — o mesmo Espírito que deu origem a uma nova vida na criação, uma nova vida na redenção por intermédio de Sara, uma nova vida na encarnação por intermédio de Maria, e uma nova vida na ressurreição por intermédio de Jesus. Jesus promete a todos o seu Espírito criador: "Quem crer em mim, como diz a Escritura, do seu

---

14. Veja C. F. Keil e F. Delitzsch, *Commentary on the Old Testament*, vol. 1 (1861; repr., Grand Rapids: Eerdmans, 1991), p. 48.

15. Cf. Lucas 1:35.

16. João 16:21.

A ORAÇÃO LABORIOSA

interior fluirão rios de água viva."[17] A expressão "do seu interior" vem da palavra grega *koilia*, que tem como um dos seus significados a palavra *ventre*.[18] Jesus chama você e eu de "ventre" que o Espírito de Deus habita para criar uma nova vida.

O tema bíblico inegável é este: existe uma espécie de oração que dá origem a uma nova vida. E este é o tipo de oração a que Deus adora responder — orações por uma nova vida, orações por salvação.

Deus não sonha apenas com uma igreja em chamas; Deus sonha com uma cidade renascida. Uma montanha de oração é o único caminho de um para o outro.

No entanto, se você subir essa montanha de oração, aja com cautela. Porque nela está o que você provavelmente já sabe por experiência: a oração pelos perdidos é vagarosa e sem *glamour*.

A oração pelos perdidos é vagarosa

— Vá e olhe na direção do mar — disse ao seu servo.

Ele foi, olhou e disse:

— Não há nada lá.

Sete vezes Elias ordenou:

— Volte para ver.

Na sétima vez, o servo disse:

— Uma nuvem tão pequena quanto a mão de um homem está se levantando do mar [...] (1Reis 18:43-44).

Elias orou por fogo uma vez; ele orou por chuva sete vezes. O tipo de oração que dá origem a uma nova vida é lento. Talvez você já tenha sentido que Deus estava sondando um amigo seu, e, então, vocês tiveram uma conversa memorável quando ele parecia aberto à crença. Animado, você começou a orar mais. Nada aconteceu.

Então, sete semanas, sete meses, talvez sete anos, ou mesmo depois de décadas de oração fervorosa, finalmente aconteceu algo!

---

17. Cf. João 7:38-39.

18. Veja o *NASB New Testament Greek Lexicon*, baseado em *Thayer's and Smith's Bible Dictionary*, domínio público. Disponível on-line em "Koilia", Bible Study Tools, www. biblestudytools.com/lexicons/greek/nas/koilia.html.

ORANDO COMO MONGES, VIVENDO COMO TOLOS

Algum vislumbre de esperança de que talvez Deus estivesse trabalhando na vida daquela pessoa, atraindo misteriosamente seu coração para ele e tecendo as circunstâncias de sua vida para expor seu amor inextinguível por ela, enquanto você orava, orava e continuava orando.

Meu filho mais velho, Hank, nasceu em um centro de parto hospitalar na parte baixa de Manhattan. Se você não está familiarizado com a terminologia, um centro de parto hospitalar é mais ou menos um pequeno quarto de hotel dentro de um hospital movimentado. Em vez de jargão médico, enfermeiros frenéticos e médicos, que são frequentemente associados a partos hospitalares, os centros de parto são administrados por parteiras, na maioria das vezes do tipo que usa roupas de linho folgadas, bebem chá de camomila e sussurram com mansidão.

Depois de oito horas de trabalho de parto, houve um desconforto. A dor de Kirsten era absolutamente angustiante, mas eu estava começando a ficar com fome — um leve desconforto também.

Foi nesse exato momento do trabalho de parto que decidi retirar o sanduíche italiano de 30 centímetros de comprimento que havia guardado estrategicamente no frigobar oito horas antes, um baita lanche! Dei a primeira mordida e ouvi o que parecia a voz de um dragão animado da Pixar gritando bem alto do outro lado da sala: "Que cheiro é esse?" Foi quando eu soube que o "leve desconforto" da minha fome veio para ficar.

Após dez horas de trabalho de parto, a parteira finalmente perguntou: "Kirsten, você está pronta para ter este bebê?" Ela foi encorajada. Eu exultei! O pão já estaria úmido, mas o sanduíche ainda poderia ser aproveitado.

Ela começou a empurrar. Ela continuou empurrando. Continuou empurrando. Passariam mais oito horas antes de conhecermos Hank. E, durante aquelas longas horas, ela sentiu mais dor do que nunca. Nenhuma outra característica humana se compara à coragem de uma futura mãe em trabalho de parto. Kirsten teve momentos em que achou que era a hora, mas ainda havia um longo caminho a percorrer. Ela teve pontos ao longo do caminho em que quis desistir, mas continuou corajosamente. Mais de uma vez, ela disse a quem estivesse ouvindo: "Nunca mais vou fazer isto."

164

A ORAÇÃO LABORIOSA

Então, conhecemos Hank. Cerca de uma semana após o nascimento que levou dezoito horas para acontecer — sem exagero —, ela disse: "Tyler, quero outro bebê." Era como se todos os piores momentos do trabalho de parto tivessem sido eliminados pela alegria da nova vida. O que quer que ela tenha passado, esse bebezinho — que até então somente havia provocado sua dor excruciante, alterado seus padrões de sono e prometido ser completamente dependente de nós dois nos próximos anos — valeu muito a pena.

Jesus disse: "A mulher que está dando à luz sente dores, porque chegou a sua hora, mas, quando o bebê nasce, ela se esquece do sofrimento, por causa da alegria de ter gerado um filho no mundo." A nova vida requer trabalho — trabalho em oração. Contudo, a alegria da salvação sempre supera em muito a dor, a luta e a persistência anteriores. Muitas pessoas foram inspiradas pela lista de cem pessoas de D. L. Moody. Muito menos pessoas continuaram a orar depois que a inspiração passou. Se você quer esse tipo de legado, precisa viver esse tipo de vida. A oração do parto é lenta.

A oração pelos perdidos não tem *glamour*

Evocar fogo do céu conquistou a admiração pública a Elias. Deve ter havido uma agitação na multidão, o nome dele em todas as línguas. Orar para que uma chuva torrencial caísse sobre a cidade, por outro lado, era um trabalho secreto — invisível e sem sofisticação. É o trabalho secreto da oração, não o espetáculo público da pirotecnia, que devemos imitar.

Há um momento em que os discípulos de Jesus pareciam interessados em recriar o espetáculo do fogo de Elias. "Ao verem isso, os discípulos Tiago e João perguntaram: 'Senhor, queres que façamos cair fogo do céu para destruí-los?' Jesus, porém, voltando-se, repreendeu-os. Então, ele e os seus discípulos foram para outro povoado."[19] Esse é um *não* firme e direto.

---

19. Lucas 9:54-56.

ORANDO COMO MONGES, VIVENDO COMO TOLOS

É a parte secreta e nada glamorosa da vida de Elias que somos biblicamente instruídos a imitar. Em Tiago 5:16-18, está escrito:

> [...] A oração de um justo é poderosa e eficaz. Elias era humano como nós. Ele orou fervorosamente para que não chovesse, e não choveu sobre a terra durante três anos e meio. Depois, orou novamente, e os céus enviaram chuva, e a terra produziu os seus frutos.

Temos um apetite por espetáculo; Deus tem apetite por uma nova vida. Não podemos resistir ao espetáculo público; Deus não pode resistir ao trabalho secreto da oração.

Muitas pessoas na igreja de hoje diriam: "Quero estar lá quando o fogo cair! Eu quero ver um avivamento! Traga os sinais e maravilhas!" Todavia, nem todos estão prontos a trabalhar em oração secreta. Não é glamoroso, mas é poderoso e eficaz.

Deus quer a igreja em chamas *porque* sonha com a cidade renascida. Deus se agrada da paixão crescente pela adoração dentro de uma comunidade cristã. Elias reparou o altar antes de pedir fogo. Deus é glorificado por exemplos de sacrifícios dispendiosos — derramando cisternas de água sobre o altar durante uma seca. E, naqueles casos em que a igreja se reúne para adorar e orar e o fogo cai, Jesus está lá, alegre e com um sorriso sobrenatural estampado no rosto. Deus inflama a igreja porque ele tem ciúme da cidade.

A história de Elias e o apelo de Tiago à participação na oração são convites para sermos encontrados por Deus no monte da oração, para nos unirmos ao Espírito Santo no gemido por uma nova vida. Essa tarefa exige que sejamos persistentes e obstinados e que desenvolvamos um gosto pelo que não é glamoroso. Aceitar esse convite exige que demonstremos uma vontade obstinada de orar durante a espera, um trabalho de parto sobrenatural de agonia voluntária pela promessa de nova vida.

O padrão de renovação

Cada grande mover de Deus na história da igreja, cada reavivamento e despertar, segue um padrão comum: a igreja pega fogo, o que leva a uma maior prioridade de oração e resulta no derramamento do Espírito sobre

A ORAÇÃO LABORIOSA

uma cidade. Nas palavras de J. Edwin Orr: "Toda vez que Deus está pronto para fazer algo novo com o seu povo, ele sempre os põe a orar."[20]

Charles Spurgeon é sem dúvida o pregador mais famoso da história. Quando lhe perguntavam qual era o seu segredo, ele sempre apontava para uma equipe de intercessores que oravam sem parar durante seus sermões. Durante cada segundo que Spurgeon pregou, seus intercessores oraram. Sua igreja tinha uma pequena sala logo abaixo do púlpito, onde os intercessores se reuniam para orar durante seu ensino. Spurgeon chamou-a de sua "sala da caldeira".[21] Consultado para dicas retóricas, Spurgeon essencialmente deu apenas um conselho: Deus tem um ponto fraco pelo trabalho secreto e sem *glamour* da oração.

A influência das mensagens saturadas de oração de Spurgeon é notável. Há relatos, por exemplo, de um prisioneiro britânico em uma prisão sul-americana que recebeu a visita de um amigo britânico que o presenteou com dois romances. Surpreendentemente, um sermão de Spurgeon estava preso entre as folhas de um dos romances. Depois de ler o sermão, ali mesmo, dentro de uma cela de prisão estrangeira, ele entregou sua vida a Cristo.[22]

Da mesma forma, o biógrafo Lewis Drummond relatou a história de um pastor rural que, enquanto caminhava pelo mato em Ballarat, Austrália, encontrou uma folha de jornal que havia sido levada pelo vento. Ao pegá-lo, ele notou que uma das páginas parecia um anúncio, mas por acaso havia quase todo o sermão de Spurgeon impresso nela. O pastor leu cada palavra e, sozinho em um campo, entregou sua vida a Jesus. Drummond escreveu: "O homem confessou que, se tivesse percebido que o artigo era um sermão, nunca o teria lido. Mas, ao vê-lo no jornal em forma de anúncio, interessou-se, leu e encontrou Cristo."[23]

Então, qual foi o seu segredo, dr. Spurgeon? Como podemos aprender a pregar com eloquência como você fez e obter os resultados que obteve?

---

20. Citado por Pete Greig e Dave Roberts, *Red Moon Rising: Rediscover the Power of Prayer* (Colorado Springs: Cook, 2015), p. 190.

21. Citado por Greig e Roberts, 2015, p. 269.

22. A história é contada por Lewis A. Drummond, *Spurgeon: Prince of Preachers* (Grand Rapids: Kregel, 1992), p. 325.

23. Drummond, *Spurgeon*, 326; veja também *Lutheran Herald 1*, nº 10 (8 de março de 1906): p. 229-30.

ORANDO COMO MONGES, VIVENDO COMO TOLOS

"Ah, não é o que você pensa", talvez ele dissesse. "Tenho uma equipe de intercessores que oram incessantemente enquanto prego." Em outras palavras, existe um tipo de oração que faz nascer uma nova vida.

A oração é vagarosa, sem *glamour* e às vezes requer que soframos dores de parto, mas a oração também é um meio para a alegria de ver uma nova vida.

PRÁTICA
O trabalho de parto na oração

Peça a Deus que permita que você veja sua rotina diária da perspectiva divina. Deixe seus olhos percorrerem imaginativamente sua vida cotidiana — os colegas com quem trabalha, o círculo de amigos com quem socializa, os conhecidos pelos quais passa rotineiramente. Convide o Espírito Santo a guiá-lo durante sua semana normal e permitir que você veja a vida com imaginação através dos olhos de um Deus totalmente amoroso e sempre em busca.

Ao ver sua vida da perspectiva dele, quem você percebe? Existe alguém que Deus está sondando e que você tem ignorado? Alguém a quem você esteja excluindo e que Deus o chama a observar?

Anote alguns nomes — pelo menos um — que Deus traz à sua mente. Leve no bolso um pedaço de papel com eles anotados, defina um lembrete diário no seu telefone, crie um *post-it* digital na sua área de trabalho ou fixe no monitor, escreva-os no espelho do banheiro. Faça do modo que funcionar para você.

Ore por esse nome ou nomes. Ore especificamente até saber que Deus responde à sua oração, e de maneira tão regular que perseverança e esforço sejam necessários.

Ao longo do caminho, talvez você precise pedir a Deus pela fé renovada de que ele está realmente ouvindo ou pela compaixão renovada pelas pessoas por quem está orando. Não deixe que essa atividade seja reduzida a um item da agenda. Peça que a fé, a esperança e o amor sejam a sua motivação à medida que avança e peça que uma nova vida seja o resultado dessa oração laboriosa.

Capítulo 9

PERGUNTE, PROCURE, BATA

Silêncio e persistência

— Peçam, e será dado a vocês; busquem e vocês encontrarão; batam, e a porta será aberta a vocês. Pois todo aquele que pede recebe; o que busca encontra; e, àquele que bate, a porta será aberta.

Mateus 7:7-8

"Ou Deus não é poderoso o suficiente ou Deus não é bom o suficiente. De qualquer forma, parecia que a única escolha que me restava era diminuir a minha visão sobre Deus."

Jenna não estava olhando diretamente para mim quando disse isso. Ela estava olhando para longe. Talvez porque fosse difícil me olhar nos olhos emocionada, ou talvez porque não era a mim que ela estava dizendo isso. Talvez ela estivesse dizendo isso a Deus e eu estivesse escutando sem querer. Sentamo-nos a uma escrivaninha pequena em um escritório apertado de um espaço de *coworking* no Brooklyn enquanto ela me contava a versão mais pessoal de uma história pela qual eu a vi passar nos últimos sete anos.

ORANDO COMO MONGES, VIVENDO COMO TOLOS

Os teólogos chamam a questão inevitável que entra em nossa vida por causa do sofrimento de "teodiceia", uma palavra formada por duas outras palavras latinas que significam "justiça de Deus". Não há espiritualidade, filosofia ou visão de mundo que consiga contornar o enigma da teodiceia. Não importa como você explica a vida, você fica preso tentando encaixar o pino quadrado chamado "justiça" no buraco redondo chamado "sofrimento".

Jesus caiu de joelhos no Getsêmani, poucas horas antes de sua prisão e crucificação, e uma oração brotou de sua alma angustiada: "*Aba*, Pai, tudo te é possível."[1] Esse lindo sentimento mantém em tensão a acessibilidade e a majestade de Deus. Ao mesmo tempo que Jesus chama Deus de *Aba*, ele reconhece seu poder ilimitado. O Pai íntimo é também aquele para quem nada está fora do alcance.

"*Aba*, Pai, tudo te é possível." E aí está o problema. Se isso for verdade, então Deus tem algumas explicações a dar. Porque — pelo menos do meu ponto de vista, e imagino que do seu também — há uma longa e flagrante lista de coisas que um Deus que é infinito em poder e perfeito em amor não fez.

Dizem que a miséria adora companhia, mas a companhia não elimina a dor da miséria. Portanto, vale a pena ressaltar que a oração de Jesus no Getsêmani não foi respondida da maneira que ele pediu. O cálice do sofrimento não foi afastado dele. Aquele que nasceu sem a ajuda da biologia, que atravessou um lago como se fosse uma pista de dança, que alimentou as massas com um sanduíche de atum de um menino, que usou terra e saliva para curar a cegueira, que fez demônios correrem com o rabo entre as pernas e que deu vida aos cadáveres com um único comando também suportou o silêncio de Deus. A oração não respondida persegue as últimas vinte e quatro horas de Jesus.

Enquanto eu esperava silenciosamente do meu lado da mesa, Jenna finalmente quebrou o silêncio. "Você passa a vida inteira presumindo que um dia decidirá que quer ter filhos, e será então que você os terá. Um dia, 'estamos prontos', e então você passa para o próximo capítulo", disse Jenna. "Mas não funcionou assim para nós."

---

1. Cf. Marcos 14:36.

PERGUNTE, PROCURE, BATA

Jenna é uma mulher de oração. Ela acredita em um Deus que ouve e responde. Não, é mais do que isso; ela *espera* a resposta de Deus, depende disso.

Ela e o marido, Liam, não tinham um tostão, e a sua estratégia de sobrevivência era a oração. Quando a comida era escassa, ela orou pedindo mantimentos, e eles receberam produtos gratuitos, cortesia da despensa de alimentos de uma igreja local. Quando o dinheiro para pagar o aluguel estava curto, Jenna pediu a Deus, apenas para voltar ao apartamento uma noite e descobrir que alguém havia passado um cheque anônimo por baixo da porta no valor exato e necessário.

Como racionavam cada refeição da maneira mais frugal possível, reaqueciam muitas sobras — o que era bastante desafiador, já que seu modesto apartamento não tinha micro-ondas. Naturalmente, Jenna orava.

Dois dias depois, ela estava no estacionamento de uma lavanderia em uma parte bem decadente da cidade, onde trabalhara como voluntária em uma organização que cuidava de pessoas com dependências e daqueles que se entregavam à prostituição para sobreviver. Essa era sua rotina havia algum tempo. Muitos daqueles a quem ela serviu tornaram-se amigos. Então, lá estava ela, no estacionamento, por volta da meia-noite, ministrando entre um grupo de profissionais do sexo, quando um carro parou. Alguém abriu o porta-malas e pegou o que, sob o céu escuro da noite e a luz fraca da rua, parecia uma caixa pesada. "Algum de vocês precisa de um micro-ondas?" E foi assim que ela conseguiu seu micro-ondas, aquele pelo qual ela havia orado quarenta e oito horas antes.

No entanto, uma questão incômoda vivia no fundo dessas histórias recorrentes. "Deus, uma vez eu te pedi um micro-ondas e tu me deste. Há anos peço por um bebê todos os dias e tudo que consigo é silêncio. Por que o Senhor está tão em contato com as necessidades triviais da minha vida e tão distante do meu desejo mais profundo?"

Não poderíamos todos fazer essa pergunta, ou pelo menos alguma outra semelhante? Não temos todos pelo menos uma área crítica de nossa vida na qual Deus, que é presente de muitas maneiras, está visivelmente ausente e dolorosamente silencioso?

Se Deus respondesse com um não direto, seria uma pílula amarga, mas pelo menos saberíamos que ele nos ouviu e, em sua infinita

ORANDO COMO MONGES, VIVENDO COMO TOLOS

sabedoria e perspectiva eterna, respondeu negativamente. "Não" é decepcionante, mas ainda deixa uma base para uma comunicação contínua. "Não" convida a novos relacionamentos. Mas e o silêncio? O silêncio parece apatia para quem sofre, como se Deus estivesse impassível e indiferente ao que está acontecendo aqui.

Alguma das seguintes afirmações lhe parece familiar? "O silêncio me faz sentir como se o único com o poder de deter a doença que assola minha mãe de dentro para fora não pudesse ser incomodado." Ou "o único com o poder de abrir meu ventre obstinado está distraído demais para se importar." Ou "aquele por quem mantive meu desejo de companheirismo por décadas boceja diante de minha solidão." Silêncio significa que Deus vê e ouve, mas está ignorando deliberadamente minha angústia. É assim que o silêncio divino é sentido pela pessoa que ora com os dedos entrelaçados.

Na mesma época, a cunhada de Jenna, Helen, foi diagnosticada com câncer cervical. Foi descoberto um tumor que crescia silenciosamente naquela jovem saudável, de apenas 20 e poucos anos. Era um diagnóstico que poderia ser tratado, mas o tratamento tornaria quase impossível gerar uma criança depois disso. Helen e Jenna se aproximaram rapidamente porque viviam lado a lado à dor silenciosa da infertilidade.

Pelas fervorosas orações, Jenna teve certeza de que, contra todas as probabilidades médicas, Deus daria um bebê a Will e Helen. Dito e feito. Meses após o diagnóstico, Helen estava grávida. Henry nasceu naquele mês de setembro. Jenna relembra a celebração do milagre entre a família. E mais, depois de várias rodadas de tratamento de fertilização *in vitro*, Jenna também estava grávida. Ambas as orações tão esperadas foram finalmente respondidas.

No entanto, meses após o início da vida de Henry, Helen ainda sentia dores. Disseram que demoraria um pouco para ela se recuperar da cesariana, mas as coisas simplesmente não estavam melhorando. Ela foi fazer um exame. Um tumor enorme e inoperável foi descoberto em seu abdômen. O câncer voltou agressivamente. Estava crescendo dentro dela havia tempo suficiente para estar ligado a vários órgãos vitais. Os médicos não seriam capazes de tocá-lo. O tumor estava escondido atrás de Henry. A vida e a morte cresciam simultaneamente no abdômen de Helen.

PERGUNTE, PROCURE, BATA

Sete meses de quimioterapia e radioterapia agressivas depois, não havia mais nada que os médicos pudessem fazer. O tumor continuou crescendo. O tratamento não estava funcionando.

Helen recorreu à medicina alternativa e a uma dieta rigorosa. Esse tratamento era o último recurso, mas ela estava convencida de que algo funcionaria. "Por que Deus me daria este bebê de forma milagrosa e levaria sua mãe depois? Deus vai abrir um caminho."

Isso foi em junho. Em julho, ela começou a se deteriorar rapidamente.

Em agosto, Helen estava tão mal que Jenna embarcou em um avião para a Irlanda, presa à esperança, orando por outro milagre. Essa esperança sofreu um duro golpe quando viu Helen. "Entrei no quarto do hospital e quase me dobrei ao colocar os olhos nela. Imediatamente pensei: 'Senhor, não acho que tu és capaz de curá-la. Não acho que alguém volte quando já está tão longe.'"

No dia seguinte, Jenna e os outros trouxeram Helen do hospital para casa, sem saber que em menos de uma semana ela partiria. Cada vez mais a família se unia. Eles estavam todos lá, esperando que ela fosse embora, esperando para se despedir. Ninguém disse isso em voz alta, mas a nuvem da morte pairava pesadamente sobre a casa.

Jenna sentou-se no quarto do bebê, dando espaço à família reunida ao lado da cama de Helen — seu marido, Will, junto de sua mãe, pai e irmãos.

"Algo estranho acontece quando você fica sentado por horas ao lado do leito de alguém que está morrendo", Jenna me contou. "Você fica tão acostumado apenas a ouvi-lo respirar; é como uma peça musical com ritmo e melodia. Você pode ouvir quando há uma mudança de tom. Eu ouvi isso do corredor. Eu sabia que era a hora."

Jenna entrou no quarto e ficou ao lado da família. Talvez tenham se passado várias horas, talvez apenas alguns minutos. O tempo é relativo em momentos como esses. Depois de um silêncio longo e triste, foi Jenna quem falou por todos os que estavam reunidos ao lado da cama: "Não queremos que você tenha medo, Helen. Tudo bem. Você pode ir." E ela fez isso. Faltava menos de uma semana para o primeiro aniversário de Henry.

Algumas semanas depois, Jenna voltou para Nova York. "Entrei em minha casa", ela explicou, "e o peso da perda finalmente caiu

173

sobre mim como uma bigorna. A última vez que pisei naquele apartamento, estava fazendo as malas para ir embora, contando com um milagre. Agora estou de volta aqui. E ela se foi.

"Eu simplesmente não conseguia ver como a vida poderia continuar normalmente depois disso. Eu estava de luto por Helen, mas também estava de luto pela pessoa que eu era antes de ela morrer", disse Jenna. "Sempre pensei que seria um daqueles cristãos que permanece forte e segue em frente ao enfrentar dificuldades. Agora sei que não sou essa pessoa."

Ela continuou. "Eu entendo agora. Esse é o momento em que tantas pessoas se afastam, e eu realmente queria isso. Mas duas coisas estavam me prendendo. Primeiro, eu estava amarrada a Jesus porque muita coisa boa também foi construída sobre ele. Se eu fosse negá-lo, não poderia negar apenas sua ausência nesse momento, mas teria de negar sua presença em tantos momentos profundamente bons. Em segundo lugar, eu estava com muita raiva para me afastar, como quando você está gaguejando em uma discussão acalorada com seu cônjuge, mas está com muita raiva para sair e tomar um pouco de ar. Você tem algo a dizer e só precisa dizê-lo."

Jenna voltou para aquele apartamento no Brooklyn, um marco de fé em um Deus que cura. Deus poderia ter curado Helen, poderia ter dado a ela milhares de dias com o marido a quem ela amava, poderia ter dado a ela a alegria de ver o pequeno Henry crescer, e poderia ter dado ao marido e ao filho o presente de vê-la envelhecer. No entanto, Deus não deu nada disso.

"*Aba*, Pai, tudo te é possível." E, se Jesus estava certo sobre isso, então a vontade de Deus é tão dolorosa que parece imperdoável ou talvez o Senhor não quisesse a morte de Helen, mas apenas permitiu. Isso parece um pouco mais aceitável, mas será que torna Deus menos culpado? Deus pode não ser um assassino, mas isso não faz dele um médico que tem a cura para o câncer escondida na gaveta de sua mesa de cabeceira e, ainda assim, ele fica sentado em casa *zapeando* os canais enquanto as pessoas morrem da doença que ele sabe como curar? "*Aba*, Pai, tudo te é possível." Como pode ser?

Tive a experiência de orar por alguém em um quarto de hospital. A equipe médica já o havia considerado morto; todavia, pude ver essa pessoa acordar e continuar vivendo. Experimentei a euforia dos momentos que se seguem a tal acontecimento, a alegria sobrenatural que inunda o luto — uma espécie de admiração do céu beijando a terra diante de um Deus que intervém.

Também segurei a mão de um jovem em coma induzido por drogas — sua esposa, filho, pais e irmãos, todos na sala de espera — enquanto eu esperava desesperadamente que Deus ouvisse minhas orações, porque ele parecia não estar ouvindo as orações deles. Ungi a cabeça daquele homem com óleo, orei por sua vida e saí daquele quarto de hospital uma hora depois, passando pela família enlutada que estava aceitando o fato de que ele não voltaria, de que as minhas orações não são mais úteis do que as suas próprias.

Conheço o poder e o silêncio de Deus e às vezes penso que lidaria melhor com o silêncio se nunca tivesse conhecido o poder dele. Um Deus com personalidade e vontade é tão imprevisível. Talvez fosse mais fácil se tivéssemos um Deus que funcionasse como um sistema operacional projetado para fornecer resultados previsíveis com base nos botões que eu aperto. Entretanto, esse não é o Deus revelado nas páginas da Escrituras. Não é o Deus revelado em Jesus. Não é o Deus com quem andei por todos esses anos.

O convite mais profundo

De tudo o que Jesus tinha a dizer sobre o tema da oração, talvez não existam palavras mais conhecidas ou confusas do que os três verbos simples — *pedir, buscar* e *bater* — que ele usa no Sermão do Monte em Mateus 7. Por um lado, elas fazem um convite direto e fortalecedor e, por outro, esse convite não produz resultados consistentes e previsíveis. Isso foi propaganda enganosa? Jesus prometeu demais? Ou será que o seu significado original se perdeu ao longo dos séculos, tradições e traduções?

Nesses três verbos, Jesus nomeia os marcadores do caminho de oração comum, um caminho trilhado por homens e mulheres de fé que retorna até o início. A oração é uma jornada que começa com a necessidade e termina no relacionamento. Quando nascemos neste mundo, nossas primeiras palavras são gritos ininteligíveis

ORANDO COMO MONGES, VIVENDO COMO TOLOS

de dor e necessidade. Os bebês choram e gemem antes de aprenderem uma fala coerente, antes de aprenderem a confiar no relacionamento com a mãe e o pai que os trouxeram a este mundo. Da mesma forma, a oração é uma linguagem primordial, que emerge instintivamente de nós diante da dor e do sofrimento. A necessidade primeiro nos deixa de joelhos, mas o relacionamento nos mantém assim. Era a esse ponto que Jesus queria chegar — o convite mais profundo escondido em três verbos simples — *pedir, buscar* e *bater*.

Pedir refere-se aos pedidos que nos levam à oração. A maioria das orações é precedida pela necessidade — um diagnóstico, um acidente de carro, outro teste de gravidez negativo, um feriado sem a presença de um ente querido, mais uma semana sem retorno de uma entrevista sequer, uma conta de cartão de crédito que continua subindo, uma separação, um divórcio. A vida tem um jeito de nos dar uma ou duas cartas que nunca previmos e não sabemos interpretar. Estamos cantarolando alegremente, satisfeitos com nosso frágil e elusivo senso de controle sobre nossa vida quando, de repente, levamos um soco no estômago, somos assaltados em plena luz do dia e roubados da vida que pensávamos ser tão seguramente "nossa". Quando nos encontramos em uma história que não reconhecemos, sem caminho de volta ao enredo que pensávamos viver, oramos. Nós pedimos.

Buscar é uma palavra presente nas Escrituras usada muitas vezes em referência ao próprio Deus. Somos instruídos a buscar a Deus por meio das histórias de reis e juízes, das poesias dos salmos e dos clamores dos profetas. Ao usar a palavra *buscar*, Jesus apontou o caminho da oração: chegamos pedindo e descobrimos o relacionamento em meio à bagunça. Viemos em busca de presentes e muitas vezes os conseguimos! Contudo, o maior presente, aquele que realmente buscamos e que certamente receberemos, é o próprio Doador.

Bater, o verbo final de Jesus nesse ensinamento sobre a oração do Sermão do Monte, é o destino do caminho de oração que começa na necessidade. Biblicamente falando, *bater* evoca a imagem da comunhão à mesa.

Essa é uma imagem provocativa no mundo atual de *fast food*, almoços energéticos e jantares para viagem, mas era ainda mais provocativa no antigo mundo hebraico, onde aceitação, dignidade

PERGUNTE, PROCURE, BATA

e igualdade eram proporcionadas pela comunhão à mesa. Jantar com alguém naquela época não era apenas tolerar sua companhia enquanto obtinha a nutrição necessária. Compartilhar uma mesa era a maior afirmação de seu caráter e a forma mais verdadeira e profunda de intimidade.

Jesus foi criticado, em diversas ocasiões, por partir o pão com cobradores de impostos, prostitutas e pecadores notórios por esse motivo. Uma coisa era um mestre ser visto conversando com uma pessoa assim na rua, mas dividir uma mesa com ela? Isso era impensável. A maior ilustração da oração que Jesus fez é aquela que ele viveu — O Outro Infinito, o Alfa e o Ômega, o Santo e o Infalível, nos acolhe à sua mesa. Ele não tolera simplesmente nossa companhia ou atende benevolentemente aos nossos pedidos; ele afirma a nossa pessoa, escolhe a nossa companhia e deleita-se com a nossa presença.

"A oração alarga o coração até que ele seja capaz de conter a dádiva de si mesmo que Deus nos concede. Peça e busque, e seu coração crescerá o suficiente para recebê-lo e guardá-lo como seu", escreveu Madre Teresa.[2]

Viemos em busca de presentes e recebemos o Doador deles. E nos encontramos sentados à sua mesa, acolhidos, aceitos e amados, sendo alimentados, ouvidos e relaxando na acolhedora presença do Deus amoroso.

Um dos ícones mais famosos da história da igreja, atribuída ao pintor russo Andrei Rublev no século 15, é comumente referido como *A Trindade*.

Ele resistiu ao teste do tempo porque capta tão vividamente o divino em uma cena comum — Pai, Filho e Espírito Santo sentados à mesa, desfrutando da companhia mútua. Aqui temos um Deus comunitário envolvido em uma conversa que passa sem esforço da conversa trivial para a profundidade de suas reflexões. A oração — em qualquer forma, por qualquer pessoa — é o convite de Deus para puxar uma cadeira para a mesa e desfrutar de uma conversa tranquila,

---

2. Madre Teresa, *A Gift for God: Prayers and Meditations* (São Francisco: HarperSanFrancisco, 1996), p. 75.

A mulher que não aceitaria "não" como resposta

Jesus contou uma história sobre a oração diante da espera e do silêncio, e ela está registrada no Evangelho de Lucas:

> Jesus contou aos seus discípulos a seguinte parábola, para mostrar-lhes que eles deviam orar sempre e nunca desanimar. Ele disse:
> — Em certa cidade, havia um juiz que não temia a Deus nem se importava com os homens. Havia também naquela cidade uma viúva que se dirigia continuamente a ele, suplicando-lhe: "Faz-me justiça contra o meu adversário".
> — Por algum tempo, ele se recusou a atendê-la, mas finalmente disse a si mesmo: "Embora eu não tema a Deus nem me importe com os homens, esta viúva está me aborrecendo; vou fazer-lhe justiça, para que ela deixe de me importunar".
> O Senhor continuou:
> — Prestem atenção no que diz o juiz injusto. Acaso Deus não fará justiça aos seus escolhidos, que clamam a ele dia e noite? Continuará fazendo-os esperar? Eu digo a vocês que ele lhes fará justiça e depressa. Contudo, quando o Filho do homem vier, encontrará fé na terra?[4]

O relato de Jesus sobre a história de uma viúva que se defendia em um tribunal foi confrontadora para alguns de sua audiência e enobrecedor para outros. No contexto da história, tragicamente, o testemunho de uma mulher não era permitido em um tribunal. O lugar das mulheres na sociedade era tão baixo que a sua palavra não era considerada confiável em questões de justiça. Na classe feminina

---

3. Cf. Mateus 7:7.
4. Lucas 18:1-8.

degradada, as viúvas ocupavam a posição mais baixa. As viúvas não eram autorizadas a trabalhar no mundo greco-romano, o que as tornava permanentemente dependentes da caridade da sociedade — na melhor das hipóteses, recebiam assistência social, contudo mais comumente tornavam-se sem-teto.

Quando Jesus contou uma história de oração por justiça, ele deu um papel de destaque a um dos membros mais baixos da sociedade, alguém cuja voz foi notavelmente silenciada, o menos autoritário. Na história de Jesus, o apelo da mulher — "Faz-me justiça contra o meu

ORANDO COMO MONGES, VIVENDO COMO TOLOS

adversário" — foi ouvido e atendido. Foi necessária persistência, mas seu pedido não foi apenas atendido; foi concedido "depressa". Na sua escolha de personagens, Jesus disse àqueles que se sentem impotentes na oração que as suas orações provocam a ação de Deus, e até a sua ação rápida e decisiva.

Continue perguntando

Claro, alguns de vocês já estão pensando: "Sim, *cara*, tudo isso parece bastante poético, mas e quanto ao outro lado da moeda — e quando o nosso pedido não resulta em recebimento, a nossa busca nos deixa com mais perguntas do que respostas, e, apesar de batermos, essa porta simplesmente não abre? E quando os acontecimentos da vida nos levam à oração, mas a nossa oração nos deixa ali sozinhos, no mesmo lugar?"

Estas três palavras — *pedir*, *buscar* e *bater* — são escritas em um tempo verbal no grego para o qual não temos equivalente gramatical em português. Implica não uma ação única, mas uma ação contínua que ocorre no presente e no futuro. A tradução mais literal de Mateus 7:7 é: "Continuem pedindo e vocês receberão; continuem procurando e vocês encontrarão; continuem batendo e a porta será aberta a vocês." Muitas versões em inglês traduzem dessa forma, palavra por palavra.[5]

Qual é a resposta de Jesus àqueles de nós que estamos pedindo sem receber resposta, buscando sem encontrar, batendo sem ser acolhidos? Como Jesus responde às questões reais e profundas daqueles orando fielmente, esperando pacientemente e começando a ficar cansados?

Persistência. "Continuem perguntando, continuem buscando, continuem batendo." É uma resposta insatisfatória. Dependendo da sua história específica de espera e silêncio, pode até ser insensível e ofensiva.

Jesus sabia que essa verdade seria dura de aceitar, por isso contou várias histórias para ilustrar o ponto, para torná-las mais humanas, para fundamentá-la não no mundo teórico dos edifícios com vitrais e homilias, mas no mundo pedregoso e realista de uma

---

5. As traduções para o inglês que são lidas dessa forma incluem a *Amplified Bible*, a *Holman Christian Standard Bible*, a Bíblia Judaica Completa, a *International Standard Version*, a *New Living Translation* e a *Orthodox Jewish Bible*.

vida real. A minha história favorita é a da viúva teimosa e insistente que defendeu incansavelmente o seu caso perante o juiz mesquinho. Serve como marco bíblico zero para aqueles que, em resposta à espera vinculada à oração, reduziram as suas expectativas sobre Deus, diluíram a declaração contundente de Jesus de pedir, buscar e bater em alguma versão boa, mas inferior, que lhes permite se apegar ao Deus que amam sem ficar desapontados ou irritados com as maneiras pelas quais o Senhor parece estar falhando com eles.

Jesus tinha um motivo para contar essa história em particular. Essa é uma história distinta, porque sua moral é dada com antecedência. Normalmente, o significado das parábolas de Jesus é mantido em segredo, mas aqui Lucas rouba a cena. "Jesus contou aos seus discípulos a seguinte parábola, para mostrar-lhes que eles deviam orar sempre e nunca desanimar."[6] Lucas sabia que seria difícil ouvir isso, ver isso, compreender isso. Ele, como Jesus, sabia que a persistência pode ser difícil de engolir; então, o Evangelista vai direto ao ponto e diz: "Jesus pintou um quadro ao qual você deve se segurar como um bote salva-vidas quando estiver se afogando em silêncio e decepção. Aqui está."

A promessa da história é encontrada em sua personagem mais dinâmica, o juiz nojento. "Por algum tempo, ele se recusou a atendê-la, mas finalmente disse a si mesmo: "Embora eu não tema a Deus nem me importe com os homens, esta viúva está me aborrecendo; vou fazer-lhe justiça, para que ela deixe de me importunar'."[7]

Se Jesus compara a pessoa que ora à viúva persistente, estará ele também comparando Deus ao juiz? Esse não parece um espelho favorável para segurar diante de Deus. Ele é relutante, interessado em si mesmo, irritado e fraco. Todavia, Jesus interpreta a própria parábola para nós:

> O Senhor continuou:
> — Prestem atenção no que diz o juiz injusto. Acaso Deus não fará justiça aos seus escolhidos, que clamam a ele dia e noite? Continuará fazendo-os esperar? Eu digo a vocês que ele lhes fará justiça e depressa. [...][8]

6. Lucas 18:1.
7. Lucas 18:4-5.
8. Lucas 18:6-8.

Jesus não compara o juiz injusto a Deus. Ele distingue Deus do juiz. O que ele quer dizer é: "Se até mesmo um juiz tão mau fará justiça aos persistentes, quanto mais Deus fará que aqueles que persistem na oração obtenham justiça!" "Oração não é implorar a Deus que faça algo por nós que ele não sabe, ou implorar a Deus que faça algo por nós que ele está relutante em fazer, ou implorar a Deus que faça algo para o qual ele não tem tempo", escreveu Eugene Peterson. "Na oração, chegamos diante de Deus com persistência, fidelidade e confiança, submetendo-nos à sua soberania, confiantes de que ele está agindo, agora mesmo, em nosso favor."[9] De onde vem essa confiança? Da certeza de que somos seus "escolhidos", como Jesus nos chama ao mesmo tempo. O que Deus está fazendo agora? Ele está transformando a história em um futuro bom e redentor para seus escolhidos — isto é, você, eu e todos os que chamam Jesus de "Senhor".

Orações e lágrimas

As Escrituras deixam claro que Deus coleta duas coisas: orações e lágrimas. Este mundo na sua forma atual está desfalecendo, mas nossas orações e lágrimas são eternas.

Deus coleta nossas orações. Em Apocalipse, nos é oferecido um vislumbre do destinatário de nossas orações: "[...] as quatro criaturas viventes e os vinte e quatro anciãos prostraram-se diante do Cordeiro. Cada um deles tinha uma harpa e taças de ouro cheias de incenso, que são as orações dos santos."[10] Você percebe o que isso significa? Significa que todas as orações que você já fez, desde o pedido mais simples até o choro mais sincero, Deus as reuniu como uma avó que faz uma colcha de retalhos com as pinturas e rabiscos de uma criança. Deus guardou todas as orações que já proferimos, mesmo aquelas das quais nos esquecemos, e ainda está preparando o seu cumprimento, dirigindo a história na direção de um grande *sim* para você e para mim.

---

9. Eugene H. Peterson, *Tell It Slant: A Conversation on the Language of Jesus in His Stories and Prayers* (Grand Rapids: Eerdmans, 2008), p. 144.

10. Apocalipse 5:8.

PERGUNTE, PROCURE, BATA

O Apocalipse de João não termina com Deus como uma avó que faz colchas de retalhos; termina com Deus como um poderoso Redentor. Três capítulos depois, aquelas taças de oração douradas celestiais reaparecem:

> Outro anjo, que trazia um incensário de ouro, aproximou-se e ficou em pé junto ao altar. A ele foi dado muito incenso para oferecer, com as orações de todos os santos, sobre o altar de ouro diante do trono. Da mão do anjo subiu diante de Deus a fumaça do incenso com as orações dos santos. Então, o anjo pegou o incensário, encheu-o com fogo do altar e lançou-o sobre a terra; e houve trovões, vozes, relâmpagos e um terremoto. [11]

No momento certo, Deus virará sua taça, derramando nossos pedidos na terra. Ele coletou todas as orações que já fizemos, e a redenção virá quando ele fizer chover essas orações sobre a terra de uma vez por todas. A renovação do mundo, do céu e da terra restaurados como uma só peça da criação de Deus, começa com ele derramando todas as orações dos seus filhos como um fogo purificador, com um grande e retumbante *sim*. Cada oração, no final, é uma oração respondida. Alguns ainda estão esperando por isso, sim, mas ele está chegando. Esse é o tipo de "juiz" com quem estamos lidando.

Deus coleta mais do que apenas palavras entre "Querido Deus" e "Amém." Ele também recolhe nossas lágrimas. Em Salmos 56, lemos: "Registra, tu mesmo, o meu lamento; recolhe as minhas lágrimas no teu odre; acaso não estão elas anotadas no teu livro?"[12]

Orar é pedir, olhar do ponto de vista do céu e apontar para Deus a bagunça. No entanto, orar também é chorar — no meio de uma confusão tão densa que não conseguimos enxergar ou fazer nada além de gritar em meio às lágrimas: "Senhor, não aguento mais!"

O salmista nos diz em Salmos 126:5: "Aqueles que semeiam com lágrimas colherão com cânticos de alegria." Deus não apenas recolherá cada lágrima, como também redimirá cada uma delas. O Senhor

---

11. Apocalipse 8:3-5.
12. V. 8.

ORANDO COMO MONGES, VIVENDO COMO TOLOS

não está apenas estocando nossas lágrimas. Ele também promete que, quando tocarem a terra, trarão renovação. Cada lágrima nossa que cair no chão produzirá o fruto da redenção. Deus distorce a história para que os momentos de maior dor se tornem os momentos de maior redenção, alterando a história para ter certeza de que a dor que sentimos libera o poder de uma nova vida, e as lágrimas que choramos se tornam o alicerce de um mundo melhor. Temos a promessa de que chegará o dia quando o próprio Pai enxugará toda lágrima de nossos olhos. Até lá, porém, vivemos com uma promessa intermediária: "Não permitirei que nenhuma de suas lágrimas seja desperdiçada."[13]

Portanto, aqui está a promessa revelada à viúva persistente, feita a nós pelo nosso fiel Pai: "Eu ouço o seu clamor e farei todas as coisas certas, todas as coisas novas." Essa nova criação é semeada pelas orações do povo de Deus e regada pelas suas lágrimas. Ambos são ingredientes-chave na reconstrução do mundo.

Nossa persistência na oração vem da promessa de que não oramos a um juiz relutante, pouco interessado e que não pode ser incomodado. Oramos a um Pai insondavelmente amoroso que reúne nossas orações como cartas de amor e nossas lágrimas como um bom vinho.

A mensagem final de Jesus na parábola não vem na forma de uma promessa, mas de um desafio: "Eu digo a vocês que ele [Deus] lhes fará justiça e depressa. Contudo, quando o Filho do homem vier, encontrará fé na terra?"[14] Na história, até Jesus admite que a maioria das pessoas perde o fôlego na longa jornada de pedir, buscar e bater. Ele promete um bom final, tão bom que redimirá não apenas a criação decaída como um todo, como também cada momento de sofrimento de cada vida individual — nada disso terá sido em vão. Jesus nos pergunta: "Quando chegar a hora dessa redenção completa e final, encontrarei homens e mulheres de fé? Encontrarei alguém que não tenha desanimado ao longo do caminho? Alguém que confiou em mim e na minha promessa o suficiente para continuar orando diante da espera e do desapontamento?" Irá ele encontrar-nos vazios

---

13. Cf. Salmos 56:8.
14. Lucas 18:8.

e arrasados pela nossa decepção espiritual, ou despertos e esperançosos, mesmo quando confrontamos o estado injusto de um mundo em trevas? Encontrará em nós a oração persistente da viúva que clamava dia e noite?

Quando ficamos impacientes com a espera, perdemos a energia para persistir, o que nos faz orar? Devemos recuperar a compreensão da forma que Deus está trabalhando, não apenas na promessa final, mas em todos os atos de persistência ao longo do caminho.

Escolhendo a confiança

Jenna estava sentada no escritório de seu conselheiro para lidar com o luto pelo qual estava passando. Ela estava em sua consulta semanal, tentando vasculhar a bagunça que a oração não respondida havia jogado em seu colo. Foi uma pergunta, não uma resposta, que serviu como ponto de articulação discreto entre a dor que destrói e a dor que transforma. O conselheiro perguntou-lhe gentilmente: "Que razão Deus poderia lhe dar? O que quero dizer é: o que Deus poderia dizer a você, Jenna, que justificaria a morte de Helen? Existe alguma razão que ele poderia oferecer para não curá-la que você consideraria satisfatória, alguma resposta que tornaria a perda dela aceitável?

"E a verdade é que", Jenna falou lenta e mansamente para mim agora — como se estivéssemos em uma capela ornamentada em vez de em um escritório movimentado, e como se voltar à memória daquele dia no escritório do conselheiro fosse pisar em um lugar sagrado — "a verdade é que não havia nada. E essa constatação me deixou com uma escolha a fazer. Eu poderia abraçar o mistério ou fugir dele. Será que eu poderia aceitar o fato de não saber por que minhas orações não foram respondidas, ou seria esta a experiência pela qual defino Deus, a única experiência que supera todas as outras que tive ao longo do caminho? Será que eu poderia continuar confiando em Deus sem ter respostas e razões? Todos nós enfrentaremos uma desorientação que nos machuca em algum momento, e o convite desafiador é confiar mesmo na escuridão."

Lutar com Deus por meio da oração persistente é uma confirmação da crença verdadeira, não da dúvida angustiante. Aqueles que acreditam

ORANDO COMO MONGES, VIVENDO COMO TOLOS

apenas pela metade não se ofendem com o silêncio. Somente aqueles de nós que acreditamos e acreditamos muito — com força suficiente para andar sobre um galho de fé com todo o nosso peso, que sentimos esse membro quebrar sob nós e nos lançar a uma queda livre sem os equipamentos de segurança dos alpinistas, que nos preocupamos em lutar com um Deus que às vezes parece inconstante — nos ofendemos com o silêncio.

Jenna continuou. O chá dela havia esfriado, e nós dois estávamos em silêncio, chorando. "A dor e o sofrimento têm a capacidade de aprofundar e transformar você, mas também têm o potencial de destruí-lo. Percebi que essa dor que carregava estava me destruindo."

Será que a dor, o sofrimento e as necessidades que se intrometem na nossa própria história endurecerão o nosso coração ou abrandarão a nossa alma? Como a dor que nos consome vivos se torna um agente de transformação profunda? Temos de convidar Deus — aquele mesmo que quebrou a nossa confiança — a estar na lama conosco. Convidarmos aquele que rotulamos de "perpetrador" para ser nosso curador. É a mais corajosa de todas as escolhas.

Jenna continuou. "Como uma jovem cristã, minha fé foi construída sobre o poder da ressurreição de Jesus. O Deus que me atraiu para a história e me conduziu até este ponto da jornada foi o salvador vitorioso. Agora conheci o servo sofredor e o homem de dores.[15] A vida espiritual que primeiro floresceu enquanto eu me alegrava em torno do trono de Deus agora continuava a crescer à medida que eu, assim como Tomé, passava os dedos nas feridas de Jesus."

Ali, tateando no escuro, não foi um Deus com poder de ressurreição que ela descobriu, mas um Deus disposto a entrar na noite e tatear naquela mesma escuridão com ela. Um Deus chorando no jardim. Um Deus pendurado em uma cruz. Um servo sofredor. Um homem de dores.

Jesus revela um Deus ofensivamente humano, em contraste com qualquer outra religião. Um Deus que conhece a natureza esmagadora do sofrimento em um mundo caído. Um Deus que curou milagrosamente um leproso, apenas para continuar vivendo em um mundo repleto de colônias de leprosos, que abriu os olhos de um cego no mesmo dia em

---

15. Cf. Isaías 53.

PERGUNTE, PROCURE, BATA

que outro bebê nasceu cego. Um Deus que demonstra poder de cura e escolhe o sofrimento pessoal como meio para a cura final.

Jenna descobriu ali, de modo bastante pessoal, a verdade citada por Parker Palmer:

> Quanto mais profunda a nossa fé, mais dúvidas devemos suportar; quanto mais profunda for a nossa esperança, mais propensos estaremos ao desespero; quanto mais profundo for o nosso amor, mais dor a sua perda trará; esses são alguns dos paradoxos que temos de enfrentar como seres humanos que somos. Se nos recusarmos a enfrentá-los na esperança de viver sem dúvidas, desespero e dor, também nos encontraremos vivendo sem esperança, fé e amor.[16]

Quando Jenna voltou para seu apartamento após a morte de Helen, a história sobre a qual ela construiu sua vida desabou como um castelo de cartas. A maneira pela qual ela descreveu isso foi assim: "Ou Deus não é poderoso o suficiente, ou Deus não é bom o suficiente." Meses mais tarde, depois de vagar no escuro, queimando de raiva no banco da igreja, lamentando a perda de uma versão de si mesma da qual ela sentia falta e para a qual não conseguia voltar, outra opção finalmente se abriu para ela.

"Naquele consultório do conselheiro que me ajudaria a enfrentar o luto, naquele dia, tomei minha decisão. Eu escolhi a confiança. Não uma confiança de que Deus quis o câncer ou a morte de Helen, mas uma confiança de que Deus é bom, de que Deus está presente em nosso sofrimento e de que Deus fará novas todas as coisas." Jenna e eu ficamos sentados em silêncio com os rostos banhados de lágrimas. De alguma forma, o pequeno escritório naquele movimentado espaço de *coworking* tornou-se tão santo quanto a igreja mais bem ornamentada.

Eu não entendo (e nunca consegui entender) tudo sobre Deus. Posso, porém, confiar no Deus revelado em Jesus — o Deus que nunca desprezou o sofrimento de um trono elevado, mas sempre

---

16. Parker Palmer, *A Hidden Wholeness: The Journey toward an Undivided Life* (São Francisco: Jossey-Bass, 2004), p. 82-83.

ORANDO COMO MONGES, VIVENDO COMO TOLOS

olhou nos olhos dos que sofrem até serem esmagados. Posso confiar no Deus que se recusa a oferecer respostas fáceis a uma distância segura, no Deus que entra na confusão comigo.

Todos os destaques bíblicos, os momentos das intervenções gloriosas de Deus, foram precedidos por alguém que escolheu a confiança. O subtexto por trás de cada milagre, a trilha sonora da vida de cada santo, é uma escolha desafiadora e corajosa diante da experiência sombria da ausência e do silêncio de Deus: "Eu escolho a confiança."

C. S. Lewis nomeou essa escolha como o grande desafio do qual brota a redenção:

> Não haverá um perigo maior para a nossa causa [de Satanás e seus aprendizes] do que quando um ser humano, que não mais deseja, mas ainda assim pretende fazer a vontade de nosso Inimigo, olhar em redor, para um universo do qual todo traço dele parece ter desaparecido, e perguntar-se por que foi abandonado e ainda obedece.[17]

Uma execução e um resgate

Atos 12 conta a incrível história da libertação sobrenatural de Pedro da prisão. Ele foi jogado na prisão por sua fé em Jesus; sua execução pública estava marcada para o dia seguinte. Enquanto isso, a igreja se reuniu na casa de alguém, realizou uma reunião de oração que durou a noite toda e, nas primeiras horas da manhã, Pedro apareceu naquela mesma reunião de oração.

No final das contas, Deus estava ouvindo e fazendo milagres. Ele abriu uma cela trancada no meio da noite e levou Pedro das algemas para a liberdade, para que ele pudesse se juntar à família da igreja, que intercedia por ele.

Essa é a manchete. É a história de que todos se lembram de Atos 12, e é uma boa história. Contudo, não estou interessado no título; estou preso ao subtexto:

---

17. C. S. Lewis, *Cartas de um diabo a seu aprendiz*, Rio de Janeiro: Thomas Nelson Brasil, 2017, p. 54-5.

PERGUNTE, PROCURE, BATA

Nessa ocasião, o rei Herodes prendeu alguns que pertenciam à igreja, com a intenção de maltratá-los, e mandou matar à espada Tiago, irmão de João. Vendo que isso agradava aos judeus, prosseguiu, prendendo também Pedro [...]. (Atos 12:1-3)

Deus libertou milagrosamente Pedro, mas Tiago foi executado injustamente. Por quê? Por que Deus respondeu milagrosamente à oração por Pedro e silenciosamente às orações por Tiago? Ambos os homens estavam em seu círculo íntimo, eram seus três principais discípulos, então não era porque ele favorecesse um em detrimento do outro. Certamente a igreja orou por ambos. Se eles se reuniram para uma reunião de oração durante toda a noite por Pedro, é seguro presumir que reagiram da mesma forma por Tiago. Ambos foram detidos e encarcerados pelo mesmo tirano corrupto, pela mesma causa injusta, talvez até tivessem ocupado a mesma cela. Então, por que, Deus? Por que deixar Tiago morrer se tens o poder de teletransportar Pedro para um local seguro?

Não sei. Essa é a única resposta honesta.

O que eu sei é o seguinte: Deus trabalha de maneira lenta por compaixão, não por apatia. Sei que Deus suporta muita corrupção, e seu modo lento e amoroso de redenção exige de nós paciência e perseverança em meio ao sofrimento. Sei que, quando leio Atos, vejo uma fé experiente e resiliente — um povo que ora, que se alegra na presença de Deus e com seus milagres e permanece com Deus no mistério.

Perdida no pano de fundo das sequências de ação e dos acontecimentos milagrosos de Atos está uma comunidade que se reuniu para orar, mesmo depois de terem tentado isso uma vez antes, apenas para ver as trevas vencerem, pelo menos do ponto de vista deles. Eles continuaram orando mesmo diante de orações não respondidas. Eles persistiram em oração.

De onde vem isso? Somente da fé de que Deus está estocando minhas lágrimas e guardando-as junto às minhas orações. Que ambas são ingredientes-chave na receita da redenção. Que ele me ama demais para desperdiçar qualquer uma delas.

Podemos nos tornar novamente um tipo de pessoa que ora com persistência? Poderemos recuperar o legado dos nossos ancestrais, perdido em algum lugar ao longo do caminho? Podemos preservá-lo, incorporá-lo e expressá-lo em nossa vida?

ORANDO COMO MONGES, VIVENDO COMO TOLOS

"Continue pedindo e lhe será dado. Continue procurando e você encontrará. Continue batendo e a porta lhe será aberta." Esse é o convite que Jesus nos fez. E qualquer pessoa que o aceite e ore dessa forma por tempo suficiente se encontrará à porta da resiliência.

PRÁTICA
Oração persistente
———————

A oração na forma da viúva persistente pode ser compreendida em três movimentos.

1. Diga como você quer dizer

Não comece com coragem ou fé. Comece com a decepção, entregando sua dor e necessidade a Deus. Ele recolhe nossas lágrimas, e começamos a fazer o mesmo, trazendo à tona nossas experiências doloridas com base no que entendemos como ausência, silêncio ou rejeição da parte dele. Conte a Deus suas decepções em oração e não dilua a parte mais dura. Esqueça as boas maneiras. Diga como é.

2. Ouça a questão

Convide Deus para lhe mostrar a questão por trás de suas decepções. Você saberá que está na raiz quando chegar a uma questão mais profunda. Por trás das circunstâncias deixadas pelo seu desapontamento, existe uma dúvida sobre o caráter de Deus. Ele é realmente amoroso? Será que está realmente ouvindo? Deus realmente se importa com essa parte da minha vida? O Senhor é realmente poderoso? Pode ele curar até isso? Deus está realmente inclinando tudo para a redenção? Lembre-se, há uma questão ligada à pessoa de Deus, ao caráter dele. Ouça até encontrar.

3. Peça a Deus para encontrá-lo no ponto exato

Mantenha sua pergunta profunda diante de Deus, convidando-o a trazer a cura. Ele cura por meio desse processo de perguntas pontuais; portanto, essa questão que você descobriu contém o poder da cura.

Convide-o e persista em convidá-lo. Ele é um Deus operador de milagres que às vezes abre os olhos dos cegos. Ele também é um companheiro divino que às vezes tropeça conosco no escuro, carregando nossa dor ao nosso lado. Ele é um mestre curador. Nosso único papel é convidá-lo e persistir em convidá-lo.

É por meio desse processo que você descobrirá a fé para pedir novamente, para continuar intercedendo, para encher aquela taça celestial. Ele está menos interessado em pedirmos por obrigação ou com os dentes cerrados e mais interessado no tipo de pedido que emerge do coração curado da fé recuperada.

Capítulo 10

FIDELIDADE REBELDE

Oração incessante

> Orem constantemente.
> 1Tessalonicenses 5:17

Ele a arranca da cama e a leva, com um punhado de cabelos presos na mão direita fechada, até a praça da cidade, onde a joga no chão em frente aos degraus do templo. Todo o lugar fica em silêncio. Uma mulher está deitada de bruços no chão, aos pés do mestre.[1]

Há poucos minutos, a mulher adúltera estava presa à teia de uma vida dupla. O caso continuou onde ela o havia deixado no dia anterior — agora, porém, a emoção da infidelidade foi interrompida pela presença de um terceiro indesejado. Um sacerdote os encontrou. Pegou-os em flagrante.

O mesmo sacerdote que criou aquele momento de desgraça também quebrou o silêncio. "A lei diz pena de morte. A mulher tem de ser apedrejada. O que você diz?" Ele estava forçando o autoproclamado mestre a se posicionar entre o povo e a lei. Foi uma equação brilhante, a armadilha perfeita. A mulher estava deitada ali, envolta em nada mais do que o lençol fino da cama de seu amante, uma de

---

1. Esta história se encontra em João 8:1-11. Salvo indicação em contrário, citações são paráfrases minhas.

FIDELIDADE REBELDE

suas bochechas pressionada contra o chão. A emoção descontraída de alguns minutos atrás foi substituída pelo peso da vergonha que a prendia ao chão.

Sua mente disparou com dúvidas: Há quanto tempo eles sabem e quem mais sabe? Está quase na hora de pegar as crianças. Alguém lhes dirá, ou pior, eles as trarão para cá. Eles vão deixá-las me ver assim. Farão que assistam como uma espécie de aviso. Qual é a sensação quando realmente apedrejam você?

Jesus não respondeu à pergunta do sacerdote. Ele se abaixou e começou a desenhar na terra. A mulher está perto o suficiente para ouvir o som do dedo indicador dele percorrendo a areia enquanto os espectadores se inclinam para tentar entender o que ele está escrevendo.

Justamente quando o silêncio dura o suficiente para que o sacerdote esteja prestes a deixar escapar alguma outra coisa, Jesus fala. "Tudo bem, vá em frente e apedreje-a. Mas quem estiver sem pecado deve atirar a primeira pedra."

Ela estremece ao ouvir o primeiro som, mas então percebe: Eles não estão atirando pedras. Eles estão se retirando.

Ela levanta a cabeça para encontrar seus olhos de compaixão. "Eu também não condeno você", declara Jesus. "Vá e, de agora em diante, abandone a sua vida de pecado."[2]

Essa é a história que ela contaria para sempre. Seu lugar de grande vergonha tornou-se um lugar de grande misericórdia. A parte de sua história que ela queria apagar ou esconder nas letras miúdas no rodapé da página tornou-se a parte que ela nunca deixaria de contar. Esse é o tipo de autor que é Deus. Ele não edita. Ele dá um novo propósito e redime. Ele transforma os piores momentos em momentos insubstituíveis e agradáveis. Seu fracasso mais óbvio foi também sua maior vitória.

Contudo, seria impossível que essa mulher, ainda atordoada pela súbita intrusão do amor, soubesse que a verdadeira luta da sua vida estava apenas começando. A verdadeira luta acontece todos os dias após esse dia transcendente e memorável.

Todos nós temos um ou dois momentos de "mulher pega em adultério" em nosso passado que nos remodelou profundamente, mas,

---

2. Cf. João 8:11.

quando se trata dos muitos dias após aquele encontro apaixonado (a fidelidade), normalmente achamos que eles são desanimadores e desencantadores.

Existem altos e baixos na vida espiritual — encontros sobrenaturais, paixão ardente e perdão restaurador; solidão, tristeza e crises existenciais. No entanto, a condição mais comum encontrada no banco de sua igreja local é um mal-estar generalizado de tédio.

A alegria de nossas experiências no topo da montanha diminui depois de um tempo, e nos vemos arrastando os pés com relutância pelo caminho estreito atrás de Jesus, bocejando o tempo todo. Mas o tédio espiritual não é necessariamente um sinal de que estamos falhando na oração; na verdade, muitas vezes significa que estamos amadurecendo.

A verdadeira luta de fé ocorre todos os dias normais após o momento culminante por causa de algo que todos nós sabemos, mas somos educados demais para ser francos e admitir: a fidelidade é entediante.

Oração é sobre amor

A Bíblia não é um livro de regras ou um conjunto de orientações; é uma história de amor — uma história de amor romântica e corajosa em que somos convidados a acreditar. Vemos toda essa história capturada em uma única cena, quando Jesus defende e dignifica uma mulher coberta de vergonha, jogada no chão a seus pés, mas podemos ver isso com a mesma clareza quando nos aproximamos da metanarrativa de que Deus foi autor desde que pendurou as estrelas no céu noturno.

A história bíblica começa com o amor perfeito no centro da trama, e o conflito introduzido pelo pecado é uma distorção e deformação desse amor em algo menor e inferior. O ponto crucial no centro da história é a vida, morte e ressurreição de Jesus. A ferida aberta pela infidelidade é curada por um amor que nunca desiste. Jesus, na última noite da sua vida, diz isto aos seus seguidores: "Como o Pai me amou, assim eu os amei; permaneçam no meu amor."[3] Toda a antologia de 66

---

3. João 15:9.

FIDELIDADE REBELDE

livros se resolve, não em um apocalipse catastrófico, mas em um banquete de casamento — Cristo unido à sua noiva por toda a eternidade.[4] A infidelidade humana reparada pela fidelidade divina.

Como permanecemos nesse amor? Como podemos fazer do amor da aliança o pano de fundo diante do qual as cenas de nossa vida se desenrolam? Pela oração. "Se você não consegue amar, também não consegue orar", escreveu Johannes Hartl. "Orar é amar. E aprender a orar significa aprender a amar."[5]

O amor é fácil no início e no final. É fácil na fase de lua de mel, quando vocês estão apaixonados um pelo outro — sensíveis, falantes e apaixonados. E o amor é como respirar para o casal de idosos que está há décadas em um amor maduro que envelheceu até a perfeição como um bom vinho. Todavia, e todos esses anos entre eles? Amor no meio da construção de uma carreira, da criação dos filhos, do estabelecimento de uma vida e do enfrentamento de provações — esses são os longos anos em que o amor deve ser trabalhado e buscado. Esses são os anos em que a paixão precoce amadurece e se transforma no velho casal em união sem esforço. Esses são os anos em que o amor é conquistado e perdido.

Assim como o amor, a oração vem no início e no final, pelos pecadores e pelos santos, mas todos os anos intermediários são os mais importantes. A oração tem a ver com relacionamento, e isso significa que a fidelidade é o único recipiente dentro do qual ela pode realmente florescer.

Quando eu tinha 17 anos de idade e estava no último ano do ensino médio, havia um parque à beira-mar bem no meu trajeto da escola para casa. Regularmente, várias vezes por semana, eu parava ali no caminho para casa e andava pelos caminhos sombreados daquele parque, conversando sem pressa e sem agenda com Deus.

Tenho histórias de oração caminhando em missão, vendo faíscas de avivamento nas primeiras horas da manhã em uma escola pública de ensino médio. Conheço a oração da intensidade e do fogo. Conheço também a oração da fidelidade e do amor. Naquelas tardes

---

4. Cf. Apocalipse 19:6-9.
5. Johannes Hartl, *Heart Fire: Adventuring into a Life of Prayer* (Edimburgo: Muddy Pearl, 2018), p. 205.

ORANDO COMO MONGES, VIVENDO COMO TOLOS

no Philippe Park, eu não queria nada de Deus. Eu não tinha planos que queria que ele patrocinasse, não esperava que ele atendesse a nenhuma necessidade. Não houve motivo; havia apenas amor. Eu queria estar com Deus, então andei, falei e ouvi.

Algumas décadas depois, agora imagino que aquelas tardes eram as favoritas de Deus. Não há como saber com certeza, mas tenho uma leve suspeita de que ele preferia aqueles passeios sinuosos nas últimas horas da tarde com um diretório escolar nas mãos e uma visão em mente. Porque naquelas tardes dos dias de semana não se tratava de mudar o mundo. Não se tratava de fazer Deus agir da maneira que eu achava que ele deveria agir. Não era nem sobre meus próprios problemas ou necessidades. Não havia função. "Perdemos" tempo com aqueles que amamos. E eu estava perdendo tempo com Deus porque o amo.

"A oração não significa muito quando a usamos apenas como uma tentativa de influenciar Deus, ou como uma busca por um abrigo espiritual, ou como uma oferta de relaxamento em tempos cheios de estresse", escreveu Henri Nouwen. "A oração é o ato pelo qual nos despojamos de todos os pertences falsos e nos tornamos livres para pertencer a Deus e somente a ele."[6]

Antes que a oração seja sobre poder, ou resultados ou exércitos celestiais e uma revolta pela justiça, ela é sobre amor. É a maneira pela qual escolhemos livremente o Deus que nos escolheu primeiro. A forma com que nos expressamos ao Deus que, apesar de tudo, se deleita em nós. A forma com que recebemos do Deus que tem resistência infinita para se oferecer a um monte de gente que prefere a autossuficiência, maxilares cerrados e punhos rígidos.

O coração de um amante e a disciplina de um monge

"Senhor, ensina-nos a orar."[7] Esse é o pedido ao qual sempre voltamos. A oração é o que as pessoas notaram em Jesus, mais do que

---

6. Henri Nouwen, "Letting Go of All Things", *Sojourners*, maio de 1979, p. 6.
7. Cf. Lucas 11:1.

FIDELIDADE REBELDE

qualquer outra coisa. A oração é o aspecto de sua vida pelo qual aqueles que se aproximavam dele tinham mais inveja.

Ver Jesus orar foi como assistir à cena final do filme *Diário de uma paixão*. Você talvez já tenha assistido. Depois das reviravoltas do amor jovem, apaixonado e empolgado, Ryan Gosling e Rachel McAdams se enrugaram e se transformaram em outro casal, idosos e mancos. Eles estão em um quarto de hospital, ambos chegando ao fim da vida. Ele se deita na cama dela, passa o braço ao seu redor, entrelaça os dedos nos dela, e adormecem para sempre, juntos. Morrendo, mas ainda apaixonados, ainda abraçados.

Todo mundo que já assistiu a esse filme fica com os olhos marejados durante pelo menos um pouco daquela cena, porque ela nos encontra no lugar do desejo que Deus nos deu. Todos queremos essa intimidade e companheirismo. Todo mundo quer isso, mas há uma razão para o escritor e diretor de *Diário de uma paixão* incluir apenas a fase da lua de mel e o amor maduro no final. É a razão mais óbvia: todos esses anos intermediários foram preenchidos apenas com a fidelidade comum. E a fidelidade é entediante.

Quando, porém, você vê o fruto da fidelidade — um casal de idosos ainda apaixonado —, um pensamento passa por sua mente: "Isso é melhor do que qualquer coisa que eu tenha. Eu quero isso." Foi o que os discípulos viram quando Jesus orou: o fruto da fidelidade. E eles queriam aquilo. "Ensina-nos o tipo de oração que leva a isso."

"Pai nosso, que estás nos céus! Santificado seja o teu nome. Venha o teu reino; seja feita a tua vontade na terra como no céu."[8] Na sua oração exemplar, Jesus fez algo óbvio para os Doze, mas que se perdeu entre os discípulos modernos. A oração do Pai-nosso não foi inteiramente original de Jesus. Não era algo que ele estava recitando espontaneamente.

Jesus estava adaptando as primeiras linhas do *Kadish*, uma das três orações estimadas e familiares recitadas regularmente no antigo templo judaico. Ela diz assim: "Magnificado e santificado seja seu grande nome, no mundo que ele criou por sua vontade. Que ele estabeleça seu reino em sua vida e em seus dias."[9]

---

8. Cf. Mateus 6:9-10.
9. Jonathan Sacks, ed., *The Authorised Daily Prayer Book of the United Hebrew Congregations of the Commonwealth*, 4. ed. (Londres: Collins, 2006), p. 37.

Dê uma olhada na comparação:[10]

O *Kadish*	A oração do Senhor
Magnificado e santificado seja o seu grande nome,	Pai nosso, que estás nos céus! Santificado seja o teu nome.
no mundo que ele criou por sua vontade. Que ele estabeleça seu reino em sua vida e em seus dias.	Venha o teu reino: seja feita a tua vontade na terra como no céu.

Não estou tentando acusar Jesus de nada imoral aqui, mas isso é definitivamente considerado plágio na faculdade. Jesus está adaptando uma oração hebraica comum e disciplinada do templo e tornando-a muito, muito, muito mais pessoal para pessoas em busca de um Deus pessoal.

"Ensina-nos a orar." E Jesus responde, essencialmente: "Ore a Deus mais intimamente do que você pensa que é permitido, porque se trata de amor, e centre sua vida de acordo com um ritmo disciplinado de oração, porque a fidelidade é o solo em que o amor cresce." Ouço Jesus dizer: "Aqui está o meu segredo: ore com o coração de um amante e a disciplina de um monge. É assim que você escolhe a fidelidade e, quando o faz, ela sacia seus desejos de uma forma tão satisfatória que todo o resto se torna a parte entediante." Jesus estava dizendo a eles e a nós: "Orem como um bando de monges selvagens e indisciplinados."

Dietrich Bonhoeffer certa vez deu um famoso conselho a um jovem casal no dia do casamento:

> Como vocês deram o anel um ao outro e agora o receberam pela segunda vez das mãos do pastor, então o amor vem de

---

10. Adaptado de Pete Greig, *How to Pray: A Simple Guide for Normal People* (Colorado Springs: NavPress, 2019), p. 78.

FIDELIDADE REBELDE

você, mas o casamento vem de cima, de Deus [...] Não é o seu amor que sustenta o casamento, mas, de agora em diante, o casamento é que sustenta o amor.[11]

A oração tem a ver com amor, e isso significa que não pode ser sustentada apenas por sentimentos frenéticos, boas intenções e momentos espontâneos. Precisa de um recipiente, algo como a fidelidade de um casamento, um conjunto de práticas ou rituais dentro dos quais esse amor possa crescer, amadurecer e florescer.

"Ter vivido como um e de repente se tornar um dois — isso é uma invasão", escreveu David Brooks, colunista do *The New York Times*. "E, ainda assim, há um prêmio. Pessoas com casamentos longos e felizes ganharam na loteria da vida [...] A paixão atinge o auge entre os jovens, mas o casamento é o que atinge o auge na velhice."[12] E, assim como os casais idosos se tornam mais parecidos no decorrer de anos de companheirismo, nós nos tornamos mais parecidos com Jesus ao longo de horas de conversa e anos de companheirismo.

Essa ideia não é nova nem inédita. Entrelaçado com várias tradições e épocas, desde a história da igreja moderna até o início da igreja, um ritmo definido de oração fundamentou a relação entre Deus e o seu povo.

Ore como um monge

A maneira de orar como Jesus nos ensinou inclui este convite inevitável: aprender a viver como um monge no mundo comum. Historicamente falando, esse é o ritmo que o povo de Deus sempre seguiu.

Na tradição hebraica, que contém as raízes da fé cristã, sempre houve um ritmo diário de oração: pausas para orar três vezes ao dia — de manhã, ao meio-dia e à noite. Na verdade, todas as grandes tradições espirituais insistem em algum tipo de ritmo

---

11. Paráfrase de Ronald Rolheiser em Domestic Monastery (Brewster: Paraclete, 2019), p. 41.
12. David Brooks, *The Second Mountain: The Quest for a Moral Life* (Nova York: Random House, 2019), p. 139.

diário de oração.[13] Esse é o ponto central da trama do livro de Daniel. Ele se recusa a renunciar à oração ao Senhor na cultura babilônica. Ele não deixa de se ajoelhar para orar três vezes ao dia em frente à sua janela voltada para Jerusalém. Ele vive em um ritmo diário de oração e não mudará sua vida de oração de acordo com a cultura, os costumes e as expectativas daquela terra estrangeira. Essa é a ofensa que o leva a ser jogado aos leões.

Da mesma forma, o salmista une a voz de todo o povo de Deus: "Eu, porém, clamo a Deus, e o Senhor me salvará. Ao anoitecer, ao amanhecer e ao meio-dia, choro angustiado, e ele ouve a minha voz."[14]

O próprio Jesus observava um ritmo diário de oração. Cada um dos Evangelhos contém descrições de Jesus retirando-se de sua atividade para determinados momentos de oração. Existem dezessete cenas de Jesus em oração.

É importante notar que nem toda referência a Jesus em oração foi planejada de acordo com um ritmo diário fixo. Não era costume das pessoas no templo ficarem acordadas a noite toda em uma caminhada de oração ao luar, por exemplo, então Jesus orou espontaneamente. Entretanto, é igualmente importante notar que Jesus orou de acordo com um ritmo fixo e diário. A esmagadora evidência histórica é que Jesus orava de acordo com o ritmo do templo — três vezes ao dia —, realizando o mesmo ritmo da manhã, do meio-dia e da noite, como vemos em Daniel e nos salmos. Na verdade, muitas das referências bíblicas a Jesus na oração enquadram-se nessa categoria.[15] O teólogo do Novo Testamento Scot McKnight resumiu: "Jesus orou dentro dos ritmos sagrados de Israel e conheceu em primeira mão a sua influência formativa."[16] Jesus orou espontânea e rotineiramente, sozinho e com outros, expressando suas emoções com suas próprias palavras e guiado pelos salmos em horários fixos no templo. Jesus orou como um monge selvagem e indisciplinado.

---

13. Veja Richard Rohr, "Contemplation and Compassion: The Second Gaze", em *Contemplation in Action* (Nova York: Crossroad, 2006), p. 15-16.

14. Salmos 55:16-17.

15. Para mais suporte acadêmico e contexto bíblico, veja Scot McKnight, *Praying with the Church: Following Jesus Daily, Hourly, Today* (Brewster: Paraclete, 2006).

16. McKnight, *Praying with the Church*, p. 31.

FIDELIDADE REBELDE

A igreja primitiva, cuja vida partilhada temos tentado recuperar há cerca de mil e setecentos anos, vivia em um ritmo diário de oração. Em Atos, os apóstolos continuaram exatamente de onde o Mestre havia parado, orando como Jesus lhes ensinou.

> Certo dia, Pedro e João estavam subindo ao templo na hora da oração, às três horas da tarde. (Atos 3:1)

> Quando foram soltos, Pedro e João voltaram para os seus companheiros e contaram tudo o que os chefes dos sacerdotes e os líderes religiosos lhes tinham dito. Ouvindo isso, levantaram juntos a voz em oração a Deus [...]. (Atos 4:23-24)

> Por volta do meio-dia, enquanto viajavam e se aproximavam da cidade, Pedro subiu ao terraço para orar. (Cf. Atos 10:9.)

O documento não bíblico mais antigo que temos da vida da igreja chama-se *Didaché*, que, entre outras coisas, detalha as orações da manhã, do meio-dia e da noite observadas por todos os cristãos na igreja primitiva.[17]

Você já se perguntou como os apóstolos conseguiram reunir suas congregações dispersas para reuniões de oração de emergência em uma cidade enorme, em um mundo antes dos telefones celulares? A explicação mais provável é que eles já se reuniam para orar em determinados momentos do dia.

Um ritmo diário e compartilhado de oração foi o pressuposto na igreja durante séculos, e então, o Império Romano caiu. Quando isso aconteceu, a igreja, pela primeira vez na sua história, aliou-se ao poder político e perdeu a sua salinidade, como disse Jesus.[18] Ao mesmo tempo, perdeu o gosto pela oração.

Os primeiros mosteiros foram fundados nos séculos 4 e 5 simplesmente para continuar a vida comum da igreja primitiva. Ligando os braços ao poder, a vida da igreja tornou-se diluída e, assim, alguns

---

17. Veja McKnight, *Praying with the Church*, p. 35.
18. Cf. Mateus 5:13.

201

ORANDO COMO MONGES, VIVENDO COMO TOLOS

cristãos retiraram-se para regressar à expressão potente dos dias anteriores que se espalhara pelo mundo greco-romano como um incêndio. Os monges originais, agora conhecidos como mães e pais do deserto, eram pessoas comuns que queriam continuar vivendo o caminho comum de Jesus e dos apóstolos. Essas comunidades do deserto oravam como monges selvagens e indisciplinados.

Atos é o livro de história bíblica da igreja primitiva. Desafio você a lê-lo na íntegra, destacando cada referência a "enquanto íamos para o local de oração" (ou a frase equivalente em sua tradução), e observar o que vem junto do compromisso com uma vida diariamente enraizada na oração.

Em Atos 2, as línguas flamejantes do Pentecoste desceram enquanto os cristãos estavam reunidos para a *oração matinal* (nove da manhã). Em Atos 3, Pedro e João realizaram a primeira cura milagrosa após a ressurreição *no caminho para a oração do meio-dia* (três da tarde). Em Atos 4, os alicerces do cárcere tremeram em resposta à *reunião ordinária de oração da igreja*. Em Atos 10, Pedro recebeu uma visão de que o evangelho não era apenas para o povo judeu, mas para todo o mundo, e a família de Jesus se expandiu para todas as nações *enquanto fazia as orações do meio-dia*.

Mesmo em Atos 2, lemos este resumo do início da igreja: "Eles se dedicavam ao ensino dos apóstolos e à comunhão, ao partir do pão e às orações."[19] A palavra grega traduzida por "oração" está no plural, um fato refletido em algumas traduções, e quase certamente refere-se ao ritmo fixo da oração diária.[20] E o que se seguiu a essa devoção à oração? A vida sobrenatural da igreja primitiva incluía sinais e maravilhas, generosidade desenfreada, comunidade contracultural e era inundada por uma maré diária de salvação.[21]

Os primeiros cristãos davam mais valor à reunião de oração do que normalmente fazemos hoje. Eles tinham uma concentração maior do poder do Espírito do que normalmente temos hoje. Quando expressamos o nosso amor a Deus por meio da oração, o poder de Deus é, de certa forma, inadvertidamente inserido em nós.

---

19. V. 42.

20. Veja Paul Kroll, "Studies in the Book of Acts: Acts 2:42-47", Grace Communion International, https://learn.gcs.edu/mod/book/view.php?id=4475&chapterid=56.

21. Cf. Atos 2:43-47.

FIDELIDADE REBELDE

Ao longo de todo o drama bíblico e da história da igreja primitiva, a oração foi a âncora da vida cristã em comunidade. A minha suspeita é que, quando o apóstolo Paulo instruiu a igreja a orar sem cessar,[22] ele tinha em mente tanto um estado interior constante como um ritmo exterior, comprometido e concreto. O convite é algo como: "Orem como um bando de monges selvagens e indisciplinados e, ao fazer isso, o amor e o poder florescerão juntos dentro de vocês."

Ritmo diário de oração

Não defendo uma forma nova de oração, mas sim a antiga. Assim como Isaque após a morte de Abraão, estou reabrindo os poços que os filisteus fecharam.[23] Não se trata de cavar um poço novo; em vez disso, trata-se de remover os escombros dos antigos poços esquecidos, para que uma nova geração possa vir e beber.

A igreja moderna necessita desesperadamente de uma das práticas mais históricas da igreja — uma vastamente esquecida em nosso tempo: um ritmo diário de oração. Não podemos simplesmente olhar para trás e romantizar outro tempo. O convite é vivê-lo agora! A oração, de volta ao ponto de partida, é mais prática do que teórica. Se quisermos uma experiência bíblica, devemos viver uma vida bíblica, assumir práticas bíblicas em um novo tempo e lugar.

Um ritmo diário de oração envolve a fidelidade. Tem absolutamente tudo a ver com amor e absolutamente nada a ver com legalismo. A disciplina pessoal de Jesus sempre foi sobre liberdade e vida. Quando ele se levantou da cama e foi sozinho até o monte das Oliveiras para orar, foi o amor que o levou até lá, não um placar espiritual. Para Jesus, estar com o Pai era o seu desejo mais profundo, a fonte da identidade e o único caminho para a verdadeira vida. "A disciplina era, para Jesus, e deveria ser para nós, baseada no relacionamento e moldada pelo desejo", escreveu o psicólogo David Benner.[24] Deus não mede a frequência nem dá notas para nossas orações. Ela se

---

22. Cf. 1Tessalonicenses 5:17.
23. Cf. Gênesis 26:18.
24. David Benner, *Desiring God's Will: Aligning Our Hearts with the Heart of God* (Downers Grove, IL: InterVarsity, 2015), p. 29.

ORANDO COMO MONGES, VIVENDO COMO TOLOS

trata do amor. Organizar o seu dia conforme a intimidade com Deus é a intenção vivida de mantê-lo como primeiro amor.

Compromissos, não sentimentos, são a forma pela qual demonstramos nosso amor. David Brooks definiu compromisso como "apaixonar-se por algo [ou alguém] e depois construir uma estrutura de comportamento em torno disso para aqueles momentos em que o amor vacila."[25] Jesus estava chegando ao mesmo ponto quando nos convidou a assumir o seu "jugo suave."[26] Um ritmo diário de oração não é nada além de uma estrutura para apoiar nossos desejos mais profundos, mesmo quando nossos sentimentos e emoções nos traem.

Jesus viveu de acordo com um ritmo diário de oração em um mundo sem iPhones ou e-mails, um mundo até mesmo sem relógios. Para Jesus e seus primeiros seguidores, a comunhão com Deus marcou a passagem do tempo. Todo o resto aconteceu a certa distância, antes ou depois da oração. Todo o resto foi priorizado em torno da oração em vez de a oração se enquadrar em prioridades concorrentes. A comunhão com o Deus de amor era o centro da vida, a âncora de cada dia.

O que ancora o seu dia agora? Possivelmente são as demandas do seu dia de trabalho, o toque das notificações no seu telefone ou na sua caixa de entrada de e-mail? Sua próxima refeição ou o número de horas que faltam até o fim de semana? Os dias marcados até o início da sua viagem? Algo define o ritmo diário da sua vida. Algo marca a passagem do tempo. Seja lá o que for, você deve pensar muito sobre estas questões: "Será que isto me torna completo? Será que me ama ou quer me controlar? Está preocupado com o meu bem-estar mais profundo ou está tentando me vender alguma coisa? Está me moldando para a melhor versão de mim mesmo ou aumentando meu egoísmo? Está me deixando vivo ou exausto?" Porque tudo o que está no centro define e molda você.

E se no centro do seu dia a dia você colocasse a comunhão com o Deus que personifica o amor? E se os pensamentos do seu dia fossem gastos em sonhos com Deus — sonhos tão grandes como a vinda do

---

25. Brooks, *Second Mountain*, p. 56.
26. Cf. Mateus 11:28-30.

FIDELIDADE REBELDE

Reino e tão comuns quanto o "pão de cada dia"?[27] E se você escapasse ao meio-dia por alguns minutos ou alguns segundos, porque todas as outras forças estão competindo por sua atenção, mas somente Jesus tem seu coração? E se você passasse o trajeto para casa ou os momentos finais antes de adormecer à noite contando as maneiras magníficas e minúsculas como viu o céu se infiltrar na terra hoje? E se o seu dia pertencesse ao Deus que o ama sem precisar controlá-lo, ao Deus cuja principal preocupação é o seu bem-estar mais profundo, que gentilmente molda você na sua melhor versão e que sopra vida abundante em seu cansaço? E se a fidelidade a Jesus for tudo e a forma de escolhê-la for tão simples como a oração?

Este não é um chamado estrondoso para uma vida de oração mais disciplinada, legalista e rotineira. É uma rebelião silenciosa, uma escolha livre de viver a nossa vida segundo uma ordem diferente de amores, em uma marcha em ritmo diferente na procissão de outro Rei.

Tocando jazz

O ritmo diário de oração observado nos primeiros séculos cristãos envolvia orar com os santos da história bíblica. Os ritmos sagrados eram homenageados pela oração de acordo com Salmos, o *Shemá*, que é composto de três passagens bíblicas (Deuteronômio 6:4-9), e a oração do Pai-nosso.[28] Os primeiros cristãos foram formados e moldados na oração por seus antigos ancestrais.

Nas novas gerações, houve uma resistência à oração disciplinada e rítmica, com a obsessão pela oração espontânea e experiencial. Eugene Peterson observou a esse respeito:

> Existe um preconceito predominante entre muitos cristãos americanos contra orações mecânicas, orações repetidas, orações de "livros" — mesmo quando são retiradas diretamente do "livro de Jesus". Isso é um erro. As espontaneidades oferecem um tipo de prazer e sabor de santidade, as repetições oferecem

---

27. Cf. Mateus 6:10-11.
28. Veja McKnight, *Praying with the Church*, p. 31-32.

205

ORANDO COMO MONGES, VIVENDO COMO TOLOS

outro, igualmente prazeroso e santo. Não precisamos escolher entre eles. *Não devemos* escolher entre eles. São as polaridades da oração. As repetições das orações de nosso Senhor (e de Davi) nos dão bases sólidas para as espontaneidades, os voos, as explorações, as meditações, os suspiros e os gemidos que fazem parte da "oração sem cessar" (1Tessalonicenses 5:17) para a qual Paulo nos exorta.[29]

A igreja moderna esqueceu o ritmo de oração necessário para nutrir a vida espiritual, porque acreditou na ilusão de que a oração espontânea e memorável é a única variedade autêntica. Contudo, essa visão de autenticidade é irrealista e disfuncional, não é pura e perspicaz.

A oração é como o jazz. A música jazz é improvisada. Bandas de jazz não ficam olhando partituras; elas se perdem na música e deixam que ela as conduza. Um saxofonista de uma orquestra se senta com postura adequada em uma casa de ópera formal e refinada. Um saxofonista de um trio de jazz toca com as costas arqueadas, os olhos fechados e uma expressão de profunda satisfação espalhada pelo rosto dentro de um clube barulhento e enfumaçado. Ele "sente" a música, não lê. O interessante do jazz, porém, é que ele requer um conhecimento sólido do instrumento. Uma riqueza de conhecimento e horas de prática tornam a improvisação não apenas possível, como também agradável. Em resumo, se quiser tocar jazz, primeiro você precisa aprender a partitura. E, se quiser orar com paixão, espontaneidade e liberdade, você precisa aprender a partitura.

De joelhos no Getsêmani, suando gotas de sangue de pavor e ansiedade, Jesus começou a orar: "Meu Pai, se não for possível afastar de mim este cálice sem que eu o beba, faça-se a tua vontade."[30] Ocorre-me que a oração de Jesus em Mateus 26 é uma imagem espelhada da oração do Pai-nosso em Mateus 6: "Pai nosso, que estás nos céus! Santificado seja o teu nome. Venha o teu reino; seja feita a tua

---

29. Eugene H. Peterson, *Tell It Slant: A Conversation on the Language of Jesus in His Stories and Prayers* (Grand Rapids: Eerdmans, 2008), p. 265, destaque no original.

30. Cf. Mateus 26:42.

vontade na terra como no céu."[31] As palavras que involuntariamente saíram de sua boca naquele momento de angústia têm uma notável semelhança com os ensinos dele aos seus discípulos sobre como orar anos antes. As circunstâncias não poderiam ter sido mais diferentes e, no entanto, os movimentos foram idênticos. Já foi dito que, em tempos de caos, não estamos à altura da situação; caímos ao nível do nosso treinamento. No caos final, com o peso do sofrimento do mundo sobre os seus ombros, Jesus não esteve à altura da situação; ele desceu ao nível de seu próprio treinamento: "Meu Pai... seja feita a tua vontade."

Coloque essas orações antigas e recitadas em sua corrente sanguínea, e elas fluirão de você quando mais precisar delas. Os momentos memoráveis de oração espontânea emergem de uma vida de oração enraizada e disciplinada.

Herrnhut

De volta ao avivamento em Herrnhut, vemos uma imagem real de fidelidade rebelde a Jesus por meio da oração. A improvável faísca do renascimento ocorreu quando o conde Nicolaus Ludwig von Zinzendorf acolheu aqueles 48 refugiados, dividiu a propriedade da família na aldeia de Herrnhut. Eles sonhavam em recapturar a potência radical da igreja primitiva. Alguns anos depois, desiludidos, chegaram à conclusão sóbria de que o acordo partilhado e a força de vontade coletiva não eram suficientes. A visão deles era clara e inspiradora nos lábios eloquentes de seu líder, mas confusa e comum no contexto do relacionamento mútuo.

Confrontados com a sua própria fraqueza, finalmente começaram a orar como monges. Quarenta e oito refugiados comprometeram-se com um ritmo disciplinado de oração diária. Apenas cinco anos após esse compromisso, a vila de refugiados de 32 casas lançou inadvertidamente o maior movimento missionário da história mundial.

A reunião de oração que começou com aqueles refugiados durou vinte e quatro horas por dia, sete dias por semana, trezentos e sessenta e cinco dias por ano, durante cem anos — um

---

31. Cf. Mateus 6:9-10.

século de oração incessante. O reavivamento da Morávia foi uma reunião de oração de cem anos que transformou a pequena aldeia de Herrnhut na base missionária do século 18 e no catalisador do movimento missionário moderno.

Eles não eram fanáticos; eles eram radicais (do latim *radix*, "raiz").[32] Tornaram-se radicais ao criarem raízes profundas pela prática comprometida. Eles escolheram a fidelidade a Jesus, e ele guarda as melhores aventuras para aqueles que escolhem livremente o seu amor. Eles começaram a orar como monges da variedade mais selvagem e indigna, e acabaram com uma história além de sua visão elevada. Os verdadeiros radicais estão sempre profundamente enraizados.

Qual era o segredo deles? Muitas pessoas fazem essa pergunta. Muitas pessoas querem reprimir e imitar a magia do renascimento da Morávia. Nas palavras do próprio Zinzendorf, aqui está a receita: "Tenho uma paixão. É ele, só ele."[33]

Para eles, era tudo uma questão de amor. O avivamento não foi sobre um Salvador com uma estratégia missionária e um plano de cinco partes; era sobre um Salvador que defende a pessoa quando ela está coberta de vergonha, coloca-a de pé, olha nos olhos dela e diz: "Eu também não a condeno."[34]

Quando essa é a sua história, tudo o que importa é permanecer nesse amor. Um ritmo diário de oração não é um caminho rápido para o avivamento ou uma solução mágica para angariar algo poderoso; é um caminho para a fidelidade rebelde, para o amor expresso por intermédio da oração, para o compromisso de continuar a escolhê-lo em todos os dias normais. O Reino irrompe por meio daqueles que o buscam primeiro, e isso exige prática.

Fidelidade rebelde — é aí que estão os verdadeiros tesouros.

---

32. Veja John Michael Talbot, *The Jesus Prayer: A Cry for Mercy, A Path of Renewal* (Downers Grove: InterVarsity, 2013), p. 52.

33. Essa famosa citação de Zinzendorf está documentada em muitos lugares, incluindo Greig, *How to Pray*, p. 111.

34. Cf. João 8:11.

PRÁTICA
Ritmo diário de oração: Manhã, meio-dia e noite

Manhã: oração do Pai-nosso

Comece o seu dia com Deus. Essa prática simples não tem a ver com disciplina ou tipo de personalidade; é sobre amor. Ainda não encontrei nenhum homem ou mulher de fé cujo impacto no reino de Deus tenha deixado uma marca significativa que *não tenha* passado os movimentos iniciais do dia em união amorosa com Jesus por meio da oração.

"De madrugada, quando ainda estava escuro, Jesus levantou-se, saiu de casa e foi a um lugar deserto, e ali orava."[35] Aos 13 anos de idade, li esse versículo e ele despertou o mais simples dos anseios dentro de mim: "Quero orar como Jesus orou." Então, todas as noites, eu acertava meu despertador quinze minutos mais cedo do que o necessário (apenas quinze minutos). Eu abria minha Bíblia em Marcos 1 e a colocava em cima do meu despertador. Quando a campainha me chamava insistentemente na manhã seguinte e meu instinto adolescente de cochilar assumia o controle, meu braço direito fazia um pêndulo até o despertador e caía em cima destas palavras: "De madrugada, quando ainda estava escuro, Jesus levantou-se, saiu de casa e foi a um lugar deserto, e ali orava."

Esse simples hábito me apresentava uma escolha nos primeiros momentos do dia, quando eu estava animado e disposto, mas minha carne estava fraca. Por trás do meu desejo superficial por mais uns minutinhos de sono, havia um desejo mais profundo de conhecer o Pai como Jesus conheceu. Tomo emprestada uma frase de John Mark Comer: "Se você quer experimentar a vida de Jesus, você tem de adotar o estilo de vida de Jesus."[36] Esse hábito simples foi o início de uma vida de oração que se tornou profundamente pessoal, extremamente aventureira e maravilhosamente indutora de admiração.

Seja qual for a sua rotina matinal, quero sugerir humildemente uma nova meta, ajuste ou acréscimo: orar como Jesus nos ensinou.

---

35. Marcos 1:35.
36. John Mark Comer, *The Ruthless Elimination of Hurry* (Colorado Springs: WaterBrook, 2019), p. 82.

ORANDO COMO MONGES, VIVENDO COMO TOLOS

Todas as manhãs, ore o Pai-nosso. A oração instrutiva de Jesus, encontrada em Mateus 6 e Lucas 11, não é apenas a aplicação literal de como o Salvador nos ensinou a orar, mas também é a única forma documentada pela qual temos 100% de certeza de que a igreja mais antiga orava liturgicamente.[37] Quando sugiro que você faça a oração do Pai-nosso, não me refiro a recitar as palavras como se fosse um roteiro. Quero incentivar você a permitir que essas palavras o movam tematicamente por uma conversa muito pessoal com Deus.

Meio-dia: os perdidos

Ao falar de pessoas fora de um relacionamento conciliado com Deus por intermédio da salvação, Jesus muitas vezes usou o termo *perdido*. *Perdido* descreve uma pessoa em busca de um lar, de segurança, de descanso, mas sem a certeza de que está na direção certa. É uma palavra de compaixão, não de categorização e certamente não de condenação. Jesus se descreve como o Bom Pastor em busca da ovelha perdida, dizendo até mesmo que "haverá mais alegria no céu por um pecador que se arrepende do que por noventa e nove justos que não precisam se arrepender".[38]

Quando oramos pelos perdidos, várias coisas acontecem ao mesmo tempo. Recuperamos o coração do Pastor, ao permitir que Deus quebrante o nosso coração por aquilo que quebranta o dele. Assumimos a nossa autoridade como intercessores ao convidar o céu para agir por amor uns aos outros. E corremos o risco de ser enviados, cientes de que Deus muitas vezes nos comissiona a ir, encarnando as nossas orações com as mãos e os pés.

Quero que você imagine isto (dê-me licença por um momento). Você — no meio do seu dia de trabalho, seja sentado em uma mesa, ao dirigir um caminhão, na correria de um *set* de filmagem, acalmar uma sala de aula turbulenta, anotar um pedido em uma caixa registradora de supermercado, seja na criação dos filhos — se vê lá, no meio do caminho, no meio do seu dia.

Agora, você escapa do fluxo do seu dia de trabalho por apenas um minuto ou dois. Pode ser um momento de silêncio contemplativo

---

37. Veja McKnight, *Praying with the Church*, p. 61-65.
38. Cf. Lucas 15:7.

FIDELIDADE REBELDE

em sua mesa, uma caminhada ao redor do quarteirão em frente ao prédio onde você trabalha ou apenas uma fuga até uma "cabine santa" no banheiro da empresa. Você foge porque conhece um segredo. Você conhece o segredo de que este reino que todos constroem tão ardentemente, desejando que o corpo e a mente tenham mais algumas horas de foco produtivo, não é aquele que permanecerá. Você sabe que existe um Pai que atrai a si as almas, um Bom Pastor na busca amorosa por suas ovelhas perdidas. Você usa esse tempo furtivamente porque precisa. Você precisa, do contrário esquecerá esse segredo. Você começará a acreditar na mesma mentira sorrateira de que este reino pequeno e temporário é o supremo, que a sua produtividade, não o seu amor, é de valor final. Você precisa redirecionar seus afetos, seus pensamentos, o próprio centro do seu ser, porque é pela oração fiel e laboriosa que Deus atrai os perdidos para si e redireciona as paixões da pessoa que ora.

Noite: gratidão

Temos a tendência de sujar nossa mesa de jantar com as sobras do dia. Levamos os eventos do dia para casa, não porque queremos fazê-lo; ainda assim, de alguma forma o fazemos. E se, em vez de passar o trajeto para casa em uma interação desagradável na mente, planejar como lidar com uma situação específica ou desejar ter feito mais alguma coisa, você simplesmente se apoiasse em uma barra no metrô ou se agarrasse ao volante enquanto conta tudo o que tem e fosse grato a Deus a partir de hoje?

Morris West menciona certo ponto na jornada espiritual quando nosso vocabulário de oração é resumido em apenas três frases: "Obrigado! Obrigado! Obrigado!"[39] Desfrutar a vida e saborear os dias é um doce louvor a Deus.

Durante a Páscoa judaica, os israelitas tradicionalmente cantavam uma canção de gratidão chamada *Dayenu*. *Dayenu* significa "teria sido suficiente".[40] Certa vez ouvi um pastor apresentar esta tradução: "Obrigado, Deus, por exagerar."

---

39. Morris West, *A View from the Ridge: The Testimony of a Twentieth-Century Christian* (São Francisco: HarperSanFrancisco, 1996), p. 2.
40. "Dayenu: It Would Have Been Enough", My Jewish Learning, www.myjewishlearning. com/article/dayenu -it-would-have-been-enough.

As orações de *Dayenu* soam como: "Deus, o almoço de hoje teria sido suficiente, mas tu me deste os recursos para escolher o tipo de comida que eu queria comer e as opções para escolher."

"Deus, o almoço da minha escolha teria sido suficiente, mas tu criaste um mundo de sabor, tempero e cultura para tornar a comida mais do que combustível — para oferecê-la como algo artístico e delicioso."

"Deus, um almoço delicioso de minha escolha teria sido suficiente, mas tu me deste um colega de trabalho para conversar sobre aquela comida."

"Obrigado, Deus, por exagerar."

Isso é *Dayenu*. E em trinta segundos ou trinta minutos, é assim que oramos por gratidão. É uma mudança tão pequena e administrável que dará frutos extraordinários. E se você começasse a encher sua mesa de jantar com o fruto do Espírito em vez de com as sobras do dia?

Aplicativo do ritmo de oração diário

Em parceria com a 24-7 Prayer, criei o aplicativo Inner Room, que é um recurso complementar para o ritmo diário de oração descrito nesta parte prática. Ele inclui guias escritos e de áudio durante as orações da manhã, do meio-dia e da noite. Está disponível em vários idiomas, é compatível com diferentes dispositivos e pode ser baixado onde quer que você obtenha seus aplicativos. O aplicativo Inner Room também pode ser acessado em www.tylerstaton.com.

Além disso, você pode escanear este *QR code* para assistir a um vídeo e baixar o aplicativo.

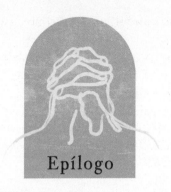

Epílogo

LEVANTAR O TABERNÁCULO DE DAVI

"Naquele dia,

"levantarei a tenda caída de Davi.
Consertarei as suas brechas
e reedificarei as suas ruínas.
Eu a reerguerei como nos dias antigos
para que o meu povo conquiste o remanescente de Edom
e todas as nações que são chamadas pelo meu nome",
declara o Senhor, que realizará essas coisas.
Amós 9:11-12

"Amigo, você quer outra água com gás?"
Olhei para ele com as bochechas banhadas de lágrimas.
"Não, amigo, estou bem."
Éramos apenas eu e mais um sujeito em todo o lugar, então o *barman* estava realmente motivado a continuar me servindo água com gás. Ele manteve distância após aquela breve interação. Entendo. Chorar sozinho enquanto se debruça sobre uma Bíblia não é um comportamento normal em um *pub* irlandês.

ORANDO COMO MONGES, VIVENDO COMO TOLOS

Era uma noite de segunda-feira de fevereiro. Eu estava sentado sozinho em um *pub* lendo — um daqueles onde tudo é perpetuamente pegajoso e a única *playlist* é rock alternativo de 1999. Eu procurava um lugar para ler às 21h30, em uma noite de segunda-feira, e as opções eram limitadas; então, entrei, sentei-me no bar, abri uma Bíblia e li estas palavras antigas do quase esquecido profeta Amós:

"Naquele dia,

> "levantarei a tenda caída de Davi.
> Consertarei as suas brechas
> e reedificarei as suas ruínas.
> Eu a reerguerei como nos dias antigos [...]."
> (Amós 9:11)

Então, eu estava sentado no bar bebendo água com gás; enquanto a banda Matchbox Twenty toca a implacável trilha sonora, tudo cai sobre mim — a história por trás da profecia de Amós.

A história

[...] Então, Davi, com grande festa, foi à casa de Obede-Edom e ordenou que levassem a arca de Deus para a Cidade de Davi. Quando os que carregavam a arca do SENHOR davam seis passos, ele sacrificava um boi e um novilho gordo. Davi, vestindo o colete sacerdotal de linho, foi dançando com todas as suas forças diante do SENHOR. Assim, ele e todos os israelitas levavam a arca do SENHOR com gritos de alegria e ao som de trombetas. [...] Eles trouxeram a arca do SENHOR e a colocaram na tenda que Davi lhe havia preparado. Então, Davi sacrificou os holocaustos e as ofertas de comunhão diante do SENHOR (2Samuel 6:12-15,17).

Sete anos antes da cena de 2Samuel 6, Davi foi ungido rei de Israel. Seu caminho para o trono não foi convencional, para dizer o mínimo. O primeiro rei de Israel, Saul, se sentiu tão ameaçado por

LEVANTAR O TABERNÁCULO DE DAVI

Davi que passou boa parte do seu tempo caçando-o de cidade em cidade, tentando matá-lo — como em um *O jogo mais perigoso* da vida real.[1] Finalmente, após a morte de Saul, Davi foi ungido rei. No entanto, depois disso, Is-Bosete, um dos filhos de Saul, mudou-se para o palácio sem ser convidado, cercou-o com uma milícia e tomou o trono à força. Davi passou a morar em uma pequena cidade no interior, esperando que esse impostor parasse de dormir em sua cama real — por sete anos. É tempo de sobra para sonhar acordado com uma entrada real na cidade. É tempo de sobra para definir uma estratégia política.

É isso que torna a entrada de Davi tão chocante. Esse era o seu tão esperado desfile real, o dia da sua coroação, a sua entrada triunfal. E foi de cair o queixo.

Sem dúvida, as pessoas o ouviram chegar antes de verem o desfile. Um exército inteiro marchava e cantava uma canção que o próprio Davi compôs para a ocasião. A letra está em nossa Bíblia, em Salmos 24:

> Levantem, ó portas, as suas cabeças!
> Levantem-se, ó portas antigas,
> para que entre o Rei da glória![2]

Parece adequado para um desfile real, não é?

> Quem é este Rei da glória?
> O Senhor forte e valente,
> o Senhor valente nas guerras.[3]

Espere, o quê? Davi *não é* o rei da glória? Isso é um erro de digitação? Davi é um compositor experiente. Ele sabe o que faz. E este é o refrão, assim se repete no salmo:

---

1. Referência ao conto *O jogo mais perigoso*, de Richard Connell, publicado em 1924. Trata-se da narrativa sobre um caçador esportivo que, em uma viagem, se torna a presa. [N. da R.]
2. V. 7.
3. V. 8.

Levantem, ó portas, as suas cabeças!
Levantem-se, ó portas antigas,
para que entre o Rei da glória!
Quem é este Rei da glória?
O Senhor dos Exércitos;
ele é o Rei da glória![4]

O rei Davi entra com um cântico de louvor, mas ele não é o rei a quem o cântico louva. "O Senhor dos Exércitos; ele é o Rei da glória!"

Mais ou menos nessa época, a marcha chegou ao topo da colina e começou a descer para Jerusalém. A multidão que assistia esperava ver uma longa marcha de soldados e animadores, o rei conduzido pelo equivalente a um antigo carro alegórico, sentado em seu trono, adornado por vestes reais e com uma pesada coroa na cabeça. Provavelmente foi assim que Saul entrou. Era isso que eles esperavam ver.

O que eles realmente viram foi Davi, seu novo rei, à frente do desfile, usar um colete sacerdotal de linho e dançar. Um colete sacerdotal de linho — a roupa que Davi escolheu para seu grande dia, não o esperado manto real e uma coroa. Essa era uma vestimenta sacerdotal, não aristocrática. Também não era o respeitável manto externo; era a roupa de baixo de um sacerdote. Davi simbolicamente dizia: "Não sou um rei que vem sentar-se em um trono; sou um sacerdote que vem para levá-los à presença de Deus. Mas eu sou o menor de todos os sacerdotes, não qualificado para usar mantos e borlas."

Aí vem o novo rei. Davi canta um cântico de louvor a Deus e dança com roupas íntimas de sacerdote. É tolice, mas é um tipo sagrado de tolice.

Há um carro alegórico no final do desfile, mas, em vez de abrigar um trono para Davi se sentar, ele segura a arca da aliança. A arca era uma caixa sagrada de madeira carregada pelos israelitas através do deserto durante o êxodo, simbolizando a presença de Deus com eles. Essa caixa era a intersecção entre o céu e a terra. Quando o povo de Deus tomou a Terra Prometida, a arca liderou a procissão pelas águas divididas do rio Jordão.

---

4. V. 9-10.

LEVANTAR O TABERNÁCULO DE DAVI

Quando a situação ficou confortável, o rei Saul deixou a arca em um campo estrangeiro. Isso é o que tende a acontecer com Deus. Nós o deixamos para trás quando nos sentimos confortáveis. Davi procurou a arca e a colocou no trono. Deus, o verdadeiro Rei, foi para o assento de honra. Davi, o sacerdote dançarino, celebrou o retorno de Deus ao seu povo.

Todos ficaram de queixo caído enquanto Davi desceu à Broadway. Ao chegar à praça da cidade, ele providenciou uma tenda no centro do local, bem do lado de fora das portas do palácio — uma tenda no formato da Tenda do Encontro de Moisés, onde o grande libertador de Israel falou face a face com Deus como alguém fala com um amigo. Davi colocou a arca de volta na tenda e a chamou de "tabernáculo".[5]

Não imagine um templo deslumbrante e ornamentado. Não menciono sequer algo alternativo e ousado. A palavra tabernáculo é traduzida do hebraico *sukkah*, que significa "barraca" ou "abrigo". Era um abrigo temporário, inexpressivo e improvisado, algo parecido com o que hoje chamaríamos de tenda. A grande ideia de Davi, o culminar de sete anos de espera e sonho, foi: "E se armarmos uma tenda? Uma tenda onde qualquer pessoa possa vir adorar e orar. Nada sofisticado, apenas um espaço comum no centro da cidade para oração."

Quando um novo presidente é eleito, eles têm uma primeira tarefa a resolver imediatamente — algo prometido aos eleitores, um projeto favorito escolhido para definir o seu legado. O primeiro ato de Davi em seu primeiro dia como rei de Israel foi reconstruir a Tenda do Encontro de Moisés no centro da cidade. A princípio, seus conselheiros reais podem ter pensado que a tenda era apenas um símbolo, uma forma de lembrar o êxodo. "Claro", eles devem ter pensado, "sou totalmente a favor de celebrar a história." Todavia, para Davi, essa tenda era mais do que um símbolo; era uma declaração de valor e uma ameaça ao *status quo*.

Após sua entrada, Davi foi ao palácio, sentou-se com seu grupo de conselheiros e expôs o plano. Davi contratou 288 líderes de louvor, profetas e anciãos para orar e adorar naquela tenda, provavelmente

---

5. Cf. 2Samuel 6:17.

217

vinte e quatro horas por dia.[6] Ele era um rei que liderava o exército durante uma era de guerras tribais, mas acabara de esvaziar a conta poupança nacional para destinar a verba à oração. Você consegue imaginar a reunião em que ele expôs esse plano estratégico? "Uhhh, Davi, precisaremos reforçar nossas defesas contra os exércitos que literalmente nos cercam, e você quer gastar tudo em uma tenda de oração?"

"Sim. Isso, é exatamente isso!"

Então, ele fez o que disse que faria.

Durante os trinta e três anos do reinado de Davi em Israel, a adoração e a oração ocorreram vinte e quatro horas por dia. Davi colocou a oração de volta no centro da vida do povo de Deus. E ele convidou a todos — homens e mulheres, escravos e livres, israelitas e pagãos — à oração. Os trinta e três anos do reinado de Davi foram o único período antes da ressurreição em que não houve restrições ao acesso à presença de Deus. O tabernáculo de Davi era uma realidade do Novo Testamento no mundo do Antigo Testamento. Esse é o escândalo dessa tenda de oração.

Tenho este sonho para a igreja: a oração no centro da vida do povo de Deus. Sonho com um espaço independente bem no coração da minha cidade, onde qualquer pessoa possa vir para orar. Um espaço consagrado pelas orações de tantos que o saturaram de louvor, esperança e saudade. Um espaço que inadvertidamente dá origem a uma onda de missão que se assemelha ao reino de Deus em plena cidade. É isso que sonho para a igreja.

Entretanto, o segredo mais bem guardado da igreja moderna é este: acreditamos na produtividade, não na oração. Acreditamos em programas sólidos, ensino acima da média e em mais um lançamento de um álbum do grupo de louvor. Isso é sucesso, certo? O ateísmo clandestino da igreja no nosso tempo é que nos ocupamos com quase tudo, exceto com a oração.

O primeiro movimento impressionante de Davi foi colocar a oração de volta no centro da vida do povo de Deus. Esse foi o passo mais admirável ou o mais ridículo que um rei poderia dar, conforme

---

6. Cf. 1Crônicas 25.

LEVANTAR O TABERNÁCULO DE DAVI

sua inclinação mais a poeta ou pragmático, mas o reinado não convencional de Davi foi o ponto alto da política na história israelita, independentemente do seu ponto de vista — a paz e segurança na cidade, a prosperidade na economia, o cuidado com os pobres, a unificação de um reino dividido. As prioridades de Davi pareciam um desastre político no papel, mas ele construiu a sua vida radicalmente sobre a oração, e Deus cuidou de todo o resto. Como escreveu David Fritch: "A presença de Deus era a estratégia política de Davi."[7]

O padrão que emerge do tabernáculo de Davi é este: priorize a presença na igreja e você terá o Reino na cidade.

Casas de oração

"Amigo, você quer outra água com gás?"

Lá estava eu, com lágrimas nos olhos naquele *pub* irlandês. Ouço uma serenata de Rob Thomas e sonho com a tenda de oração de Davi. Saí e vaguei pelas ruas, fazendo a oração de Amós: "Ó Senhor, levanta o tabernáculo de Davi aqui. Em nossos dias. Em nossa cidade. Levanta o tabernáculo de Davi."[8]

A partir daquela noite, comecei a passar todas as segundas-feiras a pé pelas ruas do Brooklyn fazendo a oração de Amós: "Ó Senhor, faz isso em nossos dias. Faz isso aqui. Faz isso por meio de nós. Levanta o tabernáculo de Davi no meu tempo e lugar."

A glória da profecia de Amós é que a igreja primitiva a tirou das páginas e a trouxe para o mundo. Ela ganhou vida em reuniões secretas realizadas em subterrâneos romanos. Foram formadas comunidades que colocaram a oração no centro da vida do povo de Deus, e o Reino se espalhou pela cidade de uma forma tão profunda que o mundo nunca mais se recuperou.

A tragédia da profecia de Amós é que, depois de Davi, a próxima geração de conselheiros políticos voltou às reuniões do conselho e à estratégia militar. E, depois de Jesus reencenar a entrada dramática de Davi na sua própria entrada triunfal, os mesmos sacerdotes que

---

7. David Fritch, *Enthroned: Bringing God's Kingdom to Earth through Unceasing Worship and Prayer* (Orlando: Burning Ones, 2017), p. 25.

8. Cf. Amós 9:11.

ORANDO COMO MONGES, VIVENDO COMO TOLOS

testemunharam tudo, aqueles que podiam recitar de memória os fatos do tabernáculo de Davi, não estavam naquelas cavernas romanas. Eles pegaram as moedas e as colocaram de volta nas caixas registradoras, devolveram cada pomba à sua gaiola, arrumaram sua bagunça.

Tenho um sonho para a igreja. Voltaremos a ser casas de oração. Nenhum de nós quer passar o resto da vida enclausurado em reuniões semanais socialmente irrelevantes e espiritualmente áridas. Qual é a alternativa? A repriorização radical da oração. E, se o custo for a tolice, conte comigo. Se o custo for o sacrifício, conte comigo. Se o custo for a fé, conte comigo. Se o custo for a perseverança, conte comigo.

Um sim a esse tipo de visão do Reino parece menos com um ranger de dentes e mais com um rei que dança com a roupa de baixo de sacerdote. Tem menos a ver com fazer um trabalho árduo e contínuo e mais com Jesus sorrir de orelha a orelha montado no lombo de um jumento com metade do seu peso. É menos sobre intensidade e muito mais sobre alegria.

AGRADECIMENTOS

Este livro foi escrito pela minha própria mão, mas as palavras deste livro foram escritas primeiro em meu coração por muitas pessoas.

Kirsten, obrigado por me amar o suficiente e aguentar minha teimosa e absurda insistência em organizar minha vida em torno da comunhão com Jesus por meio da oração. Hank, Simon e Amos, oro para que meu teto em oração seja o seu chão.

Obrigado ao 24/7 Prayer Movement, e a Pete Greig em particular, por colocar em linguagem os anseios do meu coração e me acolher no rebanho.

Os primeiros rascunhos deste livro foram tornados razoáveis pela paciente edição de Gemma Ryan, Simon Morris, Will Thomas, John Mark Comer, Jared Boyd, Tim Mackie, Peter Quint, Morgan Davis, Bethany Allen, Gerald Griffin, Gavin Bennett, Brett Leyde e Gerry Breshears.

Obrigado à Oaks Church Brooklyn e à Bridgetown Church por ouvirem e enriquecerem o conteúdo deste livro antes de ele ser escrito.

Apêndice 1

A INTERCESSÃO DE CRISTO

> Portanto, ele é capaz de salvar definitivamente aqueles que, por meio dele, se aproximam de Deus, pois vive sempre para interceder por eles.
>
> Hebreus 7:25

O nascimento de Jesus foi acompanhado por uma trilha sonora angelical: "Glória a Deus nas alturas, e paz na terra aos homens aos quais ele concede o seu favor."[1] Isso é muito mais do que uma canção de Natal. É uma declaração política inspirada pelo profeta Isaías, que acrescentou: "Porque um menino nos nasceu, um filho nos foi dado, e o governo está sobre os seus ombros [...]."[2] Claro, ele é uma criança mansa e serena hoje. Mas não se enganem sobre isso. Essa criança está aqui para reinar. O céu e a terra concordam nisso.

Por trinta anos, parecia que ele não conseguiria se ajustar aos costumes. Então, após um batismo pomposo e, aparentemente, uma peregrinação de quarenta dias pelo deserto transformadora de paradigmas, ele reapareceu e falou com ousadia. Jesus entrou direto na sinagoga, leu as palavras de Isaías sobre o ministério messiânico

---

1. Lucas 2:14.
2. Isaías 9:6.

A INTERCESSÃO DE CRISTO

prometido e encerrou o sermão com estas palavras: "Hoje se cumpriu a Escritura que vocês acabaram de ouvir."[3]

Os trinta e seis meses seguintes foram surpreendentes. Ele era imparável. Transformou os excluídos em heróis. Venceu todas as discussões contra o sistema. Transformou funerais em celebrações, manteve as festas de casamento animadas até o nascer do sol e transformou as esquinas em sinagogas. Ele concedeu perdão sem confessionário, curou sem licença médica e deu uma aula magistral sem educação formal.

Sua chegada a uma vila rural fez que os Beatles em seu auge parecessem uma bandinha de garagem que tentava fazer sucesso. Quando ele chegou a Jerusalém, as multidões arrancaram ramos das árvores e tiraram as próprias vestes apenas para que o animal em que estava montado não tivesse de pisar na estrada de terra. "Hosana! Bendito é o que vem em nome do Senhor! Bendito é o reino vindouro de Davi, nosso pai! Hosana nas alturas!"[4] Outra declaração política, esta ainda mais enfática. *Hosana* é uma antiga declaração judaica que significa "Salve!". E eles usaram essa palavra como refrão e preencheram os versículos com as palavras do salmo 118. Em outras palavras: "Aqui está ele. Aquele que veio para reinar. Aquele que veio para salvar. Aqui está o Deus em carne, ele chegou para sentar-se em seu trono de uma vez por todas." O que Jesus afirmou na sinagoga três anos antes aconteceu.

Foi isso que tornou a sua execução pública uma semana depois tão desorientadora. Ele, porém, até conseguiu transformar a crucificação em um grito de vitória mais inspirador do que William Wallace pintado de azul no cavalo, ao dizer: "Está consumado!"[5] Uma crucificação vitoriosa? Quem já ouviu falar de tal coisa? No entanto, as ações de Jesus mostraram que, quando os soldados romanos plantaram uma cruz no chão com o seu corpo desengonçado estendido sobre ela, foi o equivalente a um rei fincar uma bandeira em um território ocupado pelo inimigo para reivindicar a terra para si. Deus recuperou a criação. *Está consumado!*

---

3. Cf. Lucas 4:21.
4. Marcos 11:9-10.
5. Cf. João 19:30.

Contudo, nada parecia consumado. Na verdade, nada pareceu mudar nos dias e semanas que se seguiram ao brado de vitória. Herodes ainda ocupava o trono e governava como um autocrata corrupto. Todas as ruas ainda eram patrulhadas por soldados romanos que oprimiam 99% da população local. A cortina do templo, que havia sido rasgada ao meio, foi costurada novamente, e os sacerdotes continuavam a restringir o acesso a Deus para alguns. As ruas lá fora ainda estavam lotadas de pobres mendigos sem teto para se abrigar e pacientes sofredores sem médico para tratá-los.

No mesmo dia em que Jesus curou um homem cego, mais dez nasceram cegos e não recuperaram a visão. Na noite em que ele convidou uma prostituta para ser sua companhia de honra à mesa de jantar, centenas de outras foram objetificadas por outro cliente desprezível. No dia em que ele reabilitou um cobrador de impostos, muitos outros exploraram os pobres até o último centavo. E o dia seguinte à sua morte parecia muito com o dia anterior.

Mesmo os seus próprios discípulos não pareciam acreditar inicialmente na vitória, a menos que a sua ideia de uma marcha triunfal fosse algo como se esconder em um cenáculo roendo as unhas, com medo de serem vistos e identificados como comparsas.

Onde está o Reino que sobrevive a todos os outros? Aquele contra quem as portas do inferno não podem prevalecer? A derrubada do opressor pela qual todas aquelas pessoas com folhas de palmeira clamavam?

Não *parece* consumado

A crença cristã é que a morte de Jesus satisfez o salário do pecado. Sua ressurreição derrotou a morte, não somente para ele, mas para todos os que o chamam de Senhor. A vida, morte e ressurreição de Jesus foram uma obra completa de trinta e três anos que abriu um buraco no pesado cobertor sufocante que caiu sobre a humanidade em resposta ao pecado. Está consumado e está disponível para qualquer pessoa pela graça.

Essa é uma bela ideia. O problema é que ela tende a permanecer no domínio das ideias. Parece que não conseguimos levar a história

A INTERCESSÃO DE CRISTO

de Jesus da cabeça para o coração. Cantamos sobre isso, lemos sobre isso, ouvimos contar e recontar com mil metáforas. Ingerimo-la no pão e no vinho, a sensação de graça percorre as nossas papilas gustativas. No entanto, simplesmente não conseguimos dar vida a essa história em nossos ossos. Parece que não conseguimos viver como se fôssemos livres e aproveitar o dia de hoje como se ele não suportasse o peso do mundo.

Resta aquela parte incômoda de nossa vida que retemos da graça, ao presumir que ainda temos algum papel ativo a desempenhar. Estamos convencidos de que temos de superar, mudar, amadurecer, nos tornar. Transformamos a graça em um plano de dieta e Jesus em um contador de calorias. Ele está aqui para nos colocar em forma, mas, não se engane, ainda temos de trabalhar para alcançar os resultados desejados. O coração anseia por graça, mas a mente resiste a ela. Parece que somos fracos demais para simplesmente receber isso.

Houve outra coisa que Jesus disse na cruz. Imagino que ele tenha sussurrado estas palavras quase sem força, com a voz embargada, antes de chegar àquele grito de vitória do avesso: "Meu Deus! Meu Deus! Por que me abandonaste?"[6]

Essa é uma oração que posso apoiar, com a qual posso me identificar. "Onde tu estás, Deus?" Sussurrei essa oração baixinho, minha própria voz trêmula, mais vezes do que posso contar. Aquelas palavras não eram originais de Jesus. Ele as tomou emprestadas de Salmos, o hinário original, para orar as palavras de Davi que abrem o salmo 22. As Escrituras têm o cuidado de observar, porém, que Jesus não orou no hebraico polido e refinado em que foi escrita pela primeira vez, mas em aramaico, a língua comum dos bares e pátios escolares: "Eli, Eli, lemá sabactâani?" De acordo com o estudioso do Novo Testamento Richard Bauckham, ao orar isso em aramaico, Jesus personalizava o salmo.[7] Ele não apenas notou que era como se vivenciasse algo parecido com o que Davi havia descrito todos aqueles anos antes; ele chorava através da história — passado, presente e futuro —,

---

6. Cf. Mateus 27:46.
7. Veja Richard Bauckham, *Jesus and the God of Israel: God Crucified and Other Studies on the New Testament's Christology of Divine Identity* (Grand Rapids: Eerdmans, 2008), p. 255-256.

ORANDO COMO MONGES, VIVENDO COMO TOLOS

sua voz ecoava do começo ao fim: "Onde tu estás, Deus?" O que Davi orou no salmo 22, o que eu já orei tantas vezes antes e sou obrigado a orar novamente, foi concentrado e cumprido em Jesus.

A redenção realizada por Jesus, não importa o tempo ou o fervor pelo qual eu acredite nela, não importa quão eloquentemente seja lembrada e reimaginada, simplesmente se mostra nunca *parecer* consumada. E essa admissão é o ponto preciso onde começa a intercessão, a obra atual de Jesus Cristo.

Nossa vida de oração fica incompleta sem uma compreensão da atual vida de oração de Cristo, porque a oração não começa conosco; ela começa com Jesus. As orações dele sempre precedem as nossas orações.

A intercessão de Cristo

Interceder. É isso que Jesus faz entre sua primeira e segunda vindas.

Esta é uma palavra estranha, tanto na linguagem antiga quanto na moderna. Não a usamos nas conversas comuns, e os antigos gregos também não. Biblicamente, você a encontrará apenas algumas vezes no Novo Testamento.[8] A palavra *interceder* traduz o grego *entynchano*, que significa "suplicar, apelar, pedir". Então, a quem Jesus suplica, apela, pede? A Deus Pai. Em seu nome. E no meu.

Jesus ora por você e por mim. Ele é a ponte entre os recursos celestiais do Pai e a nossa vida terrena. Deixe-me ser claro. O Pai não precisa de mais convencimento para nos abraçar como seus, e o Filho não se importa conosco mais profundamente do que o Pai faz. Isso reflete o mistério trino e uno de um Deus comunitário três em um. É a grande paixão do Filho ver a sua obra expiatória tornar-se a nossa experiência atual, e a profunda alegria do Pai dizer um sim sem hesitação à intercessão do Filho.

A intercessão celestial de Cristo afirma a suficiência da sua vida terrena. A expiação foi a obra consumada de realizar a nossa salvação. A intercessão é a obra atual de aplicação da nossa salvação. Em termos leigos, Jesus concluiu a obra de redenção na cruz, mas as suas orações

---

8. Cf. Atos 25:24; Romanos 8:27,34; 11:2; Hebreus 7:25.

A INTERCESSÃO DE CRISTO

celestiais por mim e por você aplicam a experiência dessa vitória ao momento presente.

O Novo Testamento une inequivocamente os dois. "Quem fará alguma acusação contra os escolhidos de Deus? É Deus quem os justifica. Quem os condenará? Foi Cristo Jesus que morreu; e mais, que ressuscitou. Ele está à direita de Deus e também intercede por nós."[9]

Romanos 5 fala de justificação no passado: "Tendo *sido*, pois, justificados pela fé, temos paz com Deus."[10] É um acordo fechado. Um trabalho no passado. Consumado.

Colossenses 3 fala da glorificação como o futuro seguro: "Quando Cristo, que é a vida de vocês, se manifestar, *então* vocês serão manifestos com ele em glória."[11] O final da história está escrito. Somos justificados pelo que ele fez (trabalho passado) e glorificados pelo que ele fará (trabalho futuro).

Hebreus 7 fala de intercessão no presente: "pois vive *sempre* para interceder por eles."[12]

A intercessão é a ação presente de Jesus que puxa essa história de ambos os lados — a obra de salvação realizada no passado e a glória que nos espera no futuro. A intercessão, expressa da forma mais simples possível, traz à tona a imagem de Jesus em oração por nós, chamando cada um pelo nome. E, ao fazê-lo, ele nos coloca seguramente entre o perdão e a glória, ao permitir um profundo descanso interior protegido pela segurança, esperança e pelo deleite.

Rivalidade entre irmãos

Sou o filho do meio em uma família de três meninos. Um dos meus irmãos é dezoito meses mais velho e outro quinze meses mais novo. A rivalidade entre irmãos era um dado patente em minha família. Meu irmão mais velho, Josh, e eu gostávamos muito de esportes, e ele era melhor — muito melhor. Mas, quando eu tinha cerca de 12 anos, a situação era diferente quando se tratava de beisebol. Ele ainda era

---

9. Romanos 8:33-34.
10. Cf. Romanos 5:1, destaque adicionado.
11. V. 4, destaque adicionado.
12. Cf. v. 25, destaque adicionado.

ORANDO COMO MONGES, VIVENDO COMO TOLOS

maior, mais forte, mais rápido, mas eu o surpreendia no beisebol. Se o irmãozinho supera o mais velho pela primeira vez — em qualquer coisa —, esse momento provoca insegurança.

Uma das tradições no beisebol é que o time da casa pendura Ks no placar para cada *strikeout* que o arremessador recebe.[13] K significa "strikeout" [eliminado] em um placar de beisebol, e a tradição se estabeleceu entre os fãs que gostam de beber cerveja na arquibancada à esquerda do campo.

Quando eu tinha 12 anos, era o arremessador do meu time da liga infantil. Josh compareceu a todos os meus jogos e pendurou Ks em cima do muro para cada eliminação. Ele chegava cedo, pegava uma pilha de guardanapos do quiosque e usava o marcador que trazia de casa para documentar cada *strikeout*. Ele fazia Ks tão fortes no papel que a tinta vazava através da pilha mesmo que ela tivesse cinco guardanapos sobrepostos, e então enrolava os cantos em volta da cerca de arame cinza e gritava como um fã obstinado em uma arquibancada de três fileiras cheia de pais mais ou menos interessados.

Isso é o oposto da rivalidade entre irmãos com a qual todos estamos familiarizados. E é isso que me vem à mente quando penso na intercessão celestial de Cristo — meu irmão mais velho na arquibancada do meu jogo da liga infantil. Uma coisa é saber que seu irmão apoia você; outra coisa é *experimentar* esse apoio na forma de gritos a plenos pulmões e marcas em guardanapos saturados de canetão da Pilot, como se você arremessasse no sétimo jogo da World Series. A justificação é o conhecimento do coração de Cristo; intercessão é a aplicação desse mesmo coração. É a experiência.

A intercessão pega rumores bíblicos e os torna reais dentro de nós. As Escrituras ensinam que Deus é um Pai amoroso, que está interessado no cotidiano mundano da minha existência, mas a intercessão de Cristo torna isso real para mim. As Escrituras dizem que Deus é amor, que o desejo profundo do seu coração é simplesmente estar comigo para sempre, mas a intercessão de Cristo torna isso real em minha experiência. As Escrituras afirmam que Deus sempre vem

---

13. Veja Hannah Keyser, "Why Does 'K' Stand for 'Strikeout' in Baseball?; Mental Floss, 25 de outubro de 2016, https://www.mentalfloss.com/article/70019/why-does-k-stand-strikeout-baseball.

A INTERCESSÃO DE CRISTO

ao meu encontro para me vestir com vestes reais e me receber na casa da qual me afastei antes mesmo de saber o que estava deixando, mas é a intercessão de Jesus que torna isso real para mim.

Intercessão significa que Jesus não é um sujeito frio e reservado. Ele é apaixonado, interessado, envolvido, engajado. Mesmo agora, enquanto seus olhos examinam estas palavras, Jesus aplica a você a obra consumada da cruz. Ele encharca você com o amor do Pai, garante seu perdão, cura suas feridas e insufla coragem em seus pulmões. Intercessão significa tudo isso.

Apesar da magnífica verdade da justificação, todas as pessoas que conheci, independentemente da força da sua crença, têm alguma parte da vida que insistem em encobrir, revelando a sua descrença de que o perdão de Jesus é suficiente para cobrir. A graça dele é, porém, suficiente para cobrir qualquer área de nossa vida, não importa quantas vezes sejam necessárias.

Dane Ortlund escreveu:

> O toque perdoador, redentor e restaurador de Deus alcança as fendas mais escuras de nossa alma, aqueles lugares onde somos mais envergonhados, mais derrotados. Mais do que isso: nessas fendas do pecado são elas mesmas os lugares onde Cristo mais nos ama. Seu coração vai de boa vontade até elas. Seu coração está *mais* fortemente atraído até lá. Ele nos conhece totalmente e nos salva totalmente, porque seu coração está totalmente atraído por nós. Não podemos pecar para escapar de seu terno cuidado [...] Nosso pecado vai ao extremo. Mas sua salvação vai ao máximo. E sua salvação sempre supera e ultrapassa nossos pecados, porque ele sempre vive para interceder por nós.[14]

Hebreus 7:25 diz: "[Jesus] é capaz de salvar definitivamente." A palavra traduzida por "definitivamente" é o grego *panteles*, uma palavra que resume a ideia de "abrangência, completude, totalidade exaustiva".[15] Você somente a encontrará em outro lugar na Bíblia,

---

14. Dane Ortlund, *Gentle and Lowly: The Heart of Christ for Sinners and Sufferers* (Wheaton: Crossway, 2020), p. 83, 85.

15. Veja Ortlund, *Gentle and Lowly*, p. 82.

ORANDO COMO MONGES, VIVENDO COMO TOLOS

Lucas 13:11, quando Jesus curou uma mulher que estava incapacitada havia dezoito anos. Lucas escreveu que a mulher era encurvada, incapaz de se endireitar *panteles* ("de forma alguma"). O que quero dizer com relação ao texto de Hebreus é que Jesus não apenas abre um caminho para que você e eu caminhemos pela vida e cheguemos ao fim inteiros; ele também abre um caminho para que possamos ficar em pé, correr, pular, dançar e rir diante da morte! Isso — a experiência atual da realidade cósmica conquistada para nós em sua vida — é sua intercessão celestial, a oração de Jesus.

Yada

Em seu livro *Abba's Child* [Filho de *Aba*], Brennan Manning escreveu sobre um retiro silencioso de vinte dias que fez em uma cabana no Colorado. Nada com que se distrair, nada pelo que ansiar — apenas sozinho e presente durante vinte dias.

Manning conheceu Deus quando tinha dependência do álcool, estava no limite da vida e caminhou para se livrar da dependência paralisante por meio da oração. Contudo, isso foi há muito tempo. Na época desse retiro, fazia dezoito anos que ele estava em uma nova vocação como padre franciscano. Ele era um palestrante badalado e autor renomado.

Na atividade da vida pública, Manning foi um guia espiritual talentoso. Sozinho e sem distrações, porém, ele foi confrontado pela lacuna entre a teoria espiritual e a experiência real:

> O grande divórcio entre a minha cabeça e o meu coração perdurou durante todo o meu ministério. Durante dezoito anos, proclamei as boas-novas do amor apaixonado e incondicional de Deus — totalmente convencido na minha cabeça, mas sem senti-lo no meu coração. Nunca me senti amado.[16]

Ele carregou uma visão falsa de si mesmo, primeiro na dependência do álcool e depois na religião. Ele tinha sido o filho mais novo

---

16. Brennan Manning, *Abba's Child: The Cry of the Heart for Intimate Belonging* (1994; repr., Colorado Springs: NavPress, 2015), p. 9.

A INTERCESSÃO DE CRISTO

e o mais velho na parábola do filho pródigo, e agora, sozinho em uma caminhada na montanha, sem ninguém em quem se tornar e ninguém a quem impressionar, foi convidado por Deus a abandonar o falso eu e ser amado.

Manning sempre acreditou no amor de Deus. Ele estudou, ilustrou, escreveu sobre isso, falou sobre isso, aconselhou as pessoas sobre isso. Entretanto, despojado de toda distração, atividade e ocupação, em uma montanha e sem nada com que se vestir, ele conheceu o amor de Deus.

Em nossa língua, normalmente entendemos que a crença é mais profunda e pessoal do que o conhecimento. O conhecimento é puramente intelectual; a crença é uma convicção instintiva. O conhecimento é a linguagem da cabeça; a crença é a linguagem do coração. Essa, porém, não é a compreensão hebraica de conhecimento.

A palavra hebraica para conhecimento é *yada*, e é um conhecimento relacional. Se você me perguntasse: "Como você sabe que sua esposa o ama?", eu começaria a falar sobre como nosso relacionamento funciona. Eu descreveria todas as pequenas maneiras pelas quais ela escolhe minha companhia, todas as vezes em que ela ficou comigo quando eu estava errado, perdido ou dificultando as coisas, todas as ocasiões em que ela foi uma rocha de apoio, todas as noites divertidas quando rimos, as refeições que compartilhamos, e as memórias de não fazer nada juntos. O que é tudo isso? É conhecimento relacional. Eu experimentei o amor dela. É assim que eu sei.

O hebraico *yada* é usado até no Antigo Testamento como eufemismo para sexo. "E conheceu Adão a Eva, sua mulher, e ela concebeu [...]."[17] É esse tipo de coisa. Isso porque o conhecimento, no entendimento hebraico, era íntimo. Não foi memorizado em uma sala de aula, mas vivenciado em um relacionamento. O conhecimento espiritual tem de ser habitado, experimentado, vivido.

O romancista e pastor Frederick Buechner resumiu:

> Pois o que precisamos saber, é claro, não é apenas que Deus existe, não apenas que além do brilho metálico das estrelas

---

17. Gênesis 4:1, ARC.

231

ORANDO COMO MONGES, VIVENDO COMO TOLOS

existe algum tipo de inteligência cósmica que mantém todo o espetáculo em andamento, mas que existe um Deus bem aqui, no meio da nossa vida cotidiana [...] Não é a prova objetiva da existência de Deus que queremos, mas a experiência da presença de Deus. Esse é o milagre que realmente buscamos, e esse é também, penso eu, o milagre que realmente conseguimos.[18]

Não é suficiente acreditar no amor receptivo de Deus. Temos de permitir que Deus nos ame exatamente como somos, nus e sem vergonha.[19] Pela intercessão de Cristo, o amor de Deus penetra em cada fresta do nosso mundo interior, e o Espírito abre os nossos olhos para nos descobrirmos como realmente somos — fixos no olhar do amor de Deus.

A face de Cristo

Eu mal tinha dormido, mas estava bem acordado. Meus olhos percorreram a sala por um momento ou dois enquanto me lembrava de onde estava. Eu tinha voado pelos Estados Unidos na noite anterior, alugado um carro e dirigido até a abadia, destino escolhido para um retiro de oração com dois amigos íntimos. Mal pude terminar a viagem sem dormir ao volante, mas consegui. Eram 6h da manhã. Eu tinha dormido apenas cinco horas, e meu corpo não tinha se adaptado ao novo fuso horário.

Joguei água no rosto na pia do banheiro e saí do quarto para pegar uma xícara de café enquanto os primeiros raios de sol delineavam a silhueta das árvores com as folhagens que cobriam as colinas ao longe. Estou acostumado a acordar antes de qualquer outra pessoa. Eu amo as manhãs. Adoro o choque em meus pulmões com a primeira lufada de ar fresco e revigorante; o sabor daquele primeiro gole de café quente; e a primeira palavra de oração pronunciada a cada novo dia. Contudo, naquele dia, eu estava longe de estar sozinho. Na verdade, posso ter sido o último a acordar.

---

18. Frederick Buechner, *Secrets in the Dark: A Life in Sermons* (São Francisco: HarperSanFrancisco, 2006), p. 18-19.

19. Veja Gênesis 2:25.

A INTERCESSÃO DE CRISTO

Eu estava cercado por monges, velhos e jovens. Havia monges que deviam ter mais de 90 anos, e outros que não podiam ter nem um dia a mais que 25 — todos eles comprometidos com um estilo de vida antigo e simples. Eles preservavam uma forma de comunidade, hospitalidade e oração em grande parte esquecida na obscuridade do mundo moderno. E eles não a preservavam em livros nas estantes da biblioteca, mas em sua vida encarnada.

O bispo ortodoxo oriental Kallistos Ware escreveu: "O cristianismo não é apenas uma teoria filosófica ou um código moral, mas envolve uma partilha direta na vida e na glória divinas, uma união transformadora com Deus 'face a face'."[20]

Monges de várias tradições são instruídos a retratar o rosto de Jesus enquanto oram. É uma âncora, um ponto ao qual suas orações sempre devem retornar. Viemos com nossos pedidos, mas é ele que realmente buscamos. Queremos vê-lo face a face. E no rosto de Cristo descobrimos a hospitalidade de Deus. O maior escândalo de todos é que Jesus trouxe a oração para perto demais e tornou Deus acessível demais. A oração não surge do conhecimento das nossas necessidades, mas do conhecimento do coração de Deus.

Está consumado

Como observado anteriormente, a oração comovente de Jesus na cruz — "Meu Deus, meu Deus, por que me desamparaste?" — foi a primeira linha do salmo 22. Jesus recitou um salmo davídico diante de uma multidão majoritariamente judaica. Todos na multidão teriam recitado essa oração desde a infância. Eles sabiam isso de cor. Jesus orou a primeira linha, e isso era tudo o que ele precisava fazer. Cada rosto na multidão sabia onde terminou. O salmo 22 começou com a expressão de isolamento debilitante e turbulência emocional. Foi aí que tudo começou, mas não foi aí que terminou.

---

20. Kallistos Ware, "The Eastern Tradition from the Tenth to the Twentieth Century", em *The Study of Spirituality*, ed. Cheslyn Jones, Geoffrey Wainwright e Edward Yarnold (Nova York: Oxford University Press, 1986), p. 254.

ORANDO COMO MONGES, VIVENDO COMO TOLOS

Pois ele não menosprezou
nem repudiou o sofrimento do aflito;
não escondeu dele o rosto,
mas ouviu o seu grito de socorro.

De ti vem o meu louvor na grande assembleia;
na presença dos que te temem cumprirei os meus votos
(Salmos 22:24-25).

Não terminou em desespero, mas em exultação; não em isolamento, mas em comunidade. Quando Jesus orou o salmo 22 na cruz, ele o fez no lugar de todos nós. Ele estava intercedendo.

A realidade da sua obra expiatória é constante, mas a experiência dessa mesma obra surge aos trancos e barrancos, avanços e retrocessos, momentos de segurança divina seguidos de crises de insegurança humana. E, por causa disso, Jesus ora por você agora.

Uma das minhas orações mais frequentes é simplesmente para tentar entrar em contato com as orações dele por mim. Costumo formular isso como uma pergunta: "Jesus, se o Senhor entrasse neste cômodo agora, o que gostaria de me dizer?" Pergunte a ele. Fique quieto e espere. Na minha experiência, ele está pronto para compartilhar seu coração conosco.

Apêndice 2

UMA GRADE PARA PESQUISA E NOMEAÇÃO

Os antigos praticavam a confissão dentro de quatro categorias. Pode ser útil mantê-las em mente como uma grade para investigar sua própria vida interior, tendo o Espírito como seu guia.

1. **Flagrante**. Esses são pecados universalmente reconhecidos tanto na cultura secular como no reino de Deus. Exemplos óbvios são assassinato ou qualquer outra forma de violência contra uma pessoa inocente, agir com base na luxúria de uma forma que coloque outra pessoa em perigo ou desconforto, expressões de raiva resumidas sob o título de "ódio", ganância por ganho material que oprime ativamente uma parte vitimizada, dentre outros.

2. **Deliberado**. Esses são pecados (geralmente pecados exteriores, comportamentais) reconhecidos no reino de Deus, mas não na cultura secular mais ampla. Por exemplo, pense nos alimentos sacrificados aos ídolos na era da igreja primitiva e nos limites da expressão sexual saudável na era da igreja moderna.

ORANDO COMO MONGES, VIVENDO COMO TOLOS

3. **Inconsciente**. Os pecados inconscientes são padrões de pensamento mais profundos que dão origem ou levam ao pecado expresso. Esses padrões de pecado geralmente vivem tão profundamente sob a superfície que se tornam invisíveis, sem espaço intencional para autoexame. Os exemplos incluem, mas não estão limitados a: tendência de priorizar a produtividade em detrimento das pessoas; definir-se pelo sucesso, realização ou reputação; viver em estado de codependência relacional com um indivíduo ou grupo.

4. **Orientações internas**. O pecado, na sua forma mais profunda e oculta, tem a ver com estruturas desordenadas de confiança. Faça a você mesmo esta pergunta: "Em quem realmente confio?" O comportamento flui facilmente (e muitas vezes de maneira destrutiva) daí. Tradicionalmente, essas estruturas de confiança são chamadas de "falso eu". Quando começamos a perceber nossas estruturas de confiança criadas por nós mesmos para aumentar nosso próprio significado, sensação de bem-estar e segurança, começamos a notar as "folhas de figueira" específicas que escolhemos para cobri-los.

Este livro foi impresso pela Santa Marta, em 2024, para a Thomas Nelson Brasil. A fonte do miolo é Minion Pro. O papel do miolo é pólen natural 70g/m², e o da capa é cartão 250g/m².